KÖNIGS LERNHILFEN

Eckehart Weiß und Regina Bürger

SO SCHREIBE ICH EINEN AUFSATZ!

7./8. KLASSE

Textzusammenfassung, Inhaltsangabe, Verfassen eines informierenden Textes, Argumentieren und Erörtern, Schildern

Wissen – kommentierte Muster – Übungen

DEUTSCH

7.–8. KLASSE

Bange Verlag

Über die Autoren:

Eckehart Weiß (*1949 in Wunsiedel) unterrichtete Deutsch und Englisch. Er war Leiter einer Orientierungsstufe in Hildesheim, Fachbetreuer und Seminarlehrer für Deutsch in Bamberg und Bayreuth. Mit einem Team von Schülern und Lehrern hat er das erfolgreiche Internet-Portal www.deutsch-digital.de und das Portal www.digitale-schule-bayern.de begründet.

Regina Bürger (*1976 in Bad Windsheim) unterrichtet Deutsch, Sozialkunde und Geschichte. Nach ihrem Studium lehrte und forschte sie zunächst an der Friedrich-Alexander-Universität Erlangen-Nürnberg. Heute unterrichtet sie – nachdem sie an Gymnasien in Bamberg, Neustadt a. d. Aisch und Windsbach eingesetzt war – am Hans-Sachs-Gymnasium in Nürnberg. Wie Eckehart Weiß engagiert sich für die Internet-Portale www.deutsch-digital.de und www.digitale-schule-bayern.de.

Beim Bange Verlag erschienen sind u. a.:

Weiß, Eckehart: So schreibe ich einen Aufsatz! 5./ 6. Klasse. Hollfeld 2015.
Weiß, Eckehart / van Essenberg, Astrid: Musteraufsätze – erläutert und kommentiert. 11.–13. Schuljahr. Hollfeld 2006.
Böhne, Gabriele / Weber, Alexandra / Weiß, Eckehart: Informieren – Berichten. Reihe Königs Fitness Deutsch. Hollfeld, 2010.
Thulke, Peter / Weiß, Eckehart: Bildergeschichten für die Unterstufe. Reihe Königs Kopiervorlagen. Hollfeld, 2014

1. Auflage 2016
ISBN: 978-3-8044-1201-9
PDF: 978-3-8044-5301-2

Druck und Weiterverarbeitung: KOPA, Litauen

Sehr geehrte Eltern und Kollegen,

mancher Schüler hat den Eindruck, man könne entweder Aufsätze schreiben oder man könne es eben nicht. Dem ist nicht so! Natürlich erleichtert ein Talent das Erlernen einer Fähigkeit, aber in erster Linie braucht man dazu das richtige Handwerkszeug: eine Anleitung, die vermittelt, worauf zu achten ist und wie vorzugehen ist. Das will dieses Buch leisten. Es richtet sich an Schülerinnen und Schüler der 7. und 8. Jahrgangsstufe. Dabei orientiert es sich an den in den verschiedenen Bundesländern geltenden Lehrplänen und ist auf Schülerinnen und Schüler verschiedener Begabungen ausgerichtet: Sehr gute Schüler werden ihre Kenntnisse sichern und weiter ausbauen können. Schüler mit Schwierigkeiten im Fach Deutsch können sich mit Hilfe des Buches ein sicheres Fundament aufbauen und sich viele Nachhilfestunden ersparen.

Das Buch beschäftigt sich mit

- dem Zusammenfassen von literarischen und nichtliterarischen Texten,
- dem Verfassen eines informierenden Textes,
- dem Argumentieren und
- dem Schildern.

In vielen neuen Lehrplänen findet sich die Schreibform des Schilderns wieder. Es baut auf dem gestalterischen Schreiben der Unterstufe auf und vertieft es. Die Textzusammenfassung und die Inhaltsangabe sind wesentliche Bestandteile aller weiterführenden Schreibformen wie der Erschließung und Interpretation literarischer Texte und der Zusammenfassung und Analyse sachlicher Texte in der ausgehenden Mittel- und der Oberstufe. Auch das Argumentieren wird in verschiedenen Formen in der Mittel- und Oberstufe weitergeführt. Die Schreibformen der 7. und 8. Jahrgangsstufe legen also wichtige Grundlagen.

Wir empfehlen, das Buch und die einzelnen Kapitel in Auswahl, je nach Fachlehrplan der Schulart und Schreibprogramm der Schule, durchzuarbeiten. Zu zweit wird das Arbeiten dabei sicher mehr Freude machen als alleine.
Anmerken möchten wir noch, dass es nicht möglich ist, die Kapitel zu überfliegen. Es ist tatsächlich notwendig, die methodischen Schritte ganz genau nachzuvollziehen. Nur dann ist das Buch ein Gewinn.

Regina Bürger und Eckehart Weiß

Liebe Schülerinnen und Schüler,

Sportler müssen trainieren. Niemand bezweifelt das. Trainieren muss man auch das Schreiben. Genauso wie Sportler sich bei ihrem Training von Experten beraten lassen, mit welchen Methoden sie am besten zum Ziel kommen, kannst das auch du machen. Dazu ist dieses Buch da. In diesem Band lernst du mehrere neue Schreibformen kennen und vertiefst dein Wissen und deine Fähigkeiten in einer schon bekannten Schreibform. Die Schreibformen in der 7. und 8. Klasse sind zwar anspruchsvoll, aber mit etwas Mühe und Sorgfalt doch auch gut zu erlernen. Sie bereiten auf die umfassenderen Schreibaufgaben der 9. und 10. Jahrgangsstufe vor. Wenn du die Schreibformen beherrschst, bist du auf der Zielgeraden zur Mittleren Reife und stehst bereits in den Startlöchern zum Abitur.
Es gibt drei große Bereiche:
→ das Zusammenfassen von literarischen und nichtliterarischen Texten,
→ das Argumentieren,
→ das Schildern.
In **Kapitel 1** lernst du literarische und nichtliterarische Texte zu verstehen und zusammenzufassen. Voraussetzung für alle Textzusammenfassungen ist das richtige Verständnis eines Textes. Mit den Schreibformen schulen wir deshalb auch gleichzeitig Wege, die helfen, jede Art von Text gut zu verstehen. Das Kapitel führt von der einfachen Textzusammenfassung zur Inhaltsangabe literarischer und nicht-literarischer Texte und schließlich zu der Aufgabe, aus mehreren Sachtexten einen eigenen informierenden Sachtext zu erstellen.
Kapitel 2 führt dich von der einfachen Stellungnahme zur Pro-Contra-Erörterung. In diesem Kapitel lernst du auch, wie du in Leserbriefen argumentierst. Das Kapitel zeigt dir, wie du einen Text planst und gliederst, wie du ein Argument aufbaust, wie du Argumente miteinander verknüpfst und wie du Materialien verwendest, die dir beim Argumentieren helfen sollen.
Kapitel 3 greift das Erzählen auf, das du schon aus der 5. und 6. Klasse kennst. In diesem Kapitel geht es um das Schildern. An literarischen Beispielen lernst du einige Methoden des Schilderns kennen und Wege, sie selbst anzuwenden. Gleichzeitig hilft dir dieses Kapitel beim Verständnis literarischer Texte.

Alle Kapitel sind ähnlich aufgebaut:

- Am Anfang des Kapitels erfährst du, was dir das jeweilige Kapitel zeigen will.
- **Übungen** helfen dir dabei, deine Fähigkeiten zu trainieren. Die einzelnen Aufgaben kannst du lösen und mit dem Lösungsvorschlag vergleichen.
- **Musterbeispiele** erläutern, was einen guten Text ausmacht.
- Die **grünen Textkästen** fassen zentrale Informationen zusammen. Gerne stehen wir für Fragen zu Verfügung. Wir leiten das Projekt „Digitale Schule Bayern" und sind über die entsprechende Internetseite[1] erreichbar.

Regina Bürger und Eckehart Weiß

---

1 www.digitale-schule-bayern.de

1 TEXTE ZUSAMMENFASSEN

1.1 Begriffsklärung und Grundsätzliches

Das Zusammenfassen von Texten vollzieht sich in drei unterschiedlichen Schreibformen. Bei der reinen Textzusammenfassung kürzt du einen Text so, dass die wesentlichen Inhaltspunkte erhalten bleiben. Als Faustregel gilt, dass etwa zwei Drittel des Textes wegfallen. Bei der Inhaltsangabe ergänzt du die Textzusammenfassung um einen informativen Vorspann oder Basissatz. Du informierst darin ganz kurz, worum es geht, und gibst weitere Hinweise zur Textform und zum Autor. Außerdem kannst du selbst einen kurzen informierenden Text verfassen, indem du einem oder mehreren Texten Informationen entnimmst und sie unter einer bestimmten Fragestellung zusammenfasst.

Voraussetzung für die Textzusammenfassung ist ein gutes Textverständnis. Du benötigst Kenntnisse über die jeweilige Schreibform und deren sprachlich-stilistische Besonderheiten. Hast du einen Text verstanden, dann kannst du ihn auch zusammenfassen oder auswerten. Die methodischen Wege zeigen wir in diesem Kapitel auf.

Grundsätzlich unterscheidest du zwischen **literarischen und nicht-literarischen Texten**:

Literarische Texte	Nicht-literarische Texte
Literarische Texte werden als **fiktionale oder poetische Texte** bezeichnet.	Nicht-literarische Texte sind **Sachtexte** verschiedener Art. Ein Sachtext besitzt immer einen ganz **direkten Bezug zur Wirklichkeit** (Fakten, Tatsachen etc.). Seine Aussagen lassen sich überprüfen. Sachtexte dienen einem **klar erkennbaren Zweck**: Sie wollen zum Beispiel informieren, eine Meinung abgeben, etwas erklären ...
Beispiele: Kurzgeschichten, Märchen, Sagen, Kalendergeschichten, Balladen und natürlich auch Romane.	**Beispiele:** Meldungen, Berichte, Reportagen.

Literarische Texte	Nicht-literarische Texte
In diesem Kapitel befassen wir uns mit einer Lehrerzählung und Kurzgeschichten verschiedener Art. Die typischen Gestaltungsmerkmale weiterer literarischer Texte kannst du aber leicht nachschlagen.	In diesem Kapitel befassen wir uns ausschließlich mit der informativen Textform „Reportage", weil sie für eine Textzusammenfassung besonders gut geeignet ist. Es gibt auch meinungsbildende Sachtexte mit argumentierenden Inhalten. Dazu gehört als Zeitungstext der Kommentar oder als große Textform die Rede. Diese Textsorten werden aber in der Regel erst in der 9. oder 10. Jahrgangsstufe behandelt.

Für das Verständnis dieses Kapitels, in dem du zunächst lernen wirst, literarische Texte zusammenzufassen, ist die Kenntnis des 3. Kapitels (Schilderungen) sehr hilfreich. Im 3. Kapitel lernst du, wie du Erzählungen schildernd ausgestaltest. In diesem 1. Kapitel ist es dagegen deine Aufgabe, die schildernden Passagen zu erkennen und zu kürzen. Das wird dir leichter fallen, wenn du deinen Blick schon geschult hast. Voraussetzung für alle Formen des Zusammenfassens ist **das Verständnis des Textes**, um den es geht. Wir führen eine Methode vor, die dir dabei hilft, jede Art von Text gut zu verstehen und knapp zusammenzufassen.

1.2 Textzusammenfassung literarischer Texte

Wie du bereits weißt, gibt es unterschiedliche literarische Textformen / Textsorten (siehe Kapitel 1.1). Dennoch kannst du bei ihrer Zusammenfassung ähnlichen Wegen folgen. Das grundsätzliche Vorgehen lernst du in diesem Kapitel. Zunächst befassen wir uns mit literarischen Texten. Dann verfolgen wir die gleiche Methode mit Sachtexten (Kapitel 1.4).

1.2.1 Texte verstehen – Textschlüssel und Gliederungssysteme

Wenn du einen Text zusammenfassen, also den Inhalt wiedergeben sollst, ist das Wichtigste erst einmal das Verstehen des Textes. Du musst ihn genau lesen, um den Inhalt verstehen und dann auch kürzen zu können. Der Weg zum Textverstehen heißt in der Fachsprache **Texterschließung**. In dem Fachbegriff „Texterschließung" steckt das Wort „Schlüssel". Er gibt bestimmte Schlüssel, die dir helfen, einen Text zu erschließen, ihn also „aufzuschließen".

Die Schlüssel sind:

- die **Handlungsfolge** (also der zeitliche Ablauf des Geschehens),
- die **Ortsstruktur** (die im Text vorkommenden Orte und Orientierungspunkte),
- die **Personen** (die Hauptpersonen und die Personen, mit denen die Hauptpersonen in Verbindung treten: Der Fachbegriff lautet „Personenkonstellation").
- Außerdem geht es um **das Erzählen selbst**. Hier stellst du dir die Frage, aus welchem Blickwinkel der Text erzählt wird. Berichtet ein Erzähler ein Geschehen, gestaltet er es durch Schilderungen aus, finden sich viele Dialoge?
  - **Zeitdehnendes Erzählen** bedeutet, dass der Autor seine Geschichte durch Gedanken, Schilderungen oder Kommentare ausgestaltet.
  - **Zeitraffendes Erzählen** heißt, dass er den zeitlichen Verlauf kürzt. Du bemerkst dies oft schon an Zeitangaben wie z. B. „wenige Tage später".
  - **Zeitdeckendes Erzählen** ist ganz besonders zu beachten. Du erkennst es oft ganz einfach an der Verwendung der direkten Rede. Enthält ein Text viel direkte Rede, dann kannst du ihn fast wie ein Theaterstück nachspielen.
  - Auch **Rückblenden** – du kennst das Prinzip sicher aus Filmen – oder auch Parallelhandlungen können in einem Text vorkommen.

Der Weg zum Verstehen

Lies den vorgegebenen Text zunächst durch. Versuche, gleich zu verstehen, worum es in etwa geht. Kläre dann unverstandene Wörter mit Hilfe des Dudens oder des Internets oder frage deinen Lehrer.

Danach beginnt die eigentliche Textarbeit. Arbeite mit bunten Stiften. Markiere die folgenden Textschlüssel farbig:
Handlungsfolge: Markiere alle Zeitangaben rot.
Personenkonstellation: Markiere alle Personen (und Tiere) blau.
Ortsstruktur: Markiere alle Ortsangaben grün.
Zeitdeckendes Erzählen: Markiere alle direkten Reden gelb.

Wichtig dabei ist, dass du diese Arbeitsschritte nacheinander abarbeitest.

TIPP

Beachte von Anfang an die Absätze des Textes. Sie geben bereits eine erste gedankliche Ordnung des Textes vor.

Üben kannst du die Untersuchung eines Textes mit Hilfe der Textschlüssel an folgender kurzer Erzählung namens *Der Richter und der Teufel*. Es handelt sich um ein so genanntes „Märe", eine mittelalterliche Kurzerzählung, die den Leser belehren möchte. Den wirklichen Namen des Dichters dieses Märes, der im 13. Jahrhundert lebte, kennen wir nicht. Er nannte sich „der Stricker", vielleicht deshalb, weil er seinen Lebensunterhalt damit verdiente, Geschichten zu erzählen, sie also zu „stricken". Er kam wohl ursprünglich aus Franken, lebte aber im Gebiet des heutigen Österreichs.

1.2.2 Textzusammenfassung: Musteraufsatz I mit Übungen – Der Stricker: *Der Richter und der Teufel*

LESETEXT

Der Stricker: *Der Richter und der Teufel*[2]

In einer Stadt lebte einmal ein Richter, der war so reich an Sünden, dass kein Mensch sie jemals alle aufzuzählen vermöchte. Ja, seiner Sünden Zahl war so groß, dass es ein rechtes Wunder schien, wenn ihn die Erde nicht verschlang. Dabei war er steinreich, dass er weit und breit seinesgleichen nicht hatte, und für sein Geld ebenso im Lande bekannt als wegen seiner Niedertracht.
Da sagte er einmal, als es gerade Markttag war, er wolle reiten und seinen liebsten Weingarten besehen. Das hörte der Teufel und stellte sich des Morgens, als der Richter just schön gelind aus seinem Weingarten zurückgeritten kam, an dem Wege auf. Der Richter hielt ihn für einen Menschen (denn der Teufel trug reiche Kleider vom schönsten Schnitt), grüßte ihn und sprach: „Wer und von wannen[3] seid Ihr, Mann? Das möchte ich wahrlich gerne wissen." „Das werdet Ihr aber nicht erfahren", entgegnete der Teufel ohne Zögern. „Wie?", rief der Richter zornig, „verfahrt Ihr so mit mir? Ich habe hier so viel Gewalt, wenn es mir gefällt, Euch ein Leides zu tun, so seid Ihr verloren", und schwor hundert heilige Eide, er werde ihm unbarmherzig Leben und Gut nehmen, wenn er ihm nicht die Wahrheit sage. „Ehe Ihr mir so großen Schaden tut", erwiderte der Teufel, „so will ich Euch denn meinen Namen und Geschlecht ansagen. Ich bin der Teufel genannt."
Da fragte ihn der Richter, was für ein Gewerbe er denn habe. „Du sollst es wissen", sagte der Teufel. „Ich muss nämlich in die Stadt dort hinein, denn es ist heute der Tag, an dem ich alles holen darf, was man mir im Ernste gibt." „Ei", rief der Richter, „das muss ich sehen! Vergönne mir zuzuschauen, wenn es etwas für dich zu holen gibt, solange wir Markt in der Stadt haben." „Das tu ich nicht", sagte der Teufel. „So gebiete ich dir bei dem Namen Gottes, mich alles, was du hier treibst, sehen zu lassen! Bei jenem Geheiß, durch das Ihr alle gestürzt worden, bei Gottes Gewalt und Zorn und bei allen Geboten, die ewig ergehen müssen, bei Gottes Gericht, dem Ihr nicht widerstreben werdet, weder du noch deine Genossen: Du musst mich dabei sein lassen, wenn du holst, was man dir gibt." „O weh, dass ich lebe!", rief der Teufel und krümmte sich. „Du hast mich so gefangen und gebunden, dass ich nimmer davon los kann. O weh, oh weh, so große Not gewann ich nie! Und wenn ich dich dabei sein ließe, was hast du für Nutzen davon? Gar keinen, o weh, drum lass mich lieber wieder frei!"
Aber der Richter bestand auf seinem Willen. „Nein", sagte er, „was mir auch darum geschieht, ich muss dich holen sehen!" „Es sei", sprach der Böse. „Aber du weißt, dass meinesgleichen einen argen Hass wider die Menschen trägt. Es könnte dir leicht etwas Schlimmes dabei widerfahren." „Sprich mir nichts dawider", entgegnete jener, „und tu, was ich dir sage." „Brauchst nicht zornig sein, wirst ja selber sehen", endete der Teufel die Rede und machte sich mit ihm auf, in die Stadt.

---

2 http://gutenberg.spiegel.de/buch/altdeutsche-novellen-5205/8. Rechtschreibung und Ausdrucksweise wurden teilweise angepasst.

3 Von wannen: Es handelt sich um eine altertümliche Form. Der Richter fragt hier, woher sein Gesprächspartner stammt.

Da herrschte überall großer Markttrubel und die Leute drängten sich auf dem Platze. Als man den Richter daherkommen sah, trat mancher heran und reichte ihm einen Becher mitzutrinken. Niemand aber wusste, wer der Geselle war, der mit ihm ging. Der Richter bot auch ihm ein Gläschen an, aber jener tat es nicht an den Mund: Denn der Teufel wollte es eben nicht.
Da entstand plötzlich irgendwo ein gewaltiger Lärm: Eine Frau ärgerte sich über ihr Schwein und trieb es schimpfend vor die Tür. „Geh' doch zum Teufel, dass er dich noch heute hole!", schrie das zornige Weib. „Nun, Geselle", sagte der Richter, „so nimm doch das Schwein! Du hörst ja, dass man es dir zuspricht." „Leider ist es nicht ihr Ernst", entgegnete der Teufel, „ich nähm' es schon gern, wenn sie mir's nicht nur im Spotte gäbe. So aber darf ich es nicht."
Sie schritten auf dem Markte fürbass[4], da war wiederum einem Weibe, Gott weiß, was, von einem Rinde geschehen und sie schickte es keifend zum Teufel. Aber dieser weigerte sich abermals, das Rind zu holen und ließ sich nicht bestechen, so sehr der Richter ihn auch reizte. „Sie hätte ein Jahr lang keine Freude mehr", sagte er, „wenn ich's nun wirklich holte, denn sie sagt nur so, da hab' ich armer Teufel kein Recht daran."
Als sie weitergingen, schrie eine Frau ihr Kind an: „Unfolgsamer Balg, dass der Teufel dich hole!" „Nimm doch das Kind!", sagte der Richter. „Sie gäbe ja lieber zweitausend Pfund als ihr Kind her", sprach der Teufel. „Ich nähm' es schon, wenn ich nur dürfte!"
So gingen sie immer weiter und weiter, bis sie endlich in das größte Marktgedränge hineingerieten, wo schier alles versammelt war, was sich an diesem Tage in der Stadt zusammengefunden hatte. Sie konnten nicht hindurch und mussten stehen bleiben. Da sahen sie, wie eine Witwe, alt und siech und arm an allem, sich mühsam durch das Gewühle schleppte. Als sie den Richter erblickte, brach sie in Weinen aus und sprach: „O weh dir, Richter, dass du so reich bist und ich war so arm und hast mir doch mein einziges Kühlein genommen, von dem allein ich mein Leben fristen sollte! Ich bin zu krank und schwach, als dass ich hingehen könnte und betteln, dass man mir um Gottes willen gebe, was ich brauche, den Hunger zu stillen. Beim grimmigen Leiden und dem Sterben Christi, nähme dich doch der Teufel und führte dich dahin!" „Der ist es wahrlich ernst", rief da der Böse, „nun sieh, wie dir geschieht!"
Damit ergriff er den Richter mächtig am Haar und erhob sich mit ihm zu Berge wie ein Adler, der ein Huhn raubt, dass alle Leute, die auf dem Markte waren, es sahen. So flogen die beiden immer höher und höher, und tausend Augen blickten ihnen nach, bis sie irgendwo in der Ferne verschwanden.

---

4 Fürbass: Das Wort „fürbass" ist ganz besonders schwer zu verstehen, weil es heute eigentlich nicht mehr verwendet wird. Es handelt sich um eine veraltete Wortform, die als Adverb „weiter" oder „vorwärts" bedeutet. Im obigen Zusammenhang heißt das in unserem Sprachgebrauch: „Sie schritten weiter..."

Erkenntnisse: Personenkonstellation[5]

Betrachten wir zunächst die blauen Markierungen der Personenkonstellation im Text. Die Hauptpersonen sind der Richter und der Teufel. Beide verhalten sich ganz anders, als man das von ihnen erwarten würde. Der **Richter** ist offenbar alles andere als gerecht und weise, wie das der Leser annehmen würde, sondern er soll viele Sünden begangen haben. Dass er nicht erkennt, was die Frauen mit der Redewendung meinen, „jemand oder etwas möge vom Teufel geholt werden", spricht nicht für seine Weisheit. Boshaft fordert der Richter den Teufel sogar mehrmals dazu auf, den vermeintlichen Wunsch in die Tat umzusetzen.

Auch der **Teufel** entspricht nicht dem Bild, das man sich von ihm üblicherweise macht. Er ist nicht bösartig, sondern den Frauen gegenüber milde und verständnisvoll. Die Bestrafung des Richters wirkt klug eingefädelt und angesichts der Untaten des Richters gerecht. Der Teufel hat also viele positive Eigenschaften, die wir eher bei einem Richter erwarten würden.

Im weiteren Verlauf der Erzählung erfährst du, welche Figuren den beiden begegnen, Menschen und Tiere.
Zunächst treffen der Richter und der Teufel aufeinander.
Auf ihrem Weg durch den Markt begegnen sie

- einer Frau mit einem Schwein,
- einem Weib mit einem Rind,
- einer Frau mit einem Kind
- und einer Witwe.
- Daneben sind weitere Leute als Zuschauer auf dem Markt.

Erkenntnisse: direkte Rede

Untersucht man in einem Text die direkten Reden, dann lässt das auch Rückschlüsse auf die Art und Weise des Erzählens zu. In der Literaturwissenschaft unterscheidet man zwischen **zeitdeckendem, zeitraffendem und zeitdehnendem Erzählen**.

- **Zeitdeckend** ist ein Text, bei dem die Erzählzeit – also die Zeit, die zum Lesen des Textes benötigt wird – mit der erzählten Zeit im Text übereinstimmt. Das ist der Fall, wenn der Text zum Beispiel viel direkte Rede enthält. Enthält ein Text viel direkte Rede, dann kannst du ihn fast wie ein Theaterstück nachspielen.
- **Zeitdehnendes Erzählen** bedeutet, dass der Autor seine Geschichte durch Gedanken, Schilderungen oder Kommentare ausgestaltet.
- **Zeitraffendes Erzählen** heißt, dass er den zeitlichen Verlauf kürzt. Du bemerkst dies oft schon an Zeitangaben wie z. B. „wenige Tage später".
- Auch **Rückblenden** – du kennst das Prinzip sicher aus Filmen – oder **Parallelhandlungen** können in einem Text vorkommen.

---

5 Den Text mit Markierungen findest du auf S. 17 ff.

In der Erzählung *Der Richter und der Teufel* findest du ganz häufig direkte Reden. Sie wird von einem Streitgespräch zwischen Richter und Teufel geprägt. Schildernde Passagen fehlen vollends, denn die Handlung wird – von den direkten Reden abgesehen – eher knapp dargelegt. Das Märe umfasst also **zeitdeckend erzählte Passagen** (das Streitgespräch und die Aussagen der Frauen) und **zeitraffend wiedergegebene Stellen**.

Wenn ein Geschehen **zeitdeckend** erzählt wird, ist das ein Hinweis darauf, dass es besonders wichtig ist. In unserem Text geht es immer wieder um die Redewendung „jemand möge vom Teufel geholt werden". An ihrem Beispiel bringt der kluge Teufel dem Richter, der seinem Amt keine Ehre gemacht hat, bei, dass zwischen dem Gemeinten und dem Gesagten ein großer Unterschied besteht. Eine Erkenntnis, die einem Richter eigentlich bekannt sein müsste! Ein gerechter Richter lässt sich von dem Gesagten nicht beirren, sondern findet die Wahrheit heraus. Deshalb nimmt der Teufel die Verwünschungen im Zorn nicht ernst, während er – hier ergibt sich am Ende der Kette von ähnlichen Ereignissen eine überraschende Wendung – die Verbitterung der alten Frau zum Anlass für die Bestrafung des Richters nimmt.

Erkenntnisse: Handlungsfolge / Zeitangaben

Betrachten wir nun die roten Markierungen im Text S. 17 ff. Aus ihnen sollte sich die Handlungsfolge ergeben. Du erfährst, dass die Handlung zu einem **ungewissen Zeitpunkt** spielt: Das verrät dir das Zeitadverb „einmal". Die Lehre des Märes ist also offenbar überzeitlich gültig: Wir können auch heute noch etwas daraus lernen. Die nächsten Zeitangaben sind etwas genauer: als es gerade Markttag war; des Morgens. Die gesamte Handlung spielt sich somit **an einem Markttag** ab.
Die weiteren Zeitangaben informieren dich über die **Handlungsabfolge an dem Markttag**. Dabei sind vor allem die adverbialen Nebensätze der Zeit zu beachten. Adverbiale Nebensätze der Zeit, auch Temporalsätze genannt, geben an, wann etwas geschieht:

- „als es gerade Markttag war"
- „Als man den Richter daherkommen sah"
- „Als sie weitergingen"
- „bis sie endlich in das größte Marktgedränge hineingerieten"
- „Als sie den Richter erblickte".

Erkenntnisse: Ortsangaben

Die Ortsangaben (grüne Markierungen im Text S. 17 ff.) spielen eine strukturierende Rolle und unterstreichen die Handlungsfolge (vgl. vorheriger Absatz). Die Handlung spielt zunächst am Weinberg des Richters, dann in der Stadt und dort speziell auf dem Markt.

Gliederungssysteme: Ordnung von Gedanken

In der Unterstufe hast du für die Planung von Erzählungen und Berichten das Buchstaben-Ziffernsystem oder das numerische System kennengelernt. Um eine Textzusammenfassung schreiben zu können, musst du eines der beiden Systeme beherrschen. Du benötigst es nicht für deinen Schreibplan, sondern zur Untersuchung des Textes. Du suchst sozusagen den Schreibplan, der hinter einer Erzählung steht (vgl. auch Grafik S. 216). Welches System du verwendest, ist eigentlich egal, aber es ist nicht zulässig, die beiden Systeme zu vermischen.

Das Buchstaben-Ziffernsystem	Das numerische System
A.	1
B.	2
I.	2.1
1.	2.1.1
a)	2.1.1.1
b)	2.1.1.2
c)	2.1.1.3
2.	2.1.2
a)	2.1.2.1
b)	2.1.2.2
c)	2.1.2.3
II.	2.2
1.	2.2.1
a)	2.2.1.1
b)	2.2.1.2
c)	2.2.1.3
2.	2.2.2
a)	2.2.2.1
b)	2.2.2.2
c)	2.2.2.3
C.	3
Jedes Gliederungssystem zeigt die Ordnung von Gedanken. Wenn du selbst schreibst, dann ordnest du deine Gedanken nach den Hauptpunkten A., B. und C. oder 1, 2 und 3. (rechte Spalte). In einer Erzählung wären das beispielsweise Einleitung, Hauptteil und Schluss. Durch die Unterpunkte siehst du, was zusammengehört. Bei den Unterpunkten solltest du dich genau an das Schema oben halten. Wenn es dir zu kompliziert ist, dann nimm einfach das rechts stehende einfachere numerische System.	Das numerische System zeigt im Grunde die gleiche Ordnung wie das links stehende Buchstaben-Ziffernsystem. Beim numerischen System ist darauf zu achten, dass am Ende niemals ein Punkt steht, auch nicht auf der obersten Ebene, somit auch nicht nach 1, 2 oder 3. Für die Textzusammenfassung genügen in der Regel die ersten beiden Ebenen.

Verwende das Gliederungssystem, das dir liegt. Im Zweifelsfalle musst du dich nach den Vorgaben des Unterrichts und deines Lehrers richten. Vermenge aber die beiden Systeme nicht!

Das System zur Beschreibung der Textgliederung ist selten kompliziert. Du benötigst häufig nur zwei Ebenen, die Grobgliederung, z. B. 1, 2, 3 für Einleitung, Hauptteil und Schluss. Innerhalb von 2 (Hauptteil) sind Unterpunkte nötig, die weitere Handlungsschritte bezeichnen, somit 2.1, 2.2, 2.3.

Es geht darum, die Textkomposition in den Griff zu bekommen. In einem der folgenden Texte gibt es einen Textrahmen. Er muss in der Gliederung nicht eigens aufgeführt werden. In der Kurzgeschichte gibt es Rückblenden. In diesem Falle genügt es, wenn du einfach Rückblende 1, Rückblende 2 einfügst. Das System soll dir eine Hilfe sein, den Text zu durchschauen.

TIPP

Gliederungssysteme helfen dir nicht nur bei der Planung deiner eigenen Schreibaufgaben, sie helfen dir auch dabei, die gedankliche Ordnung eines Textes zu erfassen, den du zusammenfasst. Mit Gliederungssystemen lassen sich sehr gut Textstrukturen erfassen. Als Textstrukturen bezeichnet man die Ordnung eines Textes, seine Komposition, also die Art und Weise, wie die einzelnen Teile des Textes angeordnet und miteinander verzahnt sind.

Die gedankliche Ordnung des Märes *Der Richter und der Teufel*

Deine Vorarbeiten haben dir geholfen, den Text besser zu durchschauen. So erkennst du zum Beispiel gleich, dass der Text einen **Einleitungsteil** und einen **Schlussteil** umfasst.

TIPP

Es funktioniert bei fiktionalen Texten fast immer, den Einleitungsteil zu Beginn und den Schlussteil am Ende zu markieren. Dazwischen liegt die eigentliche Erzählung, deren Ordnung sehr vielfältig sein kann.

In unserer Erzählung ist die **Ordnung der eigentlichen Erzählung** offenkundig:

- Der erste Ort ist am Weinberg des Richters: Dort treffen der Richter und der Teufel zusammen.
- Der zweite Ort ist der Marktplatz: Dort treffen der Richter und der Teufel auf verschiedene Leute.
- Am Ende fliegt der Teufel mit dem Richter davon.

Die Orte unterteilen also die Erzählung grob. Wenn du die Begegnung am Weinberg vom Markttag trennst, dann ergibt sich eine größere Einleitung, die nochmals unterteilt werden muss. Diese Erkenntnisse hast du aus der Untersuchung der Zeit- und Ortsangaben sowie der Personenkonstellation gewonnen.

Betrachte die sich daraus ergebende **Gliederung des Textes** in der nachfolgenden Tabelle:

Gliederung (Buchstaben / Ziffern)	Der Stricker: *Der Richter und der Teufel*	Gliederung (Ziffern; numerisch)
A.	In einer Stadt lebte einmal ein Richter, der war so reich an Sünden, dass kein Mensch sie jemals alle aufzuzählen vermöchte. Ja, seiner Sünden Zahl war so groß, dass es ein rechtes Wunder schien, wenn ihn die Erde nicht verschlang. Dabei war er steinreich, dass er weit und breit seinesgleichen nicht hatte, und für sein Geld ebenso im Lande bekannt als wegen seiner Niedertracht.	1
B. I.	Da sagte er einmal, als es gerade Markttag war, er wolle reiten und seinen liebsten Weingarten besehen. Das hörte der Teufel und stellte sich des Morgens, als der Richter just schön gelind aus seinem Weingarten zurückgeritten kam, an dem Wege auf. Der Richter hielt ihn für einen Menschen (denn der Teufel trug reiche Kleider vom schönsten Schnitt), grüßte ihn und sprach: „Wer und von wannen seid Ihr, Mann? Das möchte ich wahrlich gerne wissen.“ „Das werdet Ihr aber nicht erfahren“, entgegnete der Teufel ohne Zögern. „Wie?“, rief der Richter zornig, „verfahrt Ihr so mit mir? Ich habe hier so viel Gewalt, wenn es mir gefällt, Euch ein Leides zu tun, so seid Ihr verloren“, und schwor hundert heilige Eide, er werde ihm unbarmherzig Leben und Gut nehmen, wenn er ihm nicht die Wahrheit sage. „Ehe Ihr mir so großen Schaden tut“, erwiderte der Teufel, „so will ich Euch denn meinen Namen und Geschlecht ansagen. Ich bin der Teufel genannt.“	2 2.1

Gliederung (Buchstaben / Ziffern)	Der Stricker: *Der Richter und der Teufel*	Gliederung (Ziffern; numerisch)
II.	Da fragte ihn der Richter, was für ein Gewerbe er denn habe. „Du sollst es wissen", sagte der Teufel. „Ich muss nämlich in die Stadt dort hinein, denn es ist heute der Tag, an dem ich alles holen darf, was man mir im Ernste gibt." „Ei", rief der Richter, „das muss ich sehen! Vergönne mir zuzuschauen, wenn es etwas für dich zu holen gibt, solange wir Markt in der Stadt haben." „Das tu ich nicht", sagte der Teufel. „So gebiete ich dir bei dem Namen Gottes, mich alles, was du hier treibst, sehen zu lassen! Bei jenem Geheiß, durch das Ihr alle gestürzt worden, bei Gottes Gewalt und Zorn und bei allen Geboten, die ewig ergehen müssen, bei Gottes Gericht, dem Ihr nicht widerstreben werdet, weder du noch deine Genossen: Du musst mich dabei sein lassen, wenn du holst, was man dir gibt." „O weh, dass ich lebe!", rief der Teufel und krümmte sich. „Du hast mich so gefangen und gebunden, dass ich nimmer davon los kann. O weh, oh weh, so große Not gewann ich nie! Und wenn ich dich dabei sein ließe, was hast du für Nutzen davon? Gar keinen, o weh, drum lass mich lieber wieder frei!"	2.2
III.	Aber der Richter bestand auf seinem Willen. „Nein", sagte er, „was mir auch darum geschieht, ich muss dich holen sehen!" „Es sei", sprach der Böse. „Aber du weißt, dass meinesgleichen einen argen Hass wider die Menschen trägt. Es könnte dir leicht etwas Schlimmes dabei widerfahren." „Sprich mir nichts dawider", entgegnete jener, „und tu, was ich dir sage." „Brauchst nicht zornig sein, wirst ja selber sehen", endete der Teufel die Rede und machte sich mit ihm auf, in die Stadt.	2.3
IV.	Da herrschte überall großer Markttrubel und die Leute drängten sich auf dem Platze. Als man den Richter daherkommen sah, trat mancher heran und reichte ihm einen Becher, mitzutrinken. Niemand aber wusste, wer der Geselle war, der mit ihm ging. Der Richter bot auch ihm ein Gläschen an, aber jener tat es nicht an den Mund: denn der Teufel wollte es eben nicht.	2.4

Gliederung (Buchstaben / Ziffern)	**Der Stricker:** ***Der Richter und der Teufel***	**Gliederung** (Ziffern; numerisch)
V.	Da entstand plötzlich irgendwo ein gewaltiger Lärm: eine Frau ärgerte sich über ihr Schwein und trieb es schimpfend vor die Tür. „Geh' doch zum Teufel, dass er dich noch heute hole!“, schrie das zornige Weib. „Nun, Geselle“, sagte der Richter, „so nimm doch das Schwein! Du hörst ja, dass man es dir zuspricht.“ „Leider ist es nicht ihr Ernst“, entgegnete der Teufel, „ich nähm' es schon gern, wenn sie mir's nicht nur im Spotte gäbe. So aber darf ich es nicht.“	2.5
VI.	Sie schritten auf dem Markte fürbass, da war wiederum einem Weibe, Gott weiß, was, von einem Rinde geschehen und sie schickte es keifend zum Teufel. Aber dieser weigerte sich abermals, das Rind zu holen und ließ sich nicht bestechen, so sehr der Richter ihn auch reizte. „Sie hätte ein Jahr lang keine Freude mehr“, sagte er, „wenn ich's nun wirklich holte, denn sie sagt nur so, da hab' ich armer Teufel kein Recht daran.“	2.6
VII.	Als sie weitergingen, schrie eine Frau ihr Kind an: „Unfolgsamer Balg, dass der Teufel dich hole!“ „Nimm doch das Kind!“, sagte der Richter. „Sie gäbe ja lieber zweitausend Pfund als ihr Kind her“, sprach der Teufel. „Ich nähm' es schon, wenn ich nur dürfte!“	2.7
VIII.	So gingen sie immer weiter und weiter, bis sie endlich in das größte Marktgedränge hineingerieten, wo schier alles versammelt war, was sich an diesem Tage in der Stadt zusammengefunden hatte. Sie konnten nicht hindurch und mussten stehen bleiben. Da sahen sie, wie eine Witwe, alt und siech und arm an allem, sich mühsam durch das Gewühle schleppte. Als sie den Richter erblickte, brach sie in Weinen aus und sprach: „O weh dir, Richter, dass du so reich bist und ich war so arm und hast mir doch mein einziges Kühlein genommen, von dem allein ich mein Leben fristen sollte! Ich bin zu krank und schwach, als dass ich hingehen könnte und betteln, dass man mir um Gottes willen gebe, was ich brauche, den Hunger zu stillen. Beim grimmigen Leiden und dem Sterben Christi, nähme dich doch der Teufel und führte dich dahin!“ „Der ist es wahrlich ernst“, rief da der Böse, „nun sieh, wie dir geschieht!“	2.8

Gliederung (Buchstaben / Ziffern)	Der Stricker: *Der Richter und der Teufel*	Gliederung (Ziffern; numerisch)
C.	Damit ergriff er den Richter mächtig am Haar und erhob sich mit ihm zu Berge wie ein Adler, der ein Huhn raubt, dass alle Leute, die auf dem Markte waren, es sahen. So flogen die beiden immer höher und höher, und tausend Augen blickten ihnen nach, bis sie irgendwo in der Ferne verschwanden.	3

- **Gliederung des Textes**

Du hast nun also den Erzählplan der Märe durch das **Gliederungssystem** deutlich gemacht. Beide Gliederungssysteme (vgl. linke und rechte Spalte) eignen sich recht gut, weil du bei Texten selten mehr als zwei Hierarchieebenen hast. Im weiteren Fortgang verwenden wir das numerische System, weil dieses wirklich immer funktioniert.

- **Überschriften für Sinneinheiten**

Der nächste methodische Schritt besteht darin, dass du für die Sinneinheiten Überschriften bildest. Du überlegst also, worum es in dem Sinnabschnitt geht.

- **unverzichtbare Informationen**

Überlege dann, welche **Informationen** in den Sinneinheiten **unverzichtbar** sind und unterstreiche sie bzw. schreibe sie in Stichpunkten unter die Überschriften. Unverzichtbar sind die Zeitangaben, die Orte und Personen, die du bereits markiert hast. Die ausführlichen direkten Reden musst du auf die wesentlichen Aussagen kürzen. Bei der Entscheidung, welche Aussagen und welche Handlungen wichtig sind, hilft dir die Lehre des Märes: Wichtig sind in erster Linie die Informationen, die notwendig sind, um die Lehre nachvollziehen zu können.
Nicht alle Erzählungen haben eine Lehre (oder auch eine Pointe, eine überraschende Wendung), sodass es auch Erzählungen gibt, bei denen die Entscheidungen schwerer fallen. Aber mit zunehmender Übung wird dir auch das gelingen.

TIPP

Textzusammenfassungen stehen immer im Präsens (Gegenwart). Schreibe deshalb deine Randbemerkungen gleich im Präsens. Wenn du eine Vergangenheit benötigst, weil manche Geschehnisse in einer Erzählung weiter zurückliegen, verwendest du das Perfekt.

In der folgenden Tabelle findest du rechts die **Gliederungspunkte**, dann die Überschriften und schließlich die **unverzichtbaren Informationen**. Sinnvoll ist es, wenn du in der rechten Spalte bereits **eigene Worte** verwendest, weil du den Text in der eigentlichen Textzusammenfassung ohnehin in deinen Worten wiedergeben musst.

TIPP

Finde erst Überschriften für die übergeordneten Punkte (1, 2 und 3). Schreibe darunter dann die wesentlichen Punkte. Das Unterstreichen weiterer Informationen ist nicht unbedingt notwendig, weil du das Wesentliche sowieso an den Rand schreibst.

MUSTER

Betrachte dazu die folgende **Lösung**:

Der Stricker: *Der Richter und der Teufel*	Überschriften zu den Sinneinheiten
In einer Stadt lebte einmal ein Richter, der war so reich an Sünden, dass kein Mensch sie jemals alle aufzuzählen vermöchte. Ja, seiner Sünden Zahl war so groß, dass es ein rechtes Wunder schien, wenn ihn die Erde nicht verschlang. Dabei war er steinreich, dass er weit und breit seinesgleichen nicht hatte, und für sein Geld ebenso im Lande bekannt als wegen seiner Niedertracht.	1 Einleitung: Charakterisierung / Beschreibung des Richters Er hat viele Verbrechen begangen.
Da sagte er einmal, als es gerade Markttag war, er wolle reiten und seinen liebsten Weingarten besehen. Das hörte der Teufel und stellte sich des Morgens, als der Richter just schön gelind aus seinem Weingarten zurückgeritten kam, an dem Wege auf. Der Richter hielt ihn für einen Menschen (denn der Teufel trug reiche Kleider vom schönsten Schnitt), grüßte ihn und sprach:	2 Treffen von Teufel und Richter am Weinberg 2.1 Der Teufel entschließt sich, dem Richter aufzulauern.
„Wer und von wannen seid Ihr, Mann? Das möchte ich wahrlich gerne wissen." „Das werdet Ihr aber nicht erfahren", entgegnete der Teufel ohne Zögern. „Wie?", rief der Richter zornig, „verfahrt Ihr so mit mir? Ich habe hier so viel Gewalt, wenn es mir gefällt, Euch ein Leides zu tun, so seid Ihr verloren", und schwor hundert heilige Eide, er werde ihm unbarmherzig Leben und Gut nehmen, wenn er ihm nicht die Wahrheit sage. „Ehe Ihr mir so großen Schaden tut", erwiderte der Teufel, „so will ich Euch denn meinen Namen und Geschlecht ansagen. Ich bin der Teufel genannt."	Der Richter fordert den Teufel heraus, verhört ihn geradezu und droht ihm. Der Teufel gibt sich zu erkennen.
Da fragte ihn der Richter, was für ein Gewerbe er denn habe. „Du sollst es wissen", sagte der Teufel. „Ich muss nämlich in die Stadt dort hinein, denn es ist heute der Tag, an dem ich alles holen darf, was man mir im Ernste gibt."	2.2 Der Richter erkundigt sich nach den Absichten des Teufels. Dieser sucht ein Opfer auf dem Markttag.

Der Stricker: *Der Richter und der Teufel*	Überschriften zu den Sinneinheiten
„Ei“, rief der Richter, „das muss ich sehen! Vergönne mir zuzuschauen, wenn es etwas für dich zu holen gibt, solange wir Markt in der Stadt haben.“ „Das tu ich nicht“, sagte der Teufel. „So gebiete ich dir bei dem Namen Gottes, mich alles, was du hier treibst, sehen zu lassen! Bei jenem Geheiß, durch das Ihr alle gestürzt worden, bei Gottes Gewalt und Zorn und bei allen Geboten, die ewig ergehen müssen, bei Gottes Gericht, dem Ihr nicht widerstreben werdet, weder du noch deine Genossen: Du musst mich dabei sein lassen, wenn du holst, was man dir gibt.“ „O weh, dass ich lebe!“, rief der Teufel und krümmte sich. „Du hast mich so gefangen und gebunden, dass ich nimmer davon los kann. O weh, oh weh, so große Not gewann ich nie! Und wenn ich dich dabei sein ließe, was hast du für Nutzen davon? Gar keinen, o weh, drum lass mich lieber wieder frei!“	Der bösartige Richter möchte dem Teufel bei seinem Vorhaben zusehen. Der Teufel warnt den Richter davor, ihn zu begleiten.
Aber der Richter bestand auf seinem Willen. „Nein“, sagte er, „was mir auch darum geschieht, ich muss dich holen sehen!“ „Es sei“, sprach der Böse. „Aber du weißt, dass meinesgleichen einen argen Hass wider die Menschen trägt. Es könnte dir leicht etwas Schlimmes dabei widerfahren.“ „Sprich mir nichts dawider“, entgegnete jener, „und tu, was ich dir sage.“ „Brauchst nicht zornig sein, wirst ja selber sehen“, endete der Teufel die Rede und machte sich mit ihm auf, in die Stadt.	2.3 Trotz der Warnung des Teufels besteht der Richter auf seinem Vorhaben.
Da herrschte überall großer Markttrubel und die Leute drängten sich auf dem Platze. Als man den Richter daherkommen sah, trat mancher heran und reichte ihm einen Becher, mitzutrinken. Niemand aber wusste, wer der Geselle war, der mit ihm ging. Der Richter bot auch ihm ein Gläschen an, aber jener tat es nicht an den Mund: denn der Teufel wollte es eben nicht.	2.4 Auf dem Marktplatz: Begegnungen mit anderen Figuren, davon vier Menschen, die etwas zum Teufel wünschen Die Menschen verhalten sich dem Richter gegenüber ehrerbietig, bieten ihm etwas zu trinken an.
Da entstand plötzlich irgendwo ein gewaltiger Lärm: eine Frau ärgerte sich über ihr Schwein und trieb es schimpfend vor die Tür. „Geh’ doch zum Teufel, dass er dich noch heute hole!“, schrie das zornige Weib. „Nun, Geselle“, sagte der Richter, „so nimm doch das Schwein! Du hörst ja, dass man es dir zuspricht.“ „Leider ist es nicht ihr Ernst“, entgegnete der Teufel, „ich nähm’ es schon gern, wenn sie mir’s nicht nur im Spotte gäbe. So aber darf ich es nicht.“	2.5 Eine Frau wünscht ein Schwein zum Teufel. Der Teufel holt es aber nicht, weil die Frau es nicht ernst gemeint habe.

Der Stricker: *Der Richter und der Teufel*	Überschriften zu den Sinneinheiten
Sie schritten auf dem Markte fürbass, da war wiederum einem Weibe, Gott weiß, was, von einem Rinde geschehen und sie schickte es keifend zum Teufel. Aber dieser weigerte sich abermals, das Rind zu holen und ließ sich nicht bestechen, so sehr der Richter ihn auch reizte. „Sie hätte ein Jahr lang keine Freude mehr", sagte er, „wenn ich's nun wirklich holte, denn sie sagt nur so, da hab' ich armer Teufel kein Recht daran."	2.6 Der Teufel nimmt auch nicht das Rind, weil auch diese Frau das Tier nicht ernsthaft verwünscht habe. Er zeigt sogar Mitleid.
Als sie weitergingen, schrie eine Frau ihr Kind an: „Unfolgsamer Balg, dass der Teufel dich hole!" „Nimm doch das Kind!", sagte der Richter. „Sie gäbe ja lieber zweitausend Pfund als ihr Kind her", sprach der Teufel. „Ich nähm' es schon, wenn ich nur dürfte!"	2.7 Ein Kind lehnt er gleichfalls ab, weil er weiß, dass die Frau das Kind liebt.
So gingen sie immer weiter und weiter, bis sie endlich in das größte Marktgedränge hineingerieten, wo schier alles versammelt war, was sich an diesem Tage in der Stadt zusammengefunden hatte. Sie konnten nicht hindurch und mussten stehen bleiben. Da sahen sie, wie eine Witwe, alt und siech und arm an allem, sich mühsam durch das Gewühle schleppte. Als sie den Richter erblickte, brach sie in Weinen aus und sprach: „O weh dir, Richter, dass du so reich bist und ich war so arm und hast mir doch mein einziges Kühlein genommen, von dem allein ich mein Leben fristen sollte! Ich bin zu krank und schwach, als dass ich hingehen könnte und betteln, dass man mir um Gottes willen gebe, was ich brauche, den Hunger zu stillen. Beim grimmigen Leiden und dem Sterben Christi, nähme dich doch der Teufel und führte dich dahin!" „Der ist es wahrlich ernst", rief da der Böse, „nun sieh, wie dir geschieht!"	2.8 Eine Witwe nimmt der Teufel ernst, denn der Richter hat ihr mit seinem ungerechten Urteil jede Lebensgrundlage genommen.
Damit ergriff er den Richter mächtig am Haar und erhob sich mit ihm zu Berge wie ein Adler, der ein Huhn raubt, dass alle Leute, die auf dem Markte waren, es sahen. So flogen die beiden immer höher und höher, und tausend Augen blickten ihnen nach, bis sie irgendwo in der Ferne verschwanden.	3 Schluss: Wegfliegen Der Teufel packt den Richter an den Haaren und fliegt mit ihm vor aller Augen davon.

1.2.3 Sprache und Stil

Um eine gute Textzusammenfassung zu schreiben, benötigst du einige Grundkenntnisse in der Grammatik, die wir uns nun im Folgenden näher ansehen.

Tempora: Zeiten

In der Textzusammenfassung verwendest du als **Grundzeit das Präsens**, die Gegenwart. Wenn du eine Vergangenheit benötigst, weil manche Geschehnisse in einer Erzählung weiter zurückliegen, verwendest du das **Perfekt**. Nur historische Ereignisse mit Jahreszahl, die sich wirklich zugetragen haben, bleiben im Präteritum.

Beispiel:
Der Richter schlägt die Warnung des Teufels in den Wind.
Der Teufel ist damit einverstanden, dass der Richter ihn begleitet.
Sie begeben sich beide in die Stadt.
(Präsens / Gegenwart)

Es handelt sich um drei Handlungsschritte, die aufeinander folgen. Bisher stehen sie noch unverbunden nebeneinander, aber eine Textzusammenfassung sollte die zeitlichen und auch die logischen Zusammenhänge verdeutlichen.

ÜBUNG

Verknüpfe die Handlungsschritte (s. Beispiel oben) miteinander!

Eine Lösungsmöglichkeit findest du im Lösungsteil auf S. 252.

TIPP

Es gibt viele Möglichkeiten, die Handlungsfolge durch Verknüpfungen zu verdeutlichen. Subjunktionen wie „nachdem" oder Adverbien wie „daraufhin" helfen dir immer dabei.

Ein Satz, der mit der Subjunktion „nachdem" eingeleitet wird, wird als **Temporalsatz oder als adverbialer Nebensatz der Zeit** bezeichnet. Mit diesem Temporalsatz stellst du eine Zeitenfolge her. Der im Perfekt stehende Nebensatz gibt an, was zuerst passiert ist, der im Präsens formulierte Hauptsatz, was danach passiert.

Das **Perfekt** bildest du mit den Hilfsverben „haben" oder „sein" und dem Partizip II des Verbs. Das Partizip II, das Mittelwort der Vergangenheit, ist immer die dritte Form des Verbs. Du lernst Verben in drei Formen:
Infinitiv: schlagen – Präteritum: er schlug – Partizip II: geschlagen.
Genaueres erfährst du in Kapitel 3 auf Seite 217 ff.

Adverbiale Nebensätze

Nebensätze können wie Adverbien die zentrale Aussage des Hauptsatzes eingrenzen. (Wenn du nicht mehr weißt, was ein Adverb ist, dann schlag einfach in Kapitel 3 auf Seite 220 nach.) Adverbiale Nebensätze erkennst du an der Konjunktion. Konjunktionen verbinden Sätze, Satzteile oder Wörter miteinander. Der Begriff „Konjunktion“ wird unterschiedlich verwendet. Manchmal werden als Konjunktionen alle Bindewörter (Beispiele: und, oder, nachdem, weil) bezeichnet. Manchmal wird zwischen **Konjunktionen und Subjunktionen** unterschieden. Wir bezeichnen im Folgenden Bindewörter, die Gleichrangiges verknüpfen, als Konjunktionen (Beispiele: Mutter *und* Vater, Schwester *oder* Bruder). Als Subjunktionen bezeichnen wir Bindewörter, die einen Nebensatz einleiten, der dem Hauptsatz untergeordnet ist. Du kannst dir das leicht merken, wenn du das lateinische Wort „sub“ (dt. „unter“) kennst. Diese *untergeordneten* Nebensätze, die durch Subjunktion eingeleitet werden, nennt man auch adverbiale Nebensätze.

Temporalsatz (zeitliche Nebenordnung)
Beispiele für Subjunktionen von Temporalsätzen: als, nachdem, bis ...

Satzbeispiele:
Als sie in der Stadt ankommen, ...
Bis sie endlich die Witwe treffen, ...

Kausalsatz (begründende Nebenordnung)
Beispiele für Subjunktionen von Kausalsätzen: da, weil ...

Satzbeispiele:
Da der Teufel die Frau nicht ernst nimmt, ...
Weil die Frau das nicht so meint, ...

Konzessivsatz (einschränkende Nebenordnung)
Beispiele für Subjunktionen von Konzessivsätzen: obgleich, obschon, obwohl ...

Beispiel:
Obgleich der Richter den Teufel auffordert, ...

Konsekutivsatz (Folgen aus der Handlung des Hauptsatzes)
Beispiele für Subjunktionen von Konsekutivsätzen: sodass ...

Beispiel: Die Frau ärgert sich über ihr Vieh derartig, sodass sie es beinahe an den Teufel verloren hätte.

Du brauchst das Wissen über diese Nebensatzarten (es gibt noch mehr, aber das sind die wichtigsten) nicht nur, um zu erkennen, in welchem zeitlichen und logischen Verhältnis die Geschehnisse in einer Erzählung zueinander stehen. Du brauchst es auch, um die Informationen deiner Textzusammenfassung gedanklich miteinander zu verknüpfen.

TIPP

Denke daran, dass alle Nebensätze durch ein Komma vom Hauptsatz abgetrennt werden!

Wiedergabe der direkten Rede in der Textzusammenfassung

Wenn du dich an unseren Text erinnerst, ist dir bestimmt aufgefallen, dass dort viel direkte Rede verwendet worden ist. Die direkte Rede lässt ein Geschehen lebendig wirken. Da eine Textzusammenfassung und eine Inhaltsangabe aber einen Text möglichst knapp und nüchtern wiedergeben sollen, sollte dort **keinesfalls direkte Rede** vorkommen. Es gibt verschiedene Wege, den Inhalt der direkten Rede knapp zusammenzufassen:

- **Umformung in Handlung**
  Durch das, was Personen sagen, erfahren wir oft, was sie tun oder zu tun beabsichtigen. In diesem Fall kannst du die Handlungen oder Absichten kürzer direkt ausdrücken.

Beispiel aus dem Märe:
„Wer und von wannen seid Ihr, Mann? Das möchte ich wahrlich gerne wissen." „Das werdet Ihr aber nicht erfahren", entgegnete der Teufel ohne Zögern. „Wie?", rief der Richter zornig, „verfahrt Ihr so mit mir? Ich habe hier so viel Gewalt, wenn es mir gefällt, Euch ein Leides zu tun, so seid Ihr verloren", und schwor hundert heilige Eide, er werde ihm unbarmherzig Leben und Gut nehmen, wenn er ihm nicht die Wahrheit sage. „Ehe Ihr mir so großen Schaden tut", erwiderte der Teufel, „so will ich Euch denn meinen Namen und Geschlecht ansagen. Ich bin der Teufel genannt."

Umformung dieser Textpassage in Handlung:
Der Richter verhört ihn geradezu und droht ihm, weil er unbedingt seinen Namen und seine Herkunft wissen will. Daraufhin gibt sich der Fremde als Teufel zu erkennen.

- **Umformung in Gefühle**
  Manchmal ist der Inhalt einer Rede weniger wichtig als die Gefühle der Person. Hier kannst du statt der Wiedergabe des Gesprochenen schreiben, was die Person fühlt.

Beispiel aus dem Märe:
Als sie den Richter erblickte, brach sie in Weinen aus und sprach: „O weh dir, Richter, dass du so reich bist und ich war so arm, und hast mir doch mein einziges Kühlein genommen, von dem allein ich mein Leben fristen sollte! Ich bin zu krank und schwach, als dass ich hingehen könnte und betteln, dass man mir um Gottes willen gebe, was ich brauche, den Hunger zu stillen.

Umformung dieser Textpassage in Handlung und in Gefühle:
Schließlich begegnen sie einer verzweifelten alten Witwe, der der Richter ihre Lebensgrundlage entzogen hat.

Dieses Beispiel gibt die Rede der alten Frau wieder, indem es sowohl die Handlung des Richters als auch die Gefühle der Frau schildert.

- **Umformung in die indirekte Rede**
  Falls dir der Wortlaut einer direkten Rede sehr wichtig erscheint, dann setze sie in indirekte Rede. Versuche aber grundsätzlich, die indirekte Rede zu vermeiden. Sehr leicht erliegst du sonst der Versuchung, alle direkten Reden in die indirekte Rede zu setzen. Dies bewirkt, dass deine Textzusammenfassung zu lang wird und du anfängst nachzuerzählen.

  Indirekte Rede
  Um die indirekte Rede formen zu können, musst du den **Konjunktiv** bilden können. Wir kennen zwei Konjunktivformen, den **Konjunktiv I** und den **Konjunktiv II**.

Der **Konjunktiv I** wird vom Verbstamm abgeleitet. An den Verbstamm wird ein „e" als Konjunktivsignal gehängt:

Verbstamm + e + ggf. Personalendung

Verbstamm	**Konjunktiv I**
müss~~en~~	er müsse
steh~~en~~	er stehe
könn~~en~~	du könnest
geh~~en~~	ich gehe (vgl. dazu S. 28)

Für die Textzusammenfassung und die Inhaltsangabe brauchst du meist die dritte Person, weil du aus der Außensicht über das Geschehen berichtest, an dem Dritte beteiligt sind.

Wie in allen Sprachen gibt es natürlich auch im Deutschen unregelmäßige Formen. Die Form, die du am häufigsten brauchen wirst, ist die Form von „sein" im Konjunktiv I: ich sei, du seist, er sei, wir seien, ihr seiet, sie seien.
Die indirekte Rede besteht aus einer Redeeinführung, das Gesagte steht dann im Konjunktiv I. Du findest in dem Märe sogar ein Beispiel für die indirekte Rede:

Beispiel:
Er schwor hundert heilige Eide, er werde ihm unbarmherzig Leben und Gut nehmen, wenn er ihm nicht die Wahrheit sage.

Die Redeeinführung ist hier grün markiert, die Konjunktive blau. Nach der Redeeinführung steht immer – wie auch im obigen Beispiel – ein Komma.

Natürlich kannst du mit dem Konjunktiv I auch verschiedene Zeiten bilden. In dem Beispiel oben findest du den Konjunktiv I der Zukunft: er werde nehmen.

Zeiten in der indirekten Rede

Direkte Rede		Indirekte Rede
Gegenwart	er geht sie siegt	er gehe sie siege
Vergangenheit	er ging sie siegte	er sei gegangen sie habe gesiegt
	er ist gegangen sie hat gesiegt	
	er war gegangen sie hatte gesiegt	
Zukunft	er wird gehen sie wird siegen	er werde gehen sie werde siegen
	er wird gegangen sein sie wird gesiegt haben	er werde gegangen sein sie werde gesiegt haben

Der **Konjunktiv I** ist ein Signal an den Leser. Er wird durch den Konjunktiv darauf aufmerksam gemacht, dass die Äußerung eines anderen wiedergegeben wird. Sie muss nicht deiner Meinung entsprechen.
Manchmal funktioniert dieses Signal nicht wie bei „ich gehe" in der Tabelle auf S. 27. Manchmal ist die Form des Konjunktivs I identisch mit der Form des Indikativs (ich gehe, ich siege). In diesen Fällen brauchst du eine Ersatzform, damit der Leser nicht auf dieses Signal verzichten muss: Du kannst die Form mit „würde" umschreiben.

Beispiel: Er sagte zu ihr, ich würde zu dem Wettbewerb gehen.

ÜBUNG

Versuch nun selbst, das folgende Gespräch in die indirekte Rede zu setzen, um die Bildung der Formen zu üben:

„Wer und von wannen seid Ihr, Mann? Das möchte ich wahrlich gerne wissen." „Das werdet Ihr aber nicht erfahren", entgegnete der Teufel ohne Zögern. „Wie?", rief der Richter zornig, „verfahrt Ihr so mit mir? Ich habe hier so viel Gewalt, wenn es mir gefällt, Euch ein Leides zu tun, so seid Ihr verloren", und schwor hundert heilige Eide, er werde ihm unbarmherzig Leben und Gut nehmen, wenn er ihm nicht die Wahrheit sage. „Ehe Ihr mir so großen Schaden tut", erwiderte der Teufel, „so will ich Euch denn meinen Namen und Geschlecht ansagen. Ich bin der Teufel genannt."

MUSTER

Die Redeeinführungen erscheinen in der folgenden Lösung in grüner Schrift. Wie du merken wirst, haben wir auch einige der heute nicht mehr gebräuchlichen Wörter ersetzt.

Der Richter fragt den Teufel, wer er sei und woher er komme. Dies möge er gerne wissen. Der Teufel erwidert, dies werde er nicht erfahren.
Der Richter fragt empört, wie er mit ihm umgehe. Er betont, dass er viel Macht habe. Wenn es ihm gefalle, dann könne er dem Teufel großes Leid antun.
Der Teufel antwortet, dass er, bevor der Richter ihm schade, ihm seinen Namen nennen wolle. Er fügt hinzu, er werde der Teufel genannt.

Die direkte Rede „Das möchte ich wahrlich gerne wissen" klingt in der indirekten Rede für unsere Ohren ungewöhnlich: „Das möge er gerne wissen." Die Form „möchte" kommt eigentlich von „mögen". In die 3. Person Indikativ umgeformt müsste es heißen: Er mag das gerne wissen.

Die Konjunktiv-I-Form von „mag" heißt dann „möge". In diesem Falle klingt es aber besser, wenn du sagst: „Das wolle er gerne wissen."

TIPP

Der Konjunktiv I in der dritten Person ist im Grund leicht beherrschbar. Du merkst aber auch, dass der Text in indirekter Rede ziemlich umständlich klingt. Deshalb ist es besser, die indirekten Reden in der Textzusammenfassung nach Möglichkeit zu vermeiden. Du kannst ihren Inhalt fast immer knapper ausdrücken, wenn du sie als Handlung oder als Gefühl darstellst.

ÜBUNG

Teste dich: Versuche den Dialog von Seite 29 knapp und ohne Verwendung der indirekten Rede zusammenzufassen!

→ **Die Lösung findest du auf Seite 252.**

Formulierungen

Nun geht es ans Ausformulieren der Textzusammenfassung. Dabei ist es wichtig, dass du die Zusammenhänge zwischen den einzelnen Handlungsschritten verdeutlichst. Auch die Gliederung des Textes sollte deutlich gemacht werden.

Verdeutliche die zeitlichen und logischen Zusammenhänge zwischen den einzelnen Handlungsschritten durch Adverbien und Konjunktionen:

- Beispiele für **Adverbien** zur Verdeutlichung der **zeitlichen Reihenfolge**: zunächst, dann, darauf, etwas später, nach einiger Zeit, schließlich, am Ende ...
- Beispiele für **Subjunktionen** zur Verdeutlichung der **zeitlichen Reihenfolge**: bevor, als, nachdem ...
- Beispiele **für Adverbien** zur Verdeutlichung der **logischen Verknüpfung**: deshalb, daher, deswegen ...
- Beispiele für **Subjunktionen** zur Verdeutlichung der **logischen Verknüpfung**: damit, sodass, obwohl, ohne dass ...

Verdeutliche auch die **Gliederung des Textes**. Dabei helfen dir Wendungen wie die folgenden:
Einleitend ..., in der Einleitung ..., am Anfang ...
Unterpunkte formulierst du als Übersicht: Das Gespräch zwischen dem Richter und den Teufel entwickelt sich in drei Schritten ...
Der Text zum Hauptteil ist an sich am schwierigsten, weil du eine Übersicht über den gesamten Hauptteil gibst. Folgende Formulierungen bieten sich an:
Hauptsächlich geht es um ..., Im Kern des Märes steht ..., die Handlung entwickelt sich in fünf Schritten zum Höhepunkt ...
Der Schluss: Am Ende ..., die Erzählung endet ..., am Schluss ...
Mit diesen Formulierungen gewinnt deine Textzusammenfassung an Klarheit. Du machst dadurch auch deutlich, dass du nicht über ein Geschehen, sondern über einen Text berichtest.

Nimm dir nun einfach ein zweites Blatt und lege dieses neben das Textblatt mit deinen Notizen (vgl. S. 21 ff.). Geh deine Notizen der Reihe nach durch. Beim Ausformulieren der Textzusammenfassung musst du nicht nur auf die **knappe Wiedergabe** des Textes achten, du musst auch ganz **sachlich und nüchtern** schreiben. Deine Aufgabe ist es *nicht*, Spannung entstehen zu lassen. Achte darauf, immer im **Präsens** zu schreiben. Wenn du eine Vergangenheit benötigst, dann verwende das **Perfekt**.

MUSTER

Textzusammenfassung *Der Richter und der Teufel*

Struktur und Inhaltspunkte	Textzusammenfassung
1 Einleitung: Charakterisierung / Beschreibung des Richters. Er hat viele Verbrechen begangen.	Der einleitende Teil des Märes „Der Richter und der Teufel" von dem Autor Stricker beschreibt einen Richter. Er wird als verbrecherisch und selbstgefällig dargestellt.
2 Treffen von Teufel und Richter am Weinberg 2.1 Der Teufel entschließt sich, dem Richter aufzulauern. Der Richter fordert den Teufel heraus, verhört ihn geradezu und droht ihm. Der Teufel gibt sich zu erkennen. 2.2 Der Richter erkundigt sich nach den Absichten des Teufels. Dieser sucht ein Opfer auf dem Markttag. Der bösartige Richter möchte dem Teufel bei seinem Vorhaben zusehen. Der Teufel warnt den Richter davor, ihn zu begleiten. 2.3 Trotz der Warnung des Teufels besteht der Richter auf seinem Vorhaben.	Der folgende erste Teil des Hauptteils spielt am Weinberg des Richters und besteht aus vier Handlungsschritten. Am Weinberg treffen sich Richter und Teufel, denn der Teufel lauert dem Richter auf. Der Teufel, der wie ein reicher Mann gekleidet ist, fällt dem Richter auf. Dieser verhört ihn geradezu und droht ihm, weil er unbedingt seinen Namen und seine Herkunft wissen will. Daraufhin gibt sich der Fremde als Teufel zu erkennen und erklärt auf Nachfrage des Richters, dass er am Markttag ein Opfer suche. Der bösartige Richter ist begierig darauf, dem Teufel bei seinem Vorhaben zuzusehen. Obgleich ihn der Teufel davor warnt, ihn zu begleiten, besteht der Richter auf seinem Vorhaben.
2.4 Auf dem Marktplatz: Begegnungen mit anderen Figuren, davon vier Menschen, die etwas zum Teufel wünschen Die Menschen verhalten sich dem Richter gegenüber ehrerbietig, bieten ihm etwas zu trinken an. 2.5 Eine Frau wünscht ein Schwein zum Teufel. Der Teufel holt es aber nicht, weil die Frau es nicht ernst gemeint habe. 2.6 Der Teufel nimmt auch nicht das Rind, weil auch diese Frau das Tier nicht ernsthaft verwünscht habe. Er zeigt sogar Mitleid. 2.7 Ein Kind lehnt er gleichfalls ab, weil er weiß, dass die Frau das Kind liebt. 2.8 Eine Witwe nimmt der Teufel ernst, denn der Richter hat ihr mit seinem ungerechten Urteil jede Lebensgrundlage genommen.	Der zweite Teil des Hauptteils spielt auf dem Marktplatz einer Stadt. Dort kommt es zu vier Begegnungen mit verschiedenen Menschen, die jemanden zum Teufel wünschen. Zunächst verhalten sich die Menschen dem Richter gegenüber ehrerbietig. Schließlich begegnen sie einer Frau, die ihr Schwein aus Zorn zum Teufel wünscht. Obwohl der Richter den Teufel auffordert, das Schwein zu nehmen, lehnt der Teufel ab, weil der Wunsch der Frau nur so daher gesagt sei. Dies gilt auch für eine Frau, die ihr Rind zum Teufel wünscht. Der Teufel lehnt auch diesen Wunsch ab, er zeigt sogar Mitleid mit der Frau. Als dann eine weitere Frau auf dem Markt ihr Kind zum Teufel wünscht, meint der Teufel ebenfalls, dieser Wunsch sei nicht ernst gemeint. Eigentlich liebe die Frau ihr Kind.

Struktur und Inhaltspunkte	Textzusammenfassung
	Die Erzählung erreicht einen Höhepunkt, als sie schließlich einer alten Witwe begegnen, der der Richter mit seinem ungerechten Urteil alles genommen hat. Ihren Wunsch, den Richter möge der Teufel holen, empfindet der Teufel als ehrlich und gerechtfertigt.
3 Schluss: Wegfliegen Der Teufel packt den Richter an den Haaren und fliegt mit ihm vor aller Augen davon.	Das Märe endet damit, dass der Teufel den Richter an den Haaren packt und mit ihm vor den Augen aller Leute davonfliegt.

Nachdem du die Textzusammenfassung (siehe rechte Spalte) geschrieben hast, solltest du nochmals den Ausgangstext (S. 11 f.) lesen und überprüfen, ob du nicht wesentliche Punkte vergessen hast.

Lies dir nun in der nächsten Tabelle die Textzusammenfassung (linke Spalte) mit den Kommentaren in der rechten Spalte nochmals durch. Überlege, ob du das grundsätzliche Vorgehen und die Fachbegriffe verstanden hast. Falls nicht, blättere einfach noch einmal auf Seite 13 zurück.

Für nachfolgende Tabelle gilt:
- Strukturierende Formulierungen zur Verdeutlichung des Aufbaus rot
- Adverbiale Nebensätze grün
- Zusammenfassung der direkten Rede als Handlung oder als Gefühl *kursiv*
- Indirekte Reden gelb.

MUSTER

Textzusammenfassung	Kommentar
Der einleitende Teil des Märes „Der Richter und der Teufel“ von dem Autor Stricker beschreibt einen Richter. Er wird als verbrecherisch und selbstgefällig dargestellt.	Verdeutlichung des Aufbaus der Märe Benennung der Märe und ihres Verfassers
Der folgende erste Teil des Hauptteils spielt am Weinberg des Richters und besteht aus vier Handlungsschritten. Am Weinberg treffen sich Richter und Teufel, denn der Teufel lauert dem Richter auf. Der Teufel, der wie ein reicher Mann gekleidet ist, fällt dem Richter auf. *Dieser verhört ihn geradezu und droht ihm, weil er unbedingt seinen Namen und seine Herkunft wissen will. Daraufhin gibt sich der*	Verdeutlichung des Aufbaus der Märe *Zusammenfassung der direkten Rede als Handlung* Kausalsatz zur zeitlichen Verknüpfung

Textzusammenfassung	Kommentar
Fremde als Teufel zu erkennen und erklärt auf Nachfrage des Richters, dass er am Markttag ein Opfer suche. *Der bösartige Richter ist begierig darauf, dem Teufel bei seinem Vorhaben zuzusehen.* *Obgleich ihn der Teufel davor warnt, ihn zu begleiten,* besteht der Richter auf seinem Vorhaben. Der zweite Teil des Hauptteils spielt auf dem Marktplatz einer Stadt. Dort kommt es zu vier Begegnungen mit verschiedenen Menschen, *die jemanden zum Teufel wünschen.* Zunächst verhalten sich die Menschen dem Richter gegenüber ehrerbietig. *Schließlich begegnen sie einer Frau, die ihr Schwein aus Zorn zum Teufel wünscht.* *Obwohl der Richter den Teufel auffordert, das Schwein zu nehmen,* lehnt der Teufel ab, weil der Wunsch der Frau nur so daher gesagt sei. *Dies gilt auch für eine Frau, die ihr Rind zum Teufel wünscht. Der Teufel lehnt auch diesen Wunsch ab, er zeigt sogar Mitleid mit der Frau.* *Als* dann *eine weitere Frau auf dem Markt ihr Kind zum Teufel wünscht,* meint der Teufel ebenfalls, dieser Wunsch sei nicht ernst gemeint. Eigentlich liebe die Frau ihr Kind.	Indirekte Rede für zentrale Aussagen Der Konjunktiv I „suche" ist in diesem Fall vermeidbar. Bei „dass"-Sätzen kannst du dir aussuchen, ob du Konjunktiv oder Indikativ verwendest. Die Wendung „sucht" wäre also auch möglich. Die Wirklichkeitsform nach der Nebensatzeinleitung „dass" würde verdeutlichen, dass der Teufel sich seiner Sache ganz sicher ist. *Zusammenfassung der direkten Rede als Gefühl bzw. als Handlung* Konzessivsatz zur logischen Verknüpfung Zentraler Überblick über den weiteren Verlauf *Zusammenfassung der direkten Rede als Handlung* Adverbien zur Verdeutlichung der Reihenfolge des Geschehens *Zusammenfassung der direkten Rede als Handlung und als Gefühl* Konzessivsatz zur gedanklichen Verknüpfung Indirekte Rede. Auch wenn du einen „dass"-Satz verwenden würdest, solltest du hier den Konjunktiv und nicht den Indikativ verwenden, denn ganz sicher ist es nicht, ob die Frau ihren Fluch nicht ganz ernst meinte. Temporalsatz zur zeitlichen Verknüpfung Indirekte Rede
Die Erzählung erreicht einen Höhepunkt, *als sie schließlich einer verzweifelten alten Witwe begegnen, der der Richter mit einem ungerechten Urteil alles genommen hat.* Ihren Wunsch, den Richter möge der Teufel holen, *empfindet der Teufel als ehrlich und gerechtfertigt.*	Verdeutlichung des Aufbaus des Märes Temporalsatz zur zeitlichen Verknüpfung *Zusammenfassung der direkten Rede als Handlung und als Gefühl* Indirekte Rede *Zusammenfassung der direkten Rede als Gefühl*
Das Märe endet damit, dass der Teufel den Richter an den Haaren packt und mit ihm vor den Augen aller Leute davonfliegt.	Verdeutlichung des Aufbaus des Märes

1.2.4 Kurz gefasst: Wie fasse ich einen literarischen Text zusammen?

Schritt 1: Lies zunächst den Text konzentriert und gründlich. Versuche, gleich zu verstehen, worum es in etwa geht. Kläre unverstandene Wörter mit Hilfe des Dudens oder des Internets.
Markiere deinen Text:

- Handlungsfolge: Markiere alle Zeitangaben rot.
- Personenkonstellation: Markiere alle Personen blau.
- Ortsstruktur: Markiere alle Ortsangaben grün.
- Zeitdeckendes Erzählen: Markiere alle direkten Reden gelb.

Schritt 2: Werte deine Ergebnisse aus! Was sagen dir Zeit- und Ortsangaben, die Personenkonstellation und die Häufigkeit der direkten Rede über die Gestaltung des Textes und die Sinneinheiten? Helfen sie dir dabei, den Höhepunkt, die Pointe[6] oder den Witz der Erzählung zu ermitteln? Diese Teile eines Textes helfen dir bei der Entscheidung, welche Inhalte des Textes wirklich wichtig sind.

Schritt 3: Ermittle den Erzählplan des Textes: Schreibe die Gliederung an den Rand deines Textblattes. Fast immer sind Einleitung, Hauptteil und Schluss zu erkennen. Den Hauptteil kannst du immer in weitere Sinnabschnitte unterteilen. Bei der Ermittlung der einzelnen Sinnabschnitte werden dir die Orts- und Zeitangaben eine große Hilfe sein. Übrigens gibt es selten nur „eine richtige" Lösung. Varianten sind durchaus denkbar.[7]

Schritt 4: Überlege dir Überschriften für die Hauptpunkte und notiere sie am Rand. Für den Hauptteil ergibt sich eine allgemeine Überschrift, die dem Titel der Erzählung häufig entspricht. Die weiteren Überschriften für die Unterpunkte des Hauptteils beziehen sich auf diese Überschrift.

Schritt 5: Schreibe an den Rand des Textes jeweils in kurzen Sätzen oder Stichpunkten, worum es in den einzelnen Sinnabschnitten geht. Vergiss nicht, schon hier stark zusammenzufassen. Indirekte Rede solltest du nur verwenden, wenn die genaue Formulierung wirklich wichtig ist. (Die direkte Rede hat in einer Textzusammenfassung ohnehin nichts zu suchen.) Schreibe deine Randbemerkungen gleich im Präsens, denn das Präsens ist das Tempus, das du für jede Inhaltsangabe verwenden musst.

Schritt 6: Schreibe mit Hilfe deiner Notizen einen zusammenhängenden Text! Verwende dabei Formulierungen, die den Aufbau der Erzählungen verdeutlichen. Vergiss auch nicht, die logischen und zeitlichen Zusammenhänge zwischen den einzelnen Handlungsschritten zu verdeutlichen. Adverbien und Konjunktionen helfen dir dabei. Verwende das Präsens. Wenn es um Geschehnisse in der Vergangenheit geht, verwendest du das Perfekt.

---

6 Eine Pointe ist eine überraschende, manchmal auch komische Wendung, zum Beispiel am Ende eines Witzes oder einer Erzählung. Der Begriff kommt aus dem Französischen und meint eigentlich die „Spitze". Es handelt sich also um den „springenden Punkt", die wesentliche Erkenntnis einer Erzählung.

7 Beschreibe den Aufbau mit einem der beiden Gliederungssysteme (vgl. S. 15).

Schritt 7: Lies nochmals den ursprünglichen Text durch und vergleiche ihn mit deiner Zusammenfassung. Überlege, ob du noch Informationen streichen kannst, weil sie nicht wesentlich für den Höhepunkt oder die Pointe sind!

Schritt 8: Lies deinen Text nun nochmals und konzentriere dich auf die Überprüfung von Rechtschreibung und Zeichensetzung: Nimm dir Zeit dafür! Noch kannst du Veränderungen vornehmen!

1.2.5 Musteraufsatz II mit Übungen – Willi Fährmann: *Bella gegen den Rest der Welt*

Nun kannst du das Gelernte aus den letzten Kapiteln gleich selbst anwenden. Keine Angst! Gehe alle erlernten Schritte (vgl. S. 34) am folgenden Beispieltext durch. Wir helfen dir! Lies zunächst die Erzählung *Bella gegen den Rest der Welt*:

LESETEXT

Willi Fährmann: *Bella gegen den Rest der Welt*[8]

„Ist es denn wirklich wahr, dass früher in den großen Städten die ersten Straßenbahnen von Pferden gezogen wurden?", fragte ein Reporter den alten Straßenbahnfahrer Samson Plumpott.

„Aber sicher. So war das früher", antwortete Samson.

„Erzählen Sie doch mal, Herr Plumpott", sagte der Reporter. „Solche Geschichten müssen festgehalten werden."

Samson zog an seiner Pfeife, bedachte sich ein wenig und fing dann an:

„Tja, die Pferdebahn wurde in den achtziger Jahren gebaut. Später, so kurz nach 1900, schaffte die Stadt dann die Lektrische an."

„Sie meinen wohl, die Stadt kaufte damals Straßenbahnen, die mit Elektromotoren getrieben wurden?"

„Sagte ich doch, die Lektrische."

„Wie ging es weiter?"

„Na ja, die Pferdebahn wurde bei uns damals ganz feierlich eingeweiht. Mein Vater hat es mir oft und oft erzählt. Denn er war ja selbst der erste Pferdekutscher unserer Straßenbahn. So ganz lange ist die Pferdebahn nicht mehr gefahren."

„Sie selbst sind Fahrer der elektrischen Straßenbahn gewesen?"

„Als junger Bursche war ich schon dabei."

„Können Sie uns nicht mal ein Erlebnis aus Ihrer langen Dienstzeit erzählen?", bat der Reporter.

„Sind Sie mit der Straßenbahn aus der Innenstadt gekommen?", erkundigte sich Samson.

---

8 Aus: Fährmann, Willi: *Als Oma das Papier noch bügelte*. Kevelaer; Butzon & Bercker, 1997. S. 50–59. Rechtschreibung angepasst.

Der kleine Mann lächelte. „Natürlich bin ich mit dem Auto herausgefahren, Herr Plumpott. Heutzutage fährt man mit dem Auto."
„Auto oder nicht. Aber die Haltestelle ‚Zum Alvenbogen', die ist Ihnen doch bekannt, nicht wahr?"
„Natürlich kenne ich die. Das ist die Haltestelle am Hafen."
„Ja, die meine ich. Wie die zu ihrem Namen gekommen ist, das will ich Ihnen erzählen. Es ist die Geschichte eines Fischweibs, das sogar den Bürgermeister besiegte."
„So? Großartig! Erzählen Sie!"
„Früher war das Rheinwasser so klar und sauber, dass die blanken Kiesel durch die Wellen schimmerten. Darin tummelten sich tausend Fische. Der köstliche rotfleischige Salm wurde so häufig gefangen, dass in alten Zeiten die Knechte und Mägde drüben in Ruhrort sich von ihren Dienstherren eigens versprechen ließen, dass sie ihn nicht häufiger als dreimal in der Woche vorgesetzt bekämen. Das Fischweib aber, von dem ich erzählen will, handelte mit anderen Fischen, mit leckeren geräucherten Alven[9] nämlich.
Zum Verkauf wurden die handlangen Fische auf Schnüre gezogen und als Schleckerei angeboten. Bella, das Fischweib, war eine solche Alvenverkäuferin. Von ihrem Vater hatte sie ein schmales Grundstück am Hafen geerbt. Darauf stand ihre Bretterbude, vollgestopft mit Alvenringen. Die Matrosen aus dem Hafen, die Wanderburschen und natürlich auch die Einheimischen kauften bei Bella gern eine Schnur Fische.
Nun bekam Fisch-Bella eines Tages hohen Besuch. Der Direktor Fettweiß senior stellte sich in Bellas Bretterbude und verlangte einen Fischring. Er gab eine halbe Mark und sagte: ‚Es stimmt so.'
Das kam dem Fischweib seltsam vor. Sie kannte den alten Direktor als sparsamen Mann. Sie ließ zwar das Silberstück in ihre speckige Ledertasche gleiten, aber ihr Misstrauen war geweckt. Sie brauchte auch nicht lange zu warten, bis der Direktor sein Anliegen kurz und bündig vortrug. Es lief darauf hinaus, dass sie ihr Grundstück verkaufen sollte. Die Straßenbahnstrecke endete nämlich damals am Hafen und sollte in jenem Jahr weitergeführt werden. Bellas Grundstück lag den Schienen im Weg. Deshalb sollte sie es eben abtreten, gegen gute Bezahlung, versteht sich. Doch weiter kam der Direktor gar nicht.
‚Verkaufen?', schrie Bella ihn an. ‚Ich soll verschleudern, was mein Vater selig mir zurückgelassen hat? Er hat sich den Rücken am Fischerkahn, an der Tütebell[10], krummgedreht. Groschen für Groschen hat er sich vom Mund abgespart und in den Sparstrumpf gesteckt. Endlich konnte er dieses Stückchen Erde vom Schmied Leiendecker erwerben. Und ich soll verkaufen! Bella verkauft nichts außer Alven. Selbst wenn der Kaiser von China käme und mir den Grund mit Goldstücken pflasterte, er bekäme den Boden nicht!' Bella spuckte Gift und Galle. Sie hatte so laut geschrien, dass die Leute neugierig stehen geblieben waren.

---

9 Alven (rheinländischer Dialekt): Gemeint ist der Ukelei, ein Karpfenfisch.
10 Tütebell ist ein Dialektwort und meint ein Fischnetz.

Als sie gerade Atem schöpfte, wollte der Direktor ihr den Vorschlag machen, dass sie doch auf der anderen Straßenseite ihre Bude auf einem anderen Grundstück aufbauen könne, doch sie schnitt ihm das Wort ab: ‚Schnickschnack. Schlag dir das aus dem Kopf, Fettweiß, Bella verkauft Alven, sonst nichts, verstehst du?'
Zwar kam nicht der Kaiser von China, aber immerhin der Bürgermeister Krekenbeck und versuchte Bella zu überzeugen, dass gerade ihr Grundstück für die Leute in der ganzen Stadt und insbesondere für die Straßenbahn wichtig sei.
‚Das stimmt genau', höhnte Bella. ‚Wo sollten die Leute sonst ihre Alven kaufen?'
Da wurde der Bürgermeister zornig und rief erbost: ‚Zum Donnerwetter! Schließlich ist es den Alven ganz gleich, ob du sie hier oder hundert Schritte weiter weg verkaufst.' Dabei schlug er mit der Faust auf die Theke.
Bella wurde steif vor Entrüstung. Sie sprach plötzlich ganz leise und mit zuckersüßer Stimme. Der Bürgermeister spürte, dass es ungemütlich wurde.
‚Erstens', hob sie an, ‚ist es vielleicht den Alven gleich, wo sie verkauft werden, aber mir, mir ist es gar nicht gleich. Zweitens sagt hier auf meinem Grund und Boden nur einer ‚Donnerwetter' und nur einer klopft mit der Faust auf den Tisch, und das bin ich. Wenn du auch tausendmal Bürgermeister dieser Stadt bist, hier hast du nichts zu sagen. Verstanden?'
Der Bürgermeister schnappte nach Luft. Doch schon rauschte Bellas Wortschwall weiter: ‚Wenn du anderes nicht von mir willst, dann schere dich von meinem Grund und Boden, und zwar schnell! Sonst schreie ich laut nach dem Wachtmeister Prilokeit, weil du hier eine ehrbare Jungfer belästigst und von der Arbeit abhältst.'
‚Wir sehen uns wieder', brüllte Bürgermeister Krekenbeck und knallte die Tür hinter sich ins Schloss.
Es kam auch so, dass die beiden Streithähne sich bald wieder sahen. Zwar hatte Direktor Fettweiß vorher noch zweimal versucht, Bella das Grundstück abzuhandeln, doch es war ihm nicht viel besser ergangen als dem Bürgermeister selber. Da brachte Piet Klünkers, der Briefträger, eines Tages ein Schreiben für Fräulein Sibylla Antonia Petronella Kropp, Fischhändlerin. Der Umschlag trug keine Briefmarke, sondern nur den runden Stempel der Stadt. Das ehrbare Fräulein wurde höflich gebeten, sich zu einer gütlichen Aussprache mit den Herren des Rates der Stadt bereitfinden zu wollen.
Bella fand sich bereit. So kam es, dass sie an einem Septemberabend an der unteren Schmalseite eines langen Tisches im Rathaus saß. Ihre Holzschuhe hatte sie vor der Tür stehen lassen und auf Socken den Sitzungssaal betreten. Den Korb mit den Alven jedoch hatte sie nicht aus der Hand gestellt. Ihr gegenüber thronte finster Bürgermeister Krekenbeck und zu beiden Seiten reihten sich die teils würdigen, teils reichen Herren des Rates. Die meisten starrten die streitbare Jungfer unverhohlen und neugierig an und tuschelten miteinander.

Schließlich läutete der Bürgermeister mit einer blanken Messingglocke und eröffnete die Sitzung. Höflich begrüßte er den ungewöhnlichen Gast und sagte: ‚Sie wissen alle, dass wir am heutigen Abend die Frage des Straßenbahnbaus und die damit in Verbindung stehende Grundstücksangelegenheit der hier anwesenden Sibylla Antonia Petronella Kropp in Ruhe und zur Zufriedenheit aller besprechen wollen.' Er schnaufte nach diesem langen Satz und bat Kanzleischreiber Trollhase zu berichten, wie es mit der Sache stehe. Der erklärte des Langen und Breiten, was die ganze Stadt längst wusste, nämlich, dass Bellas Grundstück dem Schienenbau im Weg liege; dass sie es gegen ein gleichwertiges Grundstück in der Nähe austauschen solle; dass ihr keinerlei Kosten durch den Umbau ihres Geschäftes entstünden; dass sie sich bisher jedoch wider alle Einsicht weigere, zum Wohl der Stadt auf diesen Vorschlag einzugehen.
Dann legte Direktor Fettweiß senior noch einmal mit dringlichen Worten dar, wie notwendig Bellas Grundstück gebraucht werde.
‚Was sagen Sie dazu, Fräulein Kropp?', fragte der Bürgermeister.
Steif saß Bella auf der Stuhlkante. Sie hob ihre Nase ein wenig und antwortete: ‚Ich verkaufe nicht.'
Vierzehn Stadträte redeten auf sie ein, manchmal nacheinander, meist aber gemeinsam.
‚Nein, ich habe gar nichts gegen das Grundstück, das ihr mir anbietet, aber ich verkaufe mein Eigentum nicht.' Bella blieb starrköpfig. Da erhob sich der steinreiche Reedereibesitzer G. H. Laniel. Er klopfte mit dem Knöchel auf die Tischplatte. Stille trat ein. G. H. Laniel sprach leise. Er blickte ein wenig lauernd auf Bella.
‚Liebes Fräulein Kropp. Wir alle wissen zu schätzen, dass Sie so an Ihrem Erbe hängen. Trotzdem will ich Ihnen ein letztes Angebot machen. Ich will zu dem Tauschgrundstück, das die Stadt anbietet, noch tausend Taler in Gold legen, wenn Sie auf den Vorschlag eingehen.'
Nun muss man wissen, dass Bella in jenem Jahr mit tausend Talern jedes Grundstück in der Stadt hätte kaufen können. Tausend Taler verdiente Bella an ihren Alven in drei Jahren nicht.
Einen Augenblick saß die Versammlung nach G. H. Laniels Worten wie versteinert vor Staunen. Ungläubig blickte auch Bella auf den begüterten Ratsherrn. Plötzlich erhob sie sich, rot im Gesicht vor Ärger und Aufregung, und rief: ‚Ich spucke auf Ihre tausend Taler. Ich gebe meinen Grund und Boden nicht her!' Drehte sich um und verließ den Ratssaal.
G. H. Laniel lächelte erleichtert, denn tausend Taler waren auch für ihn kein Pappenstiel. Dreimal musste Bürgermeister Krekenbeck läuten, bis die Ratsherren sich schließlich beruhigt hatten.
‚Dann wollen wir sie enteignen', schlug Ratsherr Dauwenspeck vor. Viele nickten und der Kanzleischreiber Trollhase spitzte schon die Feder.

Da erhob sich der Direktor Fettweiß senior und sprach: ‚Sie werden sich wundern, aber ich möchte nicht, dass wir ihr das Grundstück zwangsweise nehmen. Das würde die ganze Straßenbahngesellschaft in schlechten Ruf bringen. Ich will es auch gestehen: Es gefällt mir, wie Bella um ihren ererbten Besitz kämpft. Vielleicht wird es möglich sein, die Schienen im Bogen um Bellas Grundstück herumzulegen.'
Dabei blieb es.
Als ich dann später mit der Bahn die neue Strecke fuhr, rief mein Kondukteur[11] Plattekamp, der Schelm, an jener Haltestelle: ‚Zum Alvenbogen!'
Das hat den Leuten so gut gefallen, dass sie noch heute den Ort so nennen, obwohl Bellas Bude längst nicht mehr steht."
„Großartig!", seufzte der Reporter. „Wirklich großartig! Wie schade nur, dass ich davon keine Fotos mehr aufnehmen kann."

Willi Fährmanns Erzählung hat eine Besonderheit. Es gibt einen **Erzählrahmen**. Dies bedeutet, dass die eigentliche Erzählung von einem Geschehen eingerahmt wird. In diesem Falle handelt es sich um das Interview des Reporters mit dem ehemaligen Straßenbahnfahrer Samson Plumpott. Du kannst für den Erzählrahmen einen eigenen Gliederungspunkt vergeben, du kannst ihn auch nur mit der Anmerkung „Erzählrahmen" kennzeichnen. Wichtig ist nur, dass du ihn erkennst.

ÜBUNG

Fasse den Text *Bella gegen den Rest der Welt* von Willi Fährmann zusammen. Folge dabei der Vorgehensweise, die du am Text *Der Richter und der Teufel* (S. 13 ff.) gelernt hast. Gehe nach jedem Schritt die Lösungsvorschläge durch, die du im Folgenden findest.

MUSTER

Schritt 1:
Markierung von
Zeitangaben (rot),
Personen (blau),
Ortsangaben (grün),
direkter Rede (gelb).
→ **Vgl. Gesamt-Lösung S. 40 ff.**

Erkenntnisse aus den Markierungen:
Die Personenkonstellation hilft dir beim Verständnis des Textes: Der Erzähler ist der ehemalige Schaffner der Straßenbahn. Dadurch wirkt das Erzählte echt und authentisch. Bella steht gegen alle Autoritäten der Stadt. Eine besondere Rolle spielt der Direktor der Straßenbahngesellschaft, da er am Ende Bellas Haltung bewundert und einen Kompromiss herbeiführt. Die Namen der Personen sind nicht so wichtig, ihre Funktionen müssen aber benannt werden.

11 Kondukteur – altmodisches Wort für Schaffner.

Die Rahmenhandlung der Erzählung *Bella gegen den Rest der Welt* spielt in der Erzählgegenwart. Die eigentliche Erzählung (= Erzählkern) ist in diesen Rahmen eingebettet. Es handelt sich um eine Anekdote aus der Zeit um 1900, die den besonderen Namen der Haltestelle am Hafen erläutert.

Der Erzählkern besteht aus zwei Teilen:

- Der erste Teil beschreibt die Verhandlungen der Stadt mit der Fischhändlerin.
- Der zweite Teil beschreibt die außergewöhnliche Ratssitzung und das einvernehmliche Ende.

Die beiden Teile sind zeitlich deutlich abgesetzt und spielen an unterschiedlichen Orten.

Lösung für die Schritte 1–6:

MUSTER

Text: Willi Fährmann *Bella gegen den Rest der Welt*	Notizen
„Ist es denn wirklich wahr, dass früher in den großen Städten die ersten Straßenbahnen von Pferden gezogen wurden?“, fragte ein Reporter den alten Straßenbahnfahrer Samson Plumpott. „Aber sicher. So war das früher“, antwortete Samson. „Erzählen Sie doch mal, Herr Plumpott“, sagte der Reporter. „Solche Geschichten müssen festgehalten werden.“ Samson zog an seiner Pfeife, bedachte sich ein wenig und fing dann an:	Erzählrahmen: Interview des Staßenbahnfahrers Samson Plumpott, der eine Geschichte aus seiner Zeit als Fahrer einer Straßenbahn erzählt.
„Tja, die Pferdebahn wurde in den achziger Jahren gebaut. Später, so kurz nach 1900, schaffte die Stadt dann die Lektrische an.“ „Sie meinen wohl, die Stadt kaufte damals Straßenbahnen, die mit Elektromotoren getrieben wurden?“ „Sagte ich doch, die Lektrische.“ „Wie ging es weiter?“ „Na ja, die Pferdebahn wurde bei uns damals ganz feierlich eingeweiht. Mein Vater hat es mir oft und oft erzählt. Denn er war ja selbst der erste Pferdekutscher unserer Straßenbahn. So ganz lange ist die Pferdebahn nicht mehr gefahren.“ „Sie selbst sind Fahrer der elektrischen Straßenbahn gewesen?“ „Als junger Bursche war ich schon dabei.“ „Können Sie uns nicht mal ein Erlebnis aus Ihrer langen Dienstzeit erzählen?“, bat der Reporter. „Sind Sie mit der Straßenbahn aus der Innenstadt gekommen?“, erkundigte sich Samson. Der kleine Mann lächelte. „Natürlich bin ich mit dem Auto herausgefahren, Herr Plumpott. Heutzutage fährt man mit dem Auto.“	Um 1900 hat die Stadt die elektrische Straßenbahn eingeführt. Vorher hatte es Straßenbahnwagen gegeben, die von Pferden gezogen worden waren.

Text: Willi Fährmann *Bella gegen den Rest der Welt*	Notizen
„Auto oder nicht. Aber die Haltestelle ‚Zum Alvenbogen', die ist Ihnen doch bekannt, nicht wahr?" „Natürlich kenne ich die. Das ist die Haltestelle am Hafen." „Ja, die meine ich. Wie die zu ihrem Namen gekommen ist, das will ich Ihnen erzählen. Es ist die Geschichte eines Fischweibs, das sogar den Bürgermeister besiegte." „So? Großartig! Erzählen Sie!"	Samson Plumpott bietet an zu erzählen, wie die Haltestelle „Alvenbogen" zu ihrem Namen gekommen ist. Den Namen verdankt sie einer Fischverkäuferin, die um 1900 dort ihren Fischladen geführt hat.
„Früher war das Rheinwasser so klar und sauber, dass die blanken Kiesel durch die Wellen schimmerten. Darin tummelten sich tausend Fische. Der köstliche rotfleischige Salm wurde so häufig gefangen, dass in alten Zeiten die Knechte und Mägde drüben in Ruhrort sich von ihren Dienstherren eigens versprechen ließen, dass sie ihn nicht häufiger als dreimal in der Woche vorgesetzt bekämen. Das Fischweib aber, von dem ich erzählen will, handelte mit anderen Fischen, mit leckeren geräucherten Alven nämlich.	Erzählkern[12] 1 Schilderung des Rheins um 1900 und Beschreibung des damaligen Fischreichtums
Zum Verkauf wurden die handlangen Fische auf Schnüre gezogen und als Schleckerei angeboten. Bella, das Fischweib, war eine solche Alvenverkäuferin. Von ihrem Vater hatte sie ein schmales Grundstück am Hafen geerbt. Darauf stand ihre Bretterbude, vollgestopft mit Alvenringen. Die Matrosen aus dem Hafen, die Wanderburschen und natürlich auch die Einheimischen kauften bei Bella gern eine Schnur Fische.	Beschreibung von Bellas Gewerbe und der Geschichte ihres Fischladens, den sie von ihrem Vater geerbt hat.
Nun bekam Fisch-Bella eines Tages hohen Besuch. Der Direktor Fettweiß senior stellte sich in Bellas Bretterbude und verlangte einen Fischring. Er gab eine halbe Mark und sagte: ‚Es stimmt so.' Das kam dem Fischweib seltsam vor. Sie kannte den alten Direktor als sparsamen Mann. Sie ließ zwar das Silberstück in ihre speckige Ledertasche gleiten, aber ihr Misstrauen war geweckt. Sie brauchte auch nicht lange zu warten, bis der Direktor sein Anliegen kurz und bündig vortrug. Es lief darauf hinaus, dass sie ihr Grundstück verkaufen sollte. Die Straßenbahnstrecke endete nämlich damals am Hafen und sollte in jenem Jahr weitergeführt werden. Bellas Grundstück lag den Schienen im Weg. Deshalb sollte sie es eben abtreten, gegen gute Bezahlung, versteht sich. Doch weiter kam der Direktor gar nicht.	2 Erste Angebote der Stadt 2.1 Angebot des Direktors der Straßenbahngesellschaft: Die Großzügigkeit von Direktor Fettweiß macht Bella misstrauisch. Sie erfährt, dass die Straßenbahnlinie über ihr Grundstück führen soll.

12 Der Erzählkern besteht nur aus direkter Rede (Plumpott erzählt die Geschichte von Bella). Diese wurde hier nicht gelb gekennzeichnet, sondern nur die direkte Rede darin, um nicht zu verwirren.

Text: Willi Fährmann *Bella gegen den Rest der Welt*	Notizen
‚Verkaufen?', schrie Bella ihn an. ‚Ich soll verschleudern, was mein Vater selig mir zurückgelassen hat? Er hat sich den Rücken am Fischerkahn, an der Tütebell, krumm gedreht. Groschen für Groschen hat er sich vom Mund abgespart und in den Sparstrumpf gesteckt. Endlich konnte er dieses Stückchen Erde vom Schmied Leiendecker erwerben. Und ich soll verkaufen! Bella verkauft nichts außer Alven. Selbst wenn der Kaiser von China käme und mir den Grund mit Goldstücken pflasterte, er bekäme den Boden nicht!' Bella spuckte Gift und Galle. Sie hatte so laut geschrien, dass die Leute neugierig stehen geblieben waren.	Reaktion Bellas: Bella ist keinesfalls zum Verkauf bereit, weil ihr Vater das Grundstück und den Laden mit großem Fleiß erarbeitet hat.
Als sie gerade Atem schöpfte, wollte der Direktor ihr den Vorschlag machen, dass sie doch auf der anderen Straßenseite ihre Bude auf einem anderen Grundstück aufbauen könne, doch sie schnitt ihm das Wort ab: ‚Schnickschnack. Schlag dir das aus dem Kopf, Fettweiß, Bella verkauft Alven, sonst nichts, verstehst du?'	Auch das einlenkende Angebot des Direktors, der ihr eine Ausgleichsfläche auf der anderen Straßenseite anbietet, schlägt sie aus.
Zwar kam nicht der Kaiser von China, aber immerhin der Bürgermeister Krekenbeck und versuchte, Bella zu überzeugen, dass gerade ihr Grundstück für die Leute in der ganzen Stadt und insbesondere für die Straßenbahn wichtig sei. ‚Das stimmt genau', höhnte Bella. ‚Wo sollten die Leute sonst ihre Alven kaufen?' Da wurde der Bürgermeister zornig und rief erbost: ‚Zum Donnerwetter! Schließlich ist es den Alven ganz gleich, ob du sie hier oder hundert Schritte weiter weg verkaufst.' Dabei schlug er mit der Faust auf die Theke. Bella wurde steif vor Entrüstung. Sie sprach plötzlich ganz leise und mit zuckersüßer Stimme. Der Bürgermeister spürte, dass es ungemütlich wurde. ‚Erstens', hob sie an, ‚ist es vielleicht den Alven gleich, wo sie verkauft werden, aber mir, mir ist es gar nicht gleich. Zweitens sagt hier auf meinem Grund und Boden nur einer ‚Donnerwetter' und nur einer klopft mit der Faust auf den Tisch, und das bin ich. Wenn du auch tausendmal Bürgermeister dieser Stadt bist, hier hast du nichts zu sagen. Verstanden?' Der Bürgermeister schnappte nach Luft. Doch schon rauschte Bellas Wortschwall weiter: ‚Wenn du anderes nicht von mir willst, dann schere dich von meinem Grund und Boden, und zwar schnell! Sonst schreie ich laut nach dem Wachtmeister Prilokeit, weil du hier eine ehrbare Jungfer belästigst und von der Arbeit abhältst.' ‚Wir sehen uns wieder', brüllte Bürgermeister Krekenbeck und knallte die Tür hinter sich ins Schloss.	2.2 Angebot des Bürgermeisters: Der Versuch des Bürgermeisters schlägt genauso fehl. Besonders ist Bella über das Verhalten des Bürgermeisters wütend, der ihr gegenüber zu wenig Respekt gezeigt hat.

Text: Willi Fährmann *Bella gegen den Rest der Welt*	Notizen
Es kam auch so, dass die beiden Streithähne sich bald wieder sahen. Zwar hatte Direktor Fettweiß vorher noch zweimal versucht, Bella das Grundstück abzuhandeln, doch es war ihm nicht viel besser ergangen als dem Bürgermeister selber. Da brachte Piet Klünkers, der Briefträger, eines Tages ein Schreiben für Fräulein Sibylla Antonia Petronella Kropp, Fischhändlerin. Der Umschlag trug keine Briefmarke, sondern nur den runden Stempel der Stadt. Das ehrbare Fräulein wurde höflich gebeten, sich zu einer gütlichen Aussprache mit den Herren des Rates der Stadt bereitfinden zu wollen.	3 Stadtratssitzung 3.1 Nach weiteren vergeblichen Überzeugungsversuchen von Direktor Fettweiß erhält Bella ein offizielles Schreiben der Stadt, in dem sie zu einer Aussprache mit dem Rat der Stadt gebeten wird.
Bella fand sich bereit. So kam es, dass sie an einem Septemberabend an der unteren Schmalseite eines langen Tisches im Rathaus saß. Ihre Holzschuhe hatte sie vor der Tür stehen lassen und auf Socken den Sitzungssaal betreten. Den Korb mit den Alven jedoch hatte sie nicht aus der Hand gestellt. Ihr gegenüber thronte finster Bürgermeister Krekenbeck und zu beiden Seiten reihten sich die teils würdigen, teils reichen Herren des Rates. Die meisten starrten die streitbare Jungfer unverhohlen und neugierig an und tuschelten miteinander. Schließlich läutete der Bürgermeister mit einer blanken Messingglocke und eröffnete die Sitzung. Höflich begrüßte er den ungewöhnlichen Gast und sagte: ‚Sie wissen alle, dass wir am heutigen Abend die Frage des Straßenbahnbaus und die damit in Verbindung stehende Grundstücksangelegenheit der hier anwesenden Sibylla Antonia Petronella Kropp in Ruhe und zur Zufriedenheit aller besprechen wollen.' Er schnaufte nach diesem langen Satz und bat Kanzleischreiber Trollhase zu berichten, wie es mit der Sache stehe. Der erklärte des Langen und Breiten, was die ganze Stadt längst wusste, nämlich, dass Bellas Grundstück dem Schienenbau im Weg liege; dass sie es gegen ein gleichwertiges Grundstück in der Nähe austauschen solle; dass ihr keinerlei Kosten durch den Umbau ihres Geschäftes entstünden; dass sie sich bisher jedoch wider alle Einsicht weigere, zum Wohl der Stadt auf diesen Vorschlag einzugehen. Dann legte Direktor Fettweiß senior noch einmal mit dringlichen Worten dar, wie notwendig Bellas Grundstück gebraucht werde. ‚Was sagen Sie dazu, Fräulein Kropp?', fragte der Bürgermeister. Steif saß Bella auf der Stuhlkante. Sie hob ihre Nase ein wenig und antwortete: ‚Ich verkaufe nicht.' Vierzehn Stadträte redeten auf sie ein, manchmal nacheinander, meist aber gemeinsam. ‚Nein, ich habe gar nichts gegen das Grundstück, das ihr mir anbietet, aber ich verkaufe mein Eigentum nicht.' Bella blieb starrköpfig.	3.2 Verlauf der Ratssitzung Bella erscheint pünktlich und wird von den Ratsmitgliedern kritisch gemustert, weil Kleidung und Verhalten der einfachen Frau ihnen unpassend erscheinen. Obwohl nochmals das Anliegen der Stadt vom Kanzleischreiber wiederholt wird und Direktor Fettweiß auf die große Bedeutung des Grundstücks hinweist, bleibt Bella stur und lehnt den Verkauf ab.

Text: Willi Fährmann *Bella gegen den Rest der Welt*	Notizen
Da erhob sich der steinreiche Reedereibesitzer G. H. Laniel. Er klopfte mit dem Knöchel auf die Tischplatte. Stille trat ein. G. H. Laniel sprach leise. Er blickte ein wenig lauernd auf Bella. ‚Liebes Fräulein Kropp. Wir alle wissen zu schätzen, dass Sie so an Ihrem Erbe hängen. Trotzdem will ich Ihnen ein letztes Angebot machen. Ich will zu dem Tauschgrundstück, das die Stadt anbietet, noch tausend Taler in Gold legen, wenn Sie auf den Vorschlag eingehen.' Nun muss man wissen, dass Bella in jenem Jahr mit tausend Talern jedes Grundstück in der Stadt hätte kaufen können. Tausend Taler verdiente Bella an ihren Alven in drei Jahren nicht. Einen Augenblick saß die Versammlung nach G. H. Laniels Worten wie versteinert vor Staunen. Ungläubig blickte auch Bella auf den begüterten Ratsherrn. Plötzlich erhob sie sich, rot im Gesicht vor Ärger und Aufregung, und rief: ‚Ich spucke auf Ihre tausend Taler. Ich gebe meinen Grund und Boden nicht her!' Drehte sich um und verließ den Ratssaal. G. H. Laniel lächelte erleichtert, denn tausend Taler waren auch für ihn kein Pappenstiel. Dreimal musste Bürgermeister Krekenbeck läuten, bis die Ratsherren sich schließlich beruhigt hatten.	Angebot des Reedereibesitzers: Die Sitzung erreicht ihren Höhepunkt, als Reedereibesitzer Laniel anbietet, Bellas Einverständnis mit dem Grundstücktausch mit tausend Goldtalern zu belohnen. Hintergrundinformation: Die tausend Taler entsprechen mehr als drei Jahreseinkommen von Bella. Die Ratsversammlung gerät in Aufruhr, als Bella auch dieses großzügige Angebot ablehnt.
‚Dann wollen wir sie enteignen', schlug Ratsherr Dauwenspeck vor. Viele nickten und der Kanzleischreiber Trollhase spitzte schon die Feder. Da erhob sich der Direktor Fettweiß senior und sprach: ‚Sie werden sich wundern, aber ich möchte nicht, dass wir ihr das Grundstück zwangsweise nehmen. Das würde die ganze Straßenbahngesellschaft in schlechten Ruf bringen. Ich will es auch gestehen: Es gefällt mir, wie Bella um ihren ererbten Besitz kämpft. Vielleicht wird es möglich sein, die Schienen im Bogen um Bellas Grundstück herumzulegen.' Dabei blieb es.	Überraschende Wendung: Den Vorschlag des Ratsherrn Dauwenspeck, Bella zu enteignen, lehnt Direktor Fettweiß ab, der letztlich Bellas Kampf um das ererbte Grundstück bewundert und eine Beschädigung des Rufs der Straßenbahngesellschaft befürchtet. Lösung: Seinen Vorschlag, die Schienen um Bellas Grundstück herumzulegen, nehmen die Ratsherren an.

Text: Willi Fährmann *Bella gegen den Rest der Welt*	Notizen
Als ich dann später mit der Bahn die neue Strecke fuhr, rief mein Kondukteur Plattekamp, der Schelm, an jener Haltestelle: ‚Zum Alvenbogen!' Das hat den Leuten so gut gefallen, dass sie noch heute den Ort so nennen, obwohl Bellas Bude längst nicht mehr steht."[13] „Großartig!", seufzte der Reporter. „Wirklich großartig! Wie schade nur, dass ich davon keine Fotos mehr aufnehmen kann."	Erzählrahmen: So ist der Spitzname der Station „Hafen" entstanden, die vom Schaffner Plattekamp „Zum Alvenbogen" ausgerufen wurde. Der Rahmen schließt mit dem Bedauern des Reporters, keine Fotos aus der Zeit zur Verfügung zu haben.

Aus den Anmerkungen der rechten Spalte entsteht die Textzusammenfassung. Die einzelnen Punkte müssen nun versprachlicht werden. Denke an die **zeitlichen und logischen Zusammenhänge** und verwende **keine direkte Rede**.
Vergleiche anschließend deinen Text mit der folgenden Beispiellösung.

Für nachfolgende Tabelle gilt:
- Strukturierende Formulierungen zur Verdeutlichung des Aufbaus rot
- Adverbiale Nebensätze grün
- Zusammenfassung der direkten Rede als Handlung oder als Gefühl *kursiv*
- Indirekte Reden gelb

MUSTER

Notizen zum Text	Textzusammenfassung	Kommentar der Textzusammenfassung
Erzählrahmen: Interview des Staßenbahnfahrers Samson Plumpott, der eine Geschichte aus seiner Zeit als Fahrer einer Straßenbahn erzählt.	Der Erzählkern von Willi Fährmanns Erzählung „Bella gegen den Rest der Welt" ist in einen Erzählrahmen eingebettet. Darin interviewt ein Reporter einen ehemaligen Straßenbahnschaffner, Samson Plumpott.	Verdeutlichung des Aufbaus
Um 1900 hat die Stadt die elektrische Straßenbahn eingeführt. Vorher hatte es Straßenbahnwagen gegeben, die von Pferden gezogen worden waren.	Dieser berichtet zunächst über die Einführung der elektrischen Straßenbahn um das Jahr 1900. Sie hat Straßenbahnwagen ersetzt, die von Pferden gezogen worden waren.	Verdeutlichung des Aufbaus

13 Hier endet die direkte Rede Samsons, vgl. Fußnote 12 auf S. 41.

Notizen zum Text	Textzusammenfassung	Kommentar der Textzusammenfassung
Samson Plumpott bietet an zu erzählen, wie die die Haltestelle „Alvenbogen" zu ihrem Namen gekommen ist. Den Namen verdankt sie einer Fischverkäuferin, die um 1900 dort ihren Fischladen geführt hat.	Samson Plumpott bietet dann dem Journalisten an zu erzählen, wie die Haltestelle „Alvenbogen" zu ihrem Namen gekommen ist. Den Namen verdankt sie einer Fischverkäuferin, die um 1900 dort ihren Fischladen geführt hat.	Verdeutlichung des Aufbaus
Erzählkern 1 Schilderung des Rheins um 1900 und Beschreibung des damaligen Fischreichtums	Zu Beginn des Erzählkerns beschreibt der Schaffner den Rhein um 1900 und seinen damaligen Fischreichtum.	Verdeutlichung des Aufbaus
Beschreibung von Bellas Gewerbe und der Geschichte ihres Fischladens, den sie von ihrem Vater geerbt hat	Anschließend schildert er Bellas Gewerbe als Fischverkäuferin und die Geschichte ihres Ladens, den sie von ihrem Vater geerbt hat.	Verdeutlichung des Aufbaus
2 Erste Angebote der Stadt 2.1 Angebot des Direktors der Straßenbahngesellschaft: Die Großzügigkeit von Direktor Fettweiß macht Bella misstrauisch. Sie erfährt, dass die Straßenbahnlinie über ihr Grundstück führen soll. Reaktion Bellas: Bella ist keinesfalls zum Verkauf bereit, weil ihr Vater das Grundstück und den Laden mit großem Fleiß erarbeitet hat. Auch das einlenkende Angebot des Direktors, der ihr eine Ausgleichsfläche auf der anderen Straßenseite anbietet, schlägt sie aus.	Nach dieser Hinführung an die Situation treten im ersten großen Erzählabschnitt des Erzählkerns zwei Autoritäten der Stadt an Bella heran, um ihr das Grundstück abzukaufen, weil genau hier die neue Straßenbahn verlaufen soll. *Der Direktor der Straßengesellschaft Fettweiß scheitert jedoch, obgleich er sogar ein Ausgleichsgrundstück anbietet, weil Bella das Erbe ihres Vaters nicht aufgeben will.*	Verdeutlichung des Aufbaus und Übersicht über die weiteren Handlungsschritte Finalsatz, Kausalsatz Bellas Misstrauen kannst du hier auch weglassen, weil es für die Wendung am Schluss unerheblich ist. *Zusammenfassung der direkten und indirekten Rede als Handlung* Konzessivsatz Kausalsatz

Notizen zum Text	Textzusammenfassung	Kommentar der Textzusammenfassung
2.2 Angebot des Bürgermeisters: Der Versuch des Bürgermeisters schlägt genauso fehl. Besonders ist Bella über das Verhalten des Bürgermeisters wütend, der ihr gegenüber zu wenig Respekt zeigt.	*Der Bürgermeister*, der ebenfalls in die Verhandlungen eintritt, *hat gleichfalls keine Chance. Zudem zieht er sich den Zorn Bellas zu, weil er ihr gegenüber zu wenig Respekt zeigt.*	*Zusammenfassung der direkten und indirekten Rede als Handlung und als Gefühle* Kausalsatz
3 Stadtratssitzung 3.1 Nach weiteren vergeblichen Überzeugungsversuchen von Direktor Fettweiß erhält Bella ein offizielles Schreiben der Stadt, in dem sie zu einer Aussprache mit dem Rat der Stadt gebeten wird.	Es folgt der zweite Teil des Erzählkerns, die Ratssitzung, zu der Bella nach weiteren vergeblichen Überzeugungsversuchen von Direktor Fettweiß eingeladen wird.	Verdeutlichung des Aufbaus: Information über den zweiten Erzählabschnitt mit kurzem inhaltlichen Überblick
3.2 Verlauf der Ratssitzung Bella erscheint pünktlich und wird von den Ratsmitgliedern kritisch gemustert, weil Kleidung und Verhalten der einfachen Frau ihnen unpassend erscheint. Obwohl nochmals das Anliegen der Stadt vom Kanzleischreiber wiederholt wird und Direktor Fettweiß auf die große Bedeutung des Grundstücks hinweist, bleibt Bella stur und lehnt den Verkauf ab.	Die Ratsherren schauen auf Bella herab. *Dennoch bleibt die einfache Frau standhaft und lässt sich auf kein Angebot der Stadt ein.*	*Zusammenfassung der direkten und indirekten Rede als Handlung* Diese Detailinformationen kannst du weglassen, weil sie für die Wendung am Schluss unerheblich sind.

Notizen zum Text	Textzusammenfassung	Kommentar der Textzusammenfassung
Angebot des Reedereibesitzers: Die Sitzung erreicht ihren Höhepunkt, als Reedereibesitzer Laniel anbietet, Bellas Einverständnis mit dem Grundstücktausch mit tausend Goldtalern zu belohnen. Hintergrundinformation: Die tausend Taler entsprechen mehr als drei Jahreseinkommen von Bella. Die Ratsversammlung gerät in Aufruhr, als Bella auch dieses großzügige Angebot ablehnt.	Die Sitzung erreicht ihren Höhepunkt, *als Reedereibesitzer Laniel anbietet, Bellas Einverständnis mit dem Grundstücktausch mit tausend Goldtalern zu belohnen. Doch Bella lässt das Angebot* zum Entsetzen der Ratsversammlung *kalt*, obgleich der Betrag damals ihr Jahreseinkommen dreifach überstiegen hat.	Verdeutlichung des Aufbaus Temporalsatz *Zusammenfassung der direkten Rede als Handlung* Konzessivsatz
Überraschende Wendung: Den Vorschlag des Ratsherrn Dauwenspeck, Bella zu enteignen, lehnt Direktor Fettweiß ab, der letztlich Bellas Kampf um das ererbte Grundstück bewundert und eine Beschädigung des Rufs der Straßenbahngesellschaft befürchtet.	Die Erzählung endet überraschend, *da der Straßenbahndirektor von Bellas Haltung beeindruckt ist und den Vorschlag auf Zwangsenteignung ablehnt. Er bewundert letztlich Bellas Kampf um das ererbte Grundstück und befürchtet eine Beschädigung des Rufs der Straßenbahngesellschaft.*	Verdeutlichung des Aufbaus: Ende des Erzählkerns Kausalsatz *Zusammenfassung der direkten Rede als Gefühle und als Handlung*
Lösung: Seinen Vorschlag, die Schienen um Bellas Grundstück herumzulegen, nehmen die Ratsherren an.	Deshalb beschließt der Stadtrat, Direktor Fettweiß zu folgen und die Schienen um das Grundstück von Bella herumzulegen.	
Erzählrahmen: So ist der Spitzname der Station „Hafen" entstanden, die vom Schaffner Plattekamp „Zum Alvenbogen" ausgerufen worden ist.	Der spätere Straßenbahnschaffner Plattekamp habe, so erzählt Samson Plumpott im Erzählrahmen, deshalb bei der Station „Hafen" immer „Zum Alvenbogen" ausgerufen. Diesen Namen hat die Station bis heute behalten.	Indirekte Rede Verdeutlichung des Aufbaus

Notizen zum Text	Textzusammenfassung	Kommentar der Textzusammenfassung
Der Rahmen schließt mit dem Bedauern des Reporters, keine Fotos aus der Zeit zur Verfügung zu haben.	Der Erzählrahmen schließt mit dem Bedauern des Reporters, keine Fotos aus der Zeit zur Verfügung zu haben.	Verdeutlichung des Aufbaus: Rückführung zum Erzählrahmen

MUSTER

Textzusammenfassung (Musterlösung):
Der Erzählkern von Willi Fährmanns Erzählung *Bella gegen den Rest der Welt* ist in einen Erzählrahmen eingebettet. Darin interviewt ein Reporter einen ehemaligen Straßenbahnschaffner, Samson Plumpott. Dieser berichtet zunächst über die Einführung der elektrischen Straßenbahn um das Jahr 1900. Sie hat Straßenbahnwagen ersetzt, die von Pferden gezogen worden waren. Samson Plumpott bietet dann dem Journalisten an zu erzählen, wie die Haltestelle „Alvenbogen" zu ihrem Namen gekommen ist. Den Namen verdankt sie einer Fischverkäuferin, die um 1900 dort ihren Fischladen geführt hat.
Zu Beginn des Erzählkerns beschreibt der Schaffner den Rhein um 1900 und seinen damaligen Fischreichtum. Anschließend schildert er Bellas Gewerbe als Fischverkäuferin und die Geschichte ihres Ladens, den sie von ihrem Vater geerbt hat. Nach dieser Hinführung an die Situation treten im ersten großen Erzählabschnitt des Erzählkerns zwei Autoritäten in der Stadt an Bella heran, um ihr das Grundstück abzukaufen, weil genau hier die neue Straßenbahn verlaufen soll. Der Direktor der Straßengesellschaft Fettweiß scheitert jedoch, obgleich er sogar ein Ausgleichsgrundstück anbietet, weil Bella das Erbe ihres Vaters nicht aufgeben will. Der Bürgermeister, der ebenfalls in die Verhandlungen eintritt, hat gleichfalls keine Chance. Zudem zieht er sich den Zorn Bellas zu, weil er ihr gegenüber zu wenig Respekt zeigt.
Es folgt der zweite Teil des Erzählkerns, die Ratssitzung, zu der Bella nach weiteren vergeblichen Überzeugungsversuchen von Direktor Fettweiß eingeladen wird. Die Ratsherren schauen auf Bella herab. Dennoch bleibt die einfache Frau standhaft und lässt sich auf kein Angebot der Stadt ein. Die Sitzung erreicht ihren Höhepunkt, als Reedereibesitzer Laniel anbietet, Bellas Einverständnis mit dem Grundstücktausch mit tausend Goldtalern zu belohnen. Doch Bella lässt das Angebot zum Entsetzen der Ratsversammlung kalt, obgleich der Betrag damals ihr Jahreseinkommen dreifach überstiegen hat. Die Erzählung endet überraschend, da der Straßenbahndirektor von Bellas Haltung beeindruckt ist und den Vorschlag auf Zwangsenteignung ablehnt. Er bewundert letztlich Bellas Kampf um das ererbte Grundstück und befürchtet eine Beschädigung des Rufs der Straßenbahngesellschaft. Deshalb beschließt der Stadtrat, Direktor Fettweiß zu folgen und die Schienen um das Grundstück von Bella herumzulegen.

Der spätere Straßenbahnschaffner Plattekamp habe, so erzählt Samson Plumpott im Erzählrahmen, deshalb bei der Station „Hafen" immer „Zum Alvenbogen" ausgerufen. Diesen Namen hat die Station bis heute behalten.
Der Erzählrahmen schließt mit dem Bedauern des Reporters, keine Fotos aus der Zeit zur Verfügung zu haben.

Die Vorarbeiten haben sich gelohnt. Die Textzusammenfassung umfasst 378 Wörter und entspricht damit der Faustregel, dass eine Textzusammenfassung maximal ein Drittel der Länge des Gesamttextes haben sollte. Die Erzählung selbst enthält 1610 Wörter. Wie viele Wörter hatte deine Textzusammenfassung?

Bei wiederholter Betrachtung der Zusammenfassung stellst du fest, dass sich historische Informationen kaum kürzen lassen. Gespräche lassen sich aber deutlich auf die wesentlichen Gedanken vereinfachen.

1.3 Inhaltsangabe literarischer Texte

Als Inhaltsangabe bezeichnet man eine Textzusammenfassung (vgl. Kapitel 1.2) mit einem kurzen vorangestellten Informationstext. Dieser vorangestellte Text wird Basissatz oder auch informierender Vorspann genannt. Die Inhaltsangabe setzt somit die Kenntnis der Textzusammenfassung voraus.

1.3.1 Begriffsklärung und Grundsätzliches

In den vorherigen Kapiteln haben wir uns die „einfache Textzusammenfassung" näher angesehen. In diesem Kapitel soll es nun um die **Inhaltsangabe** gehen: Das ist eine Textzusammenfassung mit einem vorangestellten Basissatz.

Der **Basissatz**, der auch aus mehreren Sätzen bestehen darf, enthält folgende Informationen:

- **Autor**, unter Umständen auch eine knappe Information über den Autor oder das **Erscheinungsdatum**, wenn dies für den Inhalt relevant ist;
- **Überschrift des Textes**;
- **Textsorte**:
  Es gibt eine Reihe von Textsorten, die sich besonders gut eignen, um Schüler an die Textzusammenfassung bzw. Inhaltsangabe heranzuführen. Dazu gehören Sagen,

Märchen, Balladen, Szenen eines Dramas, Kalendergeschichten, Mären, Eulenspiegelgeschichten, Kurzgeschichten.
Wir definieren nur die Textsorten, die wir in diesem Kapitel verwenden. Du wirst aber weitere Definitionen im Unterricht kennenlernen.

- **Worum geht es in dem Text?**
  Diese Information ergibt sich natürlich aus der Zusammenfassung des Textes. Im Basissatz fasst du den Inhalt noch kürzer zusammen. Wenn der Text eine **klare Lehre oder Botschaft** hat, dann solltest du diese hier ebenfalls erläutern.

1.3.2 Informativer Vorspann oder Basissatz mit Übungen

Der Basissatz des Märes *Der Richter und der Teufel* (vgl. S. 11 f.) könnte so formuliert werden:

Der Richter und der Teufel	Informationen des Basissatzes
Das Märe *Der Richter und der Teufel* des Autors „Der Stricker“, dessen wirklicher Name nicht bekannt ist, stammt aus dem 13. Jahrhundert.	Textart – Titel Autor und Informationen zum Autor
Das Märe handelt davon, wie der Teufel am Beispiel verschiedener Fälle einem Richter beibringt, dass ein gerechter Richter sich nicht vom Gesagten beirren lassen darf, sondern die Wahrheit herausfinden muss, um zu einem gerechten Urteil zu gelangen.	Lehre
Der Richter erhält eine Strafe für seine Ungerechtigkeiten: Er wird zum Opfer einer Frau, der er alles genommen hat und die ihn aus tiefstem Herzen verwünscht.	Inhalt

ÜBUNG

Formuliere nun selbst einen Basissatz für die Erzählung *Bella gegen den Rest der Welt* (S. 35 ff.). Achte vor allem darauf, ob du alle wichtigen Informationen in deinem Basissatz berücksichtigt hast. Vergleiche dann erst deine Lösung mit dem folgenden Beispiel.

MUSTER

Bella gegen den Rest der Welt (Basissatz)	Informationen des Basissatzes
Die Erzählung von Willi Fährmann „*Bella gegen den Rest der Welt*“ schildert, wie eine einfache Fischverkäuferin ihr Grundstück mit Erfolg gegen die Autoritäten ihrer Stadt verteidigt. Mit Stolz und Beharrungsvermögen bringt sie den Stadtrat zum Einlenken und bewirkt, dass die geplante Straßenbahnlinie um ihren Laden herumgebaut wird.	Textart Autor – Titel Inhalt
Die Erzählung erläutert zum einen den ungewöhnlichen Namen der Straßenbahnstation „Hafen“, die seitdem „Zum Alvenbogen“ heißt, zeigt aber auch, wie Mut, Stolz und Traditionsbewusstsein der Fischverkäuferin die Autoritäten der Stadt zum Einlenken bringen.	Folge des Geschehens und Anlass der Erzählung

TIPP

Schreibe den Basissatz immer nach der Textzusammenfassung. Dann hast du nämlich den Text und die Botschaft gut verstanden. Trotzdem muss er natürlich in der Endfassung deiner Inhaltsangabe vor der Textzusammenfassung stehen. Lass vor der Textzusammenfassung einfach eine halbe Seite frei, in die du dann den Basissatz nachträglich einfügst.

1.3.3 Inhaltsangabe einer Kurzgeschichte – Musteraufsatz I mit Übungen

Herbert Roch: *Tausend Gramm*

Die klassische Kurzgeschichte in der deutschen Literatur hat ihren Ursprung in den Jahren nach dem Zweiten Weltkrieg. Junge Autoren, Kriegsheimkehrer und Vertriebene nahmen sich vor, die Wirklichkeit so zu beschreiben, wie sie sich ihnen tatsächlich darstellte. Sie waren mitgenommen von dem Leid, das der Krieg mit sich gebracht hatte, den das nationalsozialistische Deutschland angezettelt hatte, und sie wollten keinen verklärenden Blick auf das zertrümmerte Deutschland. Die berühmten Vertreter dieser sogenannten „Trümmerliteratur“ sind Wolfgang Borchert, Siegfried Lenz, Heinrich Böll und viele andere bereits fast wieder vergessene Autoren.

Die jungen Autoren wollten, dass möglichst viele Leser ihre Texte verstehen. Sie bedienten sich daher einer einfachen Sprache. Sie folgten bei der Komposition dem großen amerikanischen Vorbild Ernest Hemingway. Er hat das **Grundmodell** vorgeführt: Die Erzählung dreht sich um ein zentrales Thema, die Einleitung bleibt knapp oder die Handlung beginnt sehr abrupt, also ohne lange Hinführung, die Handlung führt streng, ohne Nebenhandlungen, zu einem Höhepunkt oder einer Pointe hin und bricht dann ab. **Der Schluss bleibt häufig offen**. Dies bedeutet, dass der Leser sich selbst Gedanken darüber machen muss, wie das Geschehen weitergehen könnte.

Folgende Formulierungen helfen dir dabei, die **Inhaltsangabe einer Kurzgeschichte** zu strukturieren. Sie machen auf wichtige Elemente der Kurzgeschichte aufmerksam:

- **Einleitung**: sofortiger Einstieg in die Handlung, abrupter Anfang der Handlung, verkürzte Exposition, unmittelbarer Beginn
- **Hauptteil**: Steigerung in ... Schritten, Entwicklung zum Höhepunkt in ... Schritten
  Spannungssteigerung:
  Zeitdehnung durch Rückblenden, eingeblendete Rückblicke oder Schilderungen, Beschreibungen
- **Schluss**: abruptes Ende, offenes Ende, geschlossenes Ende
  Sehr viele Kurzgeschichten weisen ein offenes Ende auf. Deshalb steht hinter dem gegebenen offenen Schluss in der Regel auch der Gedanke, über den der Leser nachdenken sollte.

Wissenswertes zur nachfolgenden Kurzgeschichte: In der Zeit zwischen 1945 und 1949, zwischen dem Ende des Zweiten Weltkrieges und der Gründung der Bundesrepublik Deutschland, war das Land in Besatzungszonen aufgeteilt. Es herrschte große Lebensmittelknappheit. Die Bevölkerung erhielt Nahrung über Lebensmittelkarten. Die zugeteilten Rationen reichten eben fürs Überleben. Viele Frauen hatten ihre Männer im Krieg verloren oder vermissten sie. Oft suchten sie sich neue Lebensgefährten, teilweise aus reiner Notwendigkeit, einfach, um Hilfe beim Überleben zu haben.

LESETEXT

Herbert Roch: *Tausend Gramm*[14]

Als sie ihn die Treppe heraufkommen hörte, fingen ihre Hände an zu zittern. Sie nahm das eingewickelte Tausend-Gramm-Brot vom Küchentisch, überlegte eine Weile, wobei ein ängstliches und gehetztes Zucken um ihre Mundwinkel lief, und steckte es dann in den Kohlenkasten. Die dritte Dekade[15] hatte gerade erst begonnen, und es war die letzte für diesen Monat. Sie hörte ihn aufschließen und machte sich am Abwaschnapf zu schaffen. Die Kinder schliefen. Er hatte ihnen schon einmal das letzte Brot weggegessen. Es waren nicht seine Kinder. Sie wusste manchmal kaum noch, wie er in ihr Leben gekommen war. Es war zu einer Zeit geschehen, als das Warten auf das freudlose Alleinsein sie verrückt gemacht hatte. Eine Freundin hatte ihn mitgebracht. Sie selbst hatte von ihrem Mann schon seit zwei Jahren keine Nachricht mehr bekommen. Ihre Freundin wusste wenigstens, dass ihr Mann gefallen war. Sie wusste nichts. Und an jenem Abend hatte sie auch nichts denken wollen. Es war im Sommer gewesen. Sie waren in ein Kino gegangen, später in ein Lokal. Er war sehr schweigsam gewesen. Auf dem Heimweg hatte er ihren Arm genommen, das erste Mal seit vielen

---

14 Aus: Weyrauch, Wolfgang (Hrsg.): *Tausend Gramm. Sammlung neuer deutscher Geschichten.* Hamburg: Rowohlt, 1949.
15 hier: Zeitraum von 10 Tagen.

Monaten, dass ein Mann sie angerührt hatte. Im Finstern waren sie die Stiegen hinaufgegangen, damit niemand sie sehen sollte. Außer einer Tante ihres Mannes kam kaum Besuch zu ihr. Er war die Nacht über geblieben. Bald schon waren sie nicht mehr im Dunkeln die Treppe hinaufgestiegen. Und eines Tages war er bei ihr eingezogen, als Untermieter, und hatte angefangen, die Wäsche ihres Mannes zu tragen. Eines Morgens hatte er die Kinder geschlagen, weil sie zu gefräßig wären. Da hatte sie das erste Mal aufbegehrt, aber es hatte sich nichts geändert. Er hat ihr einen Schlag ins Gesicht versetzt und finster gelacht. Es war auch nicht bei diesem ersten Schlag geblieben. Aber da er manchmal zärtlich und dumm wie ein Junge sein konnte, ertrug sie es weiter und liebte ihn sogar. Die Kinder fürchteten sich, wenn er in der Nähe war. Aber ihre Furcht vor dem Alleinsein war größer als ihre Scham. So blieb er bei ihr wohnen. Von ihrem Mann kam keine Nachricht. Manchmal, wenn sie bei ihm lag, dachte sie an ihren Mann. Sie war erst zwanzig gewesen, als sie ihn geheiratet hatte. Aber die Vergangenheit war blass und vergilbt wie eine alte Photographie und lag irgendwo unter den Trümmern, die aus Bombennächten übrig geblieben waren.

Als er in die Küche trat, warf sie einen Blick auf den zugedeckten Kohlenkasten und presste die Lippen fest aufeinander. Seit einiger Zeit hielt er ihr vor, dass sie ihn um sein Brot betrüge. Er behauptete, nicht mehr satt zu werden. Was sie kochte, schmeckte ihm nicht. Er hatte ihr die Suppe schon einmal ins Gesicht geschüttet. Und erst vor kurzem hatte er sich die Frühstücksbrote eingesteckt, die sie für die Kinder zurechtgemacht hatte.

Seitdem hasste sie ihn. Es war ein vibrierender, stetig nagender Hass. Sie hatte ihm das Zimmer gekündigt, aber er war nicht ausgezogen. Es gefiele ihm sehr gut bei ihr, hatte er erwidert.

Sie hörte ihn über die Schwelle treten. Ohne sich umzuschauen, tat sie das Essen auf. Er setzte sich hin und verlangte Brot. Bei seinen Worten zogen sich ihre Eingeweide schmerzhaft zusammen. Doch sie beherrschte sich und schwieg. Ihr Schweigen traf ihn wie ein Schlag. Er schlug mit der Faust auf den Tisch und schrie sie an. Sie drehte sich um und starrte in sein verzerrtes Gesicht. Es war wie eine Trümmerlandschaft. Seine Augen glühten böse. „Es ist kein Brot mehr im Hause", sagte sie.

Er warf den Löffel gegen die Wand und sprang vom Stuhl auf. Jetzt wird er mich wieder schlagen, dachte sie. „Du lügst", hörte sie ihn sagen. Jawohl, ich lüge, dachte sie, und diesmal soll er mir nichts entreißen, was ich nicht freiwillig hergebe. Er trat dicht an sie heran, sie spürte, wie sein Atem ihre Wange streifte. Wenn er mich schlägt, rufe ich um Hilfe, dachte sie. „Du lügst", sagte er noch einmal und zischte ihr die Worte ins Gesicht. „Du verschiebst das Brot, mach mir nur nichts vor, damit deine Brut Schokolade essen kann." Sie stand mit dem Rücken gegen die Tischkante und stützte sich mit den Händen darauf.

Erst einmal im Leben war sie so kalt, so ruhig gewesen, wie abgestorben innerlich, damals, als die Luftmine eines von den Nachbarhäusern getroffen hatte. Viele Stunden war sie mit den Kindern im Keller verschüttet gewesen. Die andern hatten geschrien, geweint und gebetet, soweit sie den Mund noch auftun konnten. Sie war kalt und ruhig geblieben, wie tot und dennoch von einer überwachen, schmerzlichen Bewusstheit. Jetzt war sie wieder auf eine ähnliche Art erstarrt. Er ging an den Küchenschrank und wühlte darin. Dann stieß er sie beiseite und riss den Tischschub auf. Äußerlich wie gelähmt und innerlich entschlossener denn je, seinen Zugriff auf ihr Leben abzuschütteln, stand sie in der Mitte der Küche. Neben dem Kohlenkasten lag das Beil, das sie zum Zerkleinern des Holzes gebrauchten. Ihr Blick fiel darauf, und ihr war, als habe sie noch niemals ein Beil gesehen. Es sah aus wie das Beil, das in ihrem ersten Lesebuche abgebildet gewesen war. Ein großes B hatte oben auf der Seite gestanden. Sie konnte sich ganz deutlich daran erinnern, an die Lehrer, an das Klassenzimmer, das alte Schulhaus. Ihr war, als habe sie dieses erste Lesebuch nie aus der Hand gelegt. Er stolperte an ihr vorbei und riss die Tür zu der Kammer auf, wo die Kinder schliefen. Margot wachte auf und fing an zu weinen, als sie ihn erblickte. Er rüttelte das Kind an den Schultern und fragte nach dem Brot. „Alle unter einer Decke", hörte sie ihn fluchen. Dann deckte er ihr Bett ab und griff unter die Matratze. Nach einer Weile kam er wieder heraus. Die Kinder riefen nach ihr und fürchteten sich. Auch sie fürchtete sich mit einem Mal, nicht vor ihm, aber vor dem Beil. Er setzte sich und fing an, eine Zigarette zu drehen. Dann stand er auf und ging zum Kohlenkasten, um einen Span zu suchen. Er bückte sich und hob den Deckel auf. Sie hörte ihn kurz auflachen. Er kniete sich hin und wickelte das Brot aus dem Papier. Sie trat leise neben den Herd und ergriff das Beil. Er kniete noch immer vor dem Kohlenkasten, tief befriedigt von seinem Spürsinn. Dass er seine Zigarette anstecken wollte, schien er vergessen zu haben. Sie wartete, und jetzt war keine Furcht mehr in ihr, auch vor dem Beil nicht. Die Zigarette im Mundwinkel, drehte er sich nach einer Weile zu ihr herum. Sie sah, wie sein Gesicht plötzlich erlosch, wie im Kino, wenn die Lichter langsam ausgehen. „Bist du verrückt geworden", stotterte er, und dabei fiel ihm die Zigarette aus den Lippen. Sie sagte nichts und wusste nicht einmal, dass sie das Beil zum Schlag erhoben hatte. Mit einem dumpfen, knurrenden Laut legte er das Brot in den Kohlenkasten zurück und kroch auf allen Vieren hin zur Tür.

Als er hinaus war, begannen rote und blaue Lichter vor ihren Augen zu flackern. Sie ließ das Beil zu Boden fallen und nahm das Brot in die Hand, und die tausend Gramm waren schwer wie eine Last.

ÜBUNG

Lies die Kurzgeschichte *Tausend Gramm* von Herbert Roch aufmerksam durch. Gehe anschließend die einzelnen Arbeitsschritte durch, wie du es von der Textzusammenfassung gewohnt bist (vgl. S. 34 f.).
Vergleiche erst danach deine Arbeitsschritte mit unserer Musterlösung und lerne am Beispiel. (Die Lösung für Schritt 1 findest du in der kommentierten Musterlösung am Ende dieser Seite.)

Erkenntnisse aus den Markierungen:
Mit etwas Routine fallen dir die Markierungen leicht. Sie zwingen dich auch dazu, den Text gründlich zu lesen. Wenn du diese Kurzgeschichte mit den anderen Erzählungen dieses Kapitels vergleichst, stellst du fest, wie vielfältig die Schreibweisen und der Aufbau von Texten sein können:

- In diesem Text spielt beispielsweise die wörtliche Rede eine geringe Rolle.
- Die **räumlichen Gegebenheiten** sind einfach zu analysieren. Die gesamte Handlung spielt in der Küche, nur einmal gibt es eine Ausweitung zum Schlafzimmer der Kinder. Allerdings spielen die räumlichen Details eine Rolle, eben der Küchentisch und der Kohlenkasten.
- Die **Anzahl der Personen** ist begrenzt: die Frau und ihr Lebensgefährte. Sie hat einen Ehemann, der vermisst wird und von dem sie schon zwei Jahre nichts mehr gehört hat. Daraus ergibt sich in etwa der Zeitpunkt der Erzählung. Sie dürfte 1946 oder 1947 spielen. Von ihrem Mann hat sie Kinder. Die Kinder treten selbst nur kurz in Erscheinung, als der Lebensgefährte in ihrem Zimmer nach dem Brot sucht, aber sie spielen in den Gedanken der Frau eine wichtige Rolle. Sie versucht, die Kinder zu schützen und leistet deshalb Widerstand. Aus den Angaben zur Heirat lässt sich ihr Alter schließen. Sie ist immer noch eine junge Frau. Schließlich gibt es noch eine Freundin und eine Tante, die beide Nebenrollen spielen.
- Aufschlussreich in dieser Erzählung sind die **Zeitangaben**. Beachtest du sie genau, so erkennst du die eigentliche **Handlung**: Die Ankunft des Mannes, seine Suche nach dem Brot und seine Flucht. In diese Handlung sind Rückblenden eingebaut, die das Verhalten der Frau und ihres Liebhabers erläutern. Sie erklären auch die überraschende Wendung am Ende, als die Frau so viel Entschlossenheit ausstrahlt, dass sie ihren früheren Lebensgefährten in die Flucht schlagen kann.

Mit diesen aus dem ersten Lesen gewonnenen Erkenntnissen kannst du die Erzählung gliedern und findest den klassischen Aufbau einer Kurzgeschichte.

MUSTER

Lösung für die Schritte 1–6:

Herbert Roch: *Tausend Gramm*	Notizen
Als sie ihn die Treppe heraufkommen hörte, fingen ihre Hände an zu zittern.	1 unmittelbarer Einstieg in die Handlung: Heimkehr des früheren Liebhabers und ängstliche Reaktion

Herbert Roch: *Tausend Gramm*	Notizen
Sie nahm das eingewickelte Tausend-Gramm-Brot vom Küchentisch, überlegte eine Weile, wobei ein ängstliches und gehetztes Zucken um ihre Mundwinkel lief, und steckte es dann in den Kohlenkasten. Die dritte Dekade hatte gerade erst begonnen, und es war die letzte für diesen Monat. Sie hörte ihn aufschließen und machte sich am Abwaschnapf zu schaffen. Die Kinder schliefen. Er hatte ihnen schon einmal das letzte Brot weggegessen. Es waren nicht seine Kinder.	2 Kampf ums Brot 2.1 Die Frau versteckt das Brot. Sie möchte es für ihre Kinder retten. Rückblick 1: Der Lebensgefährte hat den Kindern schon einmal ihre Nahrung geraubt. Die Frau erklärt es sich damit, dass es nicht seine leiblichen Kinder sind.
Sie wusste manchmal kaum noch, wie er in ihr Leben gekommen war. Es war zu einer Zeit geschehen, als das Warten auf das freudlose Alleinsein sie verrückt gemacht hatte. Eine Freundin hatte ihn mitgebracht. Sie selbst hatte von ihrem Mann schon seit zwei Jahren keine Nachricht mehr bekommen. Ihre Freundin wusste wenigstens, dass ihr Mann gefallen war. Sie wusste nichts. Und an jenem Abend hatte sie auch nichts denken wollen. Es war im Sommer gewesen. Sie waren in ein Kino gegangen, später in ein Lokal. Er war sehr schweigsam gewesen. Auf dem Heimweg hatte er ihren Arm genommen, das erste Mal seit vielen Monaten, dass ein Mann sie angerührt hatte. Im Finstern waren sie die Stiegen hinaufgegangen, damit niemand sie sehen sollte. Außer einer Tante ihres Mannes kam kaum Besuch zu ihr. Er war die Nacht über geblieben. Bald schon waren sie nicht mehr im Dunkeln die Treppe hinaufgestiegen. Und eines Tages war er bei ihr eingezogen, als Untermieter, und hatte angefangen, die Wäsche ihres Mannes zu tragen. Eines Morgens hatte er die Kinder geschlagen, weil sie zu gefräßig wären. Da hatte sie das erste Mal aufbegehrt, aber es hatte sich nichts geändert. Er hat ihr einen Schlag ins Gesicht versetzt und finster gelacht. Es war auch nicht bei diesem ersten Schlag geblieben. Aber da er manchmal zärtlich und dumm wie ein Junge sein konnte, ertrug sie es weiter und liebte ihn sogar. Die Kinder fürchteten sich, wenn er in der Nähe war. Aber ihre Furcht vor dem Alleinsein war größer als ihre Scham. So blieb er bei ihr wohnen. Von ihrem Mann kam keine Nachricht. Manchmal, wenn sie bei ihm lag, dachte sie an ihren Mann. Sie war erst zwanzig gewesen, als sie ihn geheiratet hatte. Aber die Vergangenheit war blass und vergilbt wie eine alte Photographie und lag irgendwo unter den Trümmern, die aus Bombennächten übrig geblieben waren.	Rückblick 2: Erste Begegnung mit dem Lebensgefährten: Seit zwei Jahren hat sie schon keine Nachricht mehr von ihrem Ehemann, der Soldat war, bekommen. Den Lebensgefährten hat sie kennengelernt, als ihr die Einsamkeit zu schaffen gemacht hat. Der Liebhaber ist zum Ersatzmann geworden und bei ihr eingezogen. Er behandelt sie und die Kinder schlecht. Dennoch erträgt sie sein Verhalten: Manchmal ist er auch freundlich. Außerdem fürchtet sie die Einsamkeit. Gelegentlich muss sie an ihren Ehemann denken, doch die Erinnerungen an ihn sind verblasst

Herbert Roch: *Tausend Gramm*	Notizen
Als er in die Küche trat, warf sie einen Blick auf den zugedeckten Kohlenkasten und presste die Lippen fest aufeinander. Seit einiger Zeit hielt er ihr vor, dass sie ihn um sein Brot betrüge. Er behauptete, nicht mehr satt zu werden. Was sie kochte, schmeckte ihm nicht. Er hatte ihr die Suppe schon einmal ins Gesicht geschüttet. Und erst vor kurzem hatte er sich die Frühstücksbrote eingesteckt, die sie für die Kinder zurechtgemacht hatte. Seitdem hasste sie ihn. Es war ein vibrierender, stetig nagender Hass. Sie hatte ihm das Zimmer gekündigt, aber er war nicht ausgezogen. Es gefiele ihm sehr gut bei ihr, hatte er erwidert. Sie hörte ihn über die Schwelle treten. Ohne sich umzuschauen, tat sie das Essen auf. Er setzte sich hin und verlangte Brot. Bei seinen Worten zogen sich ihre Eingeweide schmerzhaft zusammen. Doch sie beherrschte sich und schwieg. Ihr Schweigen traf ihn wie ein Schlag. Er schlug mit der Faust auf den Tisch und schrie sie an. Sie drehte sich um und starrte in sein verzerrtes Gesicht. Es war wie eine Trümmerlandschaft. Seine Augen glühten böse. „Es ist kein Brot mehr im Hause“, sagte sie.	2.2 Eintreten des Lebensgefährten Rückblick 3: Der Lebensgefährte macht ihr seit geraumer Zeit den Vorwurf, sie stehle sein Brot. Er reagiert aus nichtigem Anlass äußerst brutal. Die Kinder hat er um ihr Brot betrogen. Das hat dazu geführt, dass sich ihre Liebe in Hass verkehrt hat. Sie kann ihn aber nicht loswerden. Sie bewirtet ihn. Er verlangt aber nach Brot. Sie greift zu einer Notlüge.
Er warf den Löffel gegen die Wand und sprang vom Stuhl auf. Jetzt wird er mich wieder schlagen, dachte sie. „Du lügst“, hörte sie ihn sagen. Jawohl, ich lüge, dachte sie, und diesmal soll er mir nichts entreißen, was ich nicht freiwillig hergebe. Er trat dicht an sie heran, sie spürte, wie sein Atem ihre Wange streifte. Wenn er mich schlägt, rufe ich um Hilfe, dachte sie. „Du lügst“, sagte er noch einmal und zischte ihr die Worte ins Gesicht. „Du verschiebst das Brot, mach mir nur nichts vor, damit deine Brut Schokolade essen kann.“ Sie stand mit dem Rücken gegen die Tischkante und stützte sich mit den Händen darauf.	2.3 Wutausbruch Der Lebensgefährte durchschaut ihre Lüge und reagiert zornig, sie gibt aber nicht klein bei.
Erst einmal im Leben war sie so kalt, so ruhig gewesen, wie abgestorben innerlich, damals, als die Luftmine eines von den Nachbarhäusern getroffen hatte. Viele Stunden war sie mit den Kindern im Keller verschüttet gewesen. Die andern hatten geschrien, geweint und gebetet, soweit sie den Mund noch auftun konnten. Sie war kalt und ruhig geblieben, wie tot und dennoch von einer überwachen, schmerzlichen Bewusstheit. Jetzt war sie wieder auf eine ähnliche Art erstarrt.	Rückblick 4: Vergleich ihrer Gefühlslage mit der Gefühlskälte, die sie verschüttet im Luftschutzkeller empfunden hat.

Herbert Roch: *Tausend Gramm*	Notizen
Er ging an den Küchenschrank und wühlte darin. Dann stieß er sie beiseite und riss den Tischschub auf. Äußerlich wie gelähmt und innerlich entschlossener denn je, seinen Zugriff auf ihr Leben abzuschütteln, stand sie in der Mitte der Küche. Neben dem Kohlenkasten lag das Beil, das sie zum Zerkleinern des Holzes gebrauchten. Ihr Blick fiel darauf, und ihr war, als habe sie noch niemals ein Beil gesehen. Es sah aus wie das Beil, das in ihrem ersten Lesebuche abgebildet gewesen war. Ein großes B hatte oben auf der Seite gestanden. Sie konnte sich ganz deutlich daran erinnern, an die Lehrer, an das Klassenzimmer, das alte Schulhaus. Ihr war, als habe sie dieses erste Lesebuch nie aus der Hand gelegt.	2.4 Suche des Brots im Küchenschrank und in der Schublade des Tisches Rückblick 5: Gedankengang beim Anblick des Beils: Erinnerungen an die Grundschulzeit, die für sie ganz lebendig wirkt
Er stolperte an ihr vorbei und riss die Tür zu der Kammer auf, wo die Kinder schliefen. Margot wachte auf und fing an zu weinen, als sie ihn erblickte. Er rüttelte das Kind an den Schultern und fragte nach dem Brot. „Alle unter einer Decke“, hörte sie ihn fluchen. Dann deckte er ihr Bett ab und griff unter die Matratze. Nach einer Weile kam er wieder heraus. Die Kinder riefen nach ihr und fürchteten sich. Auch sie fürchtete sich mit einem Mal, nicht vor ihm, aber vor dem Beil.	2.5 Suche nach dem Brot im Schlafzimmer der Kinder: Der Mann sucht im Schlafzimmer der Kinder nach dem Brot. Diese fürchten sich vor ihm. Schließlich vermengt sich die Angst der Kinder mit der Angst der Frau vor dem Beil, während sie die Furcht vor dem Lebensgefährten verloren hat.
Er setzte sich und fing an, eine Zigarette zu drehen. Dann stand er auf und ging zum Kohlenkasten, um einen Span zu suchen. Er bückte sich und hob den Deckel auf. Sie hörte ihn kurz auflachen. Er kniete sich hin und wickelte das Brot aus dem Papier. Sie trat leise neben den Herd und ergriff das Beil. Er kniete noch immer vor dem Kohlenkasten, tief befriedigt von seinem Spürsinn. Dass er seine Zigarette anstecken wollte, schien er vergessen zu haben. Sie wartete, und jetzt war keine Furcht mehr in ihr, auch vor dem Beil nicht. Die Zigarette im Mundwinkel drehte er sich nach einer Weile zu ihr herum. Sie sah, wie sein Gesicht plötzlich erlosch, wie im Kino, wenn die Lichter langsam ausgehen. „Bist du verrückt geworden“, stotterte er, und dabei fiel ihm die Zigarette aus den Lippen. Sie sagte nichts und wusste nicht einmal, dass sie das Beil zum Schlag erhoben hatte. Mit einem dumpfen, knurrenden Laut legte er das Brot in den Kohlenkasten zurück und kroch auf allen Vieren hin zur Tür.	2.6 Höhe- und Wendepunkt: Der Mann findet das Brot und ist hochzufrieden. Als er sieht, dass die entschlossene Frau das Beil erhoben hat, flieht er voller Entsetzen und verlässt die Wohnung.

Herbert Roch: *Tausend Gramm*	Notizen
Als er hinaus war, begannen rote und blaue Lichter vor ihren Augen zu flackern. Sie ließ das Beil zu Boden fallen und nahm das Brot in die Hand, und die tausend Gramm waren schwer wie eine Last.	3 Offenes Ende: Die Frau ist außer sich, nimmt das Brot, das ihr wie eine schwere Last vorkommt.

Neben den Inhaltsinformationen kannst du anhand der Gliederung den Aufbau der Kurzgeschichte ablesen. Die Haupthandlung entwickelt sich in sieben Schritten zum Höhepunkt hin. Sechs Schritte haben wir dem eigentlichen Hauptteil der Kurzgeschichte zugeordnet, einen der Einleitung. Sie steigt direkt ins Geschehen ein. Mehrere Handlungsschritte sind von Rückblenden unterbrochen: Das, was in der Vergangenheit vorgefallen ist, hat also große Auswirkungen auf die Gefühle und das Verhalten der Frau. Das Ende ist offen. Der Mann ist zwar vertrieben worden, aber es bleibt offen, ob die Frau weiterhin so viel Stärke aufbringen kann und ihn nicht zurück in ihr Leben und das ihrer Kinder lässt.

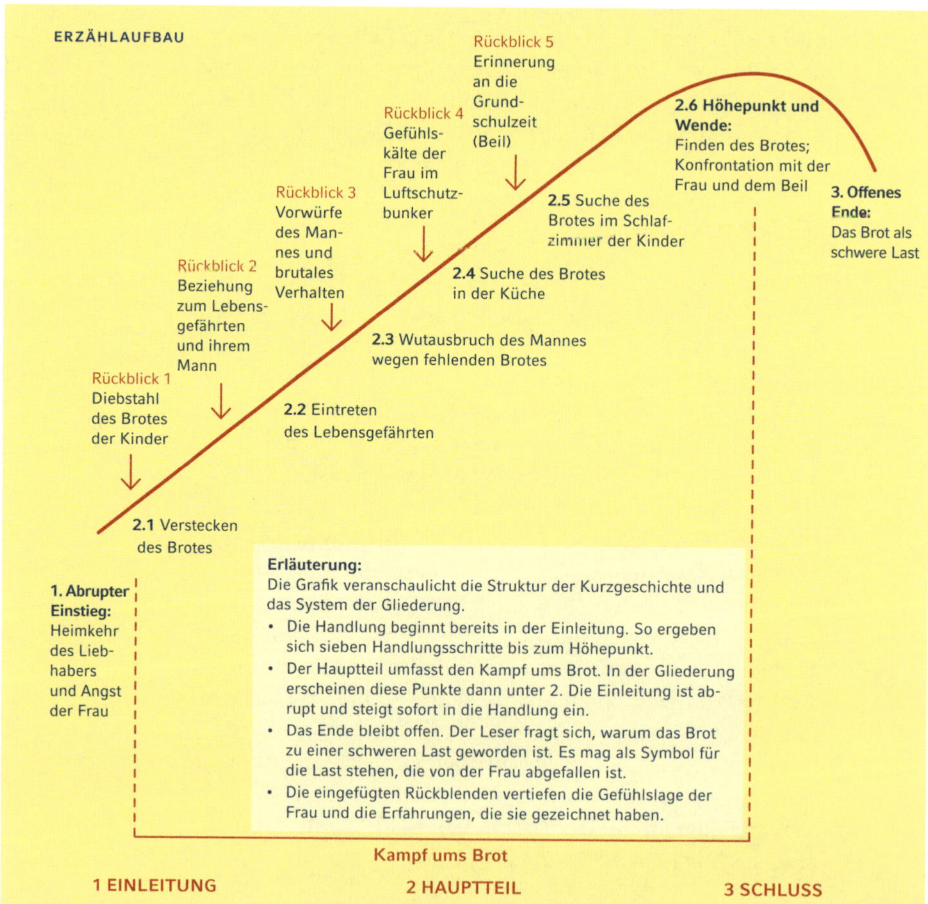

Bedenke, dass auch andere Ordnungssysteme denkbar wären. Du könntest beispielsweise die Rückblenden auch als Handlungsschritte betrachten. Auch wäre es denkbar, den ersten Handlungsschritt mit der Einleitung zu verbinden. Es gibt hier mehrere Möglichkeiten, den Aufbau dieser Kurzgeschichte darzustellen.

ÜBUNG

Verfasse nun zunächst die Textzusammenfassung zu der Kurzgeschichte *Tausend Gramm*. Den Basissatz ergänzt du anschließend.
Vergleiche erst anschließend deine Lösung mit unserer Musterlösung!

MUSTER

Notizen	Textzusammenfassung: Herbert Roch *Tausend Gramm*
1 unmittelbarer Einstieg in die Handlung: Heimkehr des früheren Liebhabers und ängstliche Reaktion	Die Kurzgeschichte beginnt unmittelbar mit der Heimkehr des ehemaligen Liebhabers der weiblichen Hauptfigur. Sie reagiert schon auf die Geräusche, die sein Kommen ankündigen, furchtsam.
2 Kampf ums Brot 2.1 Die Frau versteckt das Brot. Sie möchte es für ihre Kinder retten. Rückblick 1: Der Lebensgefährte hat den Kindern schon einmal ihre Nahrung geraubt. Die Frau erklärt es sich damit, dass es nicht seine leiblichen Kinder sind.	Ein kurzer Rückblick erklärt, warum die Frau Brot vor ihrem heimkehrenden Partner versteckt hat: Sie will das Brot für ihre Kinder aufbewahren. An ihren Nahrungsmittelrationen hat er sich schon einmal vergriffen, was sie sich damit erklärt, dass es nicht seine leiblichen Kinder sind.
Rückblick 2: Erste Begegnung mit dem Lebensgefährten: Seit zwei Jahren hat sie schon keine Nachricht mehr von ihrem Ehemann, der Soldat war, bekommen. Den Lebensgefährten hat sie kennengelernt, als ihr die Einsamkeit zu schaffen gemacht hat. Der Liebhaber ist zum Ersatzmann geworden und bei ihr eingezogen. Er behandelt sie und die Kinder schlecht. Dennoch erträgt sie sein Verhalten und liebt ihn ihrer Aussage nach: Manchmal ist er auch freundlich. Außerdem fürchtet sie die Einsamkeit. Gelegentlich muss sie an ihren Ehemann denken, doch die Erinnerungen an ihn sind verblasst	Anschließend folgt ein Rückblick auf den Beginn des Verhältnisses zu diesem Mann. Sie hat ihn in einer Situation kennengelernt, als ihr die Einsamkeit zu schaffen gemacht hat. So wird der Mann ihr Liebhaber und zieht nach einiger Zeit bei ihr ein. Obgleich er sie und die Kinder schlecht behandelt, scheint sie ihn geliebt zu haben. Die Erinnerungen an ihren Ehemann, der als Soldat im Krieg gewesen ist und von dem sie schon seit zwei Jahren keine Nachricht mehr erhalten hat, sind im Laufe der Zeit schon fast verblasst.

Notizen	Textzusammenfassung: Herbert Roch *Tausend Gramm*
2.2 Eintreten des Lebensgefährten Rückblick 3: Der Lebensgefährte macht ihr seit geraumer Zeit den Vorwurf, sie stehle sein Brot. Er reagiert aus nichtigem Anlass äußerst brutal. Die Kinder hat er um ihr Brot betrogen. Das hat dazu geführt, dass sich ihre Liebe in Hass verkehrt hat. Sie kann ihn aber nicht loswerden. Sie bewirtet ihn. Er verlangt aber nach Brot. Sie greift zu einer Notlüge.	Als der frühere Liebhaber die Küche betritt, erinnert sie sich daran, wie sich ihr Verhältnis zu ihm verändert hat. Ihre Liebe hat sich in Hass verkehrt, als er die Kinder um ihr Brot gebracht hat. Zwar hat sie versucht, ihn der Wohnung zu verweisen, doch sie kann sich ihm gegenüber nicht durchsetzen. Teilnahmslos bewirtet sie ihn. Als er nach Brot verlangt, behauptet sie, keines mehr zu besitzen.
2.3 Wutausbruch Der Lebensgefährte durchschaut ihre Lüge und reagiert zornig, sie gibt aber nicht klein bei.	Dem folgt ein Wutausbruch des Mannes, der ihr nicht glaubt und die Küche durchsucht.
Rückblick 4: Vergleich ihrer Gefühlslage mit der Gefühlskälte, die sie verschüttet im Luftschutzkeller empfunden hat.	Sie reagiert auf den Zorn des Mannes wie betäubt. Ihre Reaktion erinnert sie – so der vierte Rückblick – an ihre Gefühlskälte, während sie mit den Kindern im Luftschutzkeller verschüttet gewesen ist.
2.4 Suche des Brots im Küchenschrank und in der Schublade des Tisches Rückblick 5: Gedankengang beim Anblick des Beils: Erinnerungen an die Grundschulzeit, die für sie ganz lebendig wirkt.	Während der Mann das Brot sucht, fällt ihr Blick auf das bereitliegende Beil, das sie an ein Bild aus ihrem Grundschullesebuch erinnert.
2.5 Suche nach dem Brot im Schlafzimmer der Kinder: Der Mann sucht im Schlafzimmer der Kinder nach dem Brot. Diese fürchten sich vor ihm. Schließlich vermengt sich die Angst der Kinder mit der Angst der Frau vor dem Beil, während sie die Furcht vor dem Lebensgefährten verloren hat.	Der Mann lässt nicht von seiner Suche ab, sondern durchwühlt auch das Schlafzimmer der Kinder. Die Angst der Kinder vermengt sich mit der Furcht der Frau vor dem Beil. Dagegen hat sie offenbar die Angst vor ihrem ehemaligen Lebensgefährten verloren.
2.6 Höhe- und Wendepunkt: Der Mann findet das Brot und ist hochzufrieden. Als er sieht, dass die entschlossene Frau das Beil erhoben hat, flieht er voller Entsetzen und verlässt die Wohnung.	Die Handlung erreicht ihren Höhe- und Wendepunkt, als der Mann das Brot zufällig im Kohlenkasten findet. Schließlich bemerkt er, dass die entschlossene Frau inzwischen das Beil erhoben hat. Entsetzt flieht er aus der Wohnung.

Notizen	Textzusammenfassung: Herbert Roch *Tausend Gramm*
3 Offenes Ende: Die Frau ist außer sich, nimmt das Brot, das ihr wie eine schwere Last vorkommt.	Die Erzählung endet offen. Die Frau ist außer sich und nimmt das Brot, das ihr in diesem Moment wie eine schwere Last vorkommt.

ÜBUNG

Verfasse nun einen Basissatz zu der Kurzgeschichte *Tausend Gramm*! Vergleiche ihn anschließend mit unserer Musterlösung.

MUSTER

Beispiellösung: Basissatz und Textzusammenfassung von *Tausend Gramm*

(Basissatz =) Die Kurzgeschichte *Tausend Gramm* von Herbert Roch, erschienen 1949, spielt in den unmittelbaren Nachkriegsjahren. Sie zeigt am Beispiel eines Paares, wie der Mangel der Nachkriegszeit das Innere der Menschen verändert. Ein Mann verhält sich gegenüber seiner Lebensgefährtin und deren Kindern brutal. Die Lebensgefährtin, auf die Versorgung ihrer Kinder bedacht, bringt den Mann beinahe um.

(Textzusammenfassung =) Die Kurzgeschichte beginnt unmittelbar mit der Heimkehr des ehemaligen Liebhabers der weiblichen Hauptfigur. Sie reagiert schon auf die Geräusche, die sein Kommen ankündigen, furchtsam. Ein kurzer Rückblick erklärt, warum die Frau Brot vor ihrem heimkehrenden früheren Partner versteckt hat: Sie will das Brot für ihre Kinder aufbewahren. An ihren Nahrungsmittelrationen hat er sich schon einmal vergriffen, was sie sich damit erklärt, dass es nicht seine leiblichen Kinder sind. Anschließend folgt ein Rückblick auf den Beginn des Verhältnisses zu diesem Mann. Sie hat ihn in einer Situation kennengelernt, als ihr die Einsamkeit zu schaffen gemacht hat. So wird der Mann ihr Liebhaber und zieht nach einiger Zeit bei ihr ein. Obgleich er sie und die Kinder schlecht behandelt, scheint sie ihn geliebt zu haben. Die Erinnerungen an ihren Ehemann, der als Soldat im Krieg gewesen ist und von dem sie schon seit zwei Jahren keine Nachricht mehr erhalten hat, sind im Laufe der Zeit schon fast verblasst.

Als der frühere Liebhaber die Küche betritt, erinnert sie sich daran, wie sich ihr Verhältnis zu ihm verändert hat. Ihre Liebe hat sich in Hass verkehrt, als er die Kinder um ihr Brot gebracht hat. Zwar hat sie versucht, ihn der Wohnung zu verweisen, doch sie kann sich ihm gegenüber nicht durchsetzen. Teilnahmslos bewirtet sie ihn. Als er nach Brot verlangt, behauptet sie aber, keines mehr zu besitzen. Dem folgt ein Wutausbruch des Mannes, der ihr nicht glaubt und die Küche durchsucht. Sie reagiert auf den Zorn des Mannes wie betäubt. Ihre Reaktion erinnert sie – so der vierte Rückblick – an ihre Gefühlskälte, während sie mit den Kindern im Luftschutzkeller verschüttet gewesen ist. Während der Mann das Brot sucht, fällt ihr Blick auf das bereitliegende Beil, das sie an ein Bild aus ihrem Grundschullesebuch erinnert. Der Mann lässt nicht von seiner Suche ab, sondern durchwühlt auch das Schlafzimmer der Kinder. Die Angst der Kinder vermengt sich mit der Furcht der Frau vor dem Beil. Dagegen hat sie offenbar die Angst vor ihrem ehemaligen Lebensgefährten verloren.

Die Handlung erreicht ihren Höhe- und Wendepunkt, als der Mann das Brot zufällig im Kohlenkasten findet. Schließlich bemerkt er, dass die entschlossene Frau inzwischen das Beil erhoben hat. Entsetzt flieht er aus der Wohnung. Die Erzählung endet offen. Die Frau ist außer sich und nimmt das Brot, das ihr in diesem Moment wie eine schwere Last vorkommt.

1.3.4 Inhaltsangabe einer Kurzgeschichte – Musteraufsatz II mit Übungen

Rafik Schami: *Mehmet*

ÜBUNG

Lies die folgende Kurzgeschichte von Rafik Schami und verfasse eine Inhaltsangabe!

LESETEXT

Rafik Schami: *Mehmet*[16]

Es war alles vorbereitet: das Bier kaltgestellt, die Wurst- und Käseplatten hübsch mit Salzstangen und Zwiebelringen garniert – der Diaprojektor[17] im Wohnzimmer schon seit Stunden aufgebaut, die Urlaubsbilder nach Reisestationen schon lange geordnet; es sollte ein gemütlicher Abend werden. Obwohl Heinz den Ablauf der Diashow schon x-mal geprobt hatte, war er sehr unsicher. Viertel nach acht war es soweit, die ersten Gäste kamen. Um neun Uhr hielt Heinz die Spannung nicht mehr aus, und er versuchte geschickt, auf seine Urlaubsdias aufmerksam zu machen – und wie das immer so ist, konnte er auch gleich beginnen.

Das erste Bild zeigte die ganze Familie auf dem Frankfurter Flughafen, das zweite „über den Wolken" war auf den Kopf gestellt; Heinz entschuldigte sich sofort. Das dritte „Ankunft Flughafen Istanbul", Tochter Ramona und Sohn Jens in Großaufnahme. Die Gastgeberin erklärt sofort, dass Ramona ausgerechnet heute bei einem Architekten eingeladen sei, sie ließe sich entschuldigen. Die weitere Reihenfolge der Bilder war wie bei jeder Urlaubsvorführung. Überbelichtet, angeblich lustige Szenen, die auch nach vielen Erklärungen die Gäste langweilten. Spannend waren allerdings die Erzählungen über die „einfachen gastfreundlichen Menschen" in der Türkei, die sie überall getroffen hatten. Müllers, die auch schon mal in der Türkei waren, konnten dies immer wieder bestätigen. Es war ein fast gelungener Abend.

„Guten Abend", sagte Ramona, „Entschuldigung, dass wir so spät kommen, aber ich musste noch auf Mehmet warten, sein Chef ließ ihn mal wieder das ganze Lager alleine aufräumen." Mehmet zog verlegen die Schulter hoch, lächelte und sagte: „Ich Chef sagen, heute ich Bilder von Türkei gucken, er nix wollen, er sagen viel Arbeit, Bilder egal."

In dem halbdunklen Zimmer konnte niemand sehen, wie Heinz und seine Frau die Gesichtsfarbe wechselten und die Luft anhielten. Es herrschte eine grauenhafte Stille.

---

16 Rafik Schami: *Mehmet*, in: derselbe: *Die Sehnsucht fährt schwarz. Geschichten aus der Fremde*. München 1988, Seite 47f.

17 Als Dia bezeichnet man Fotos, die auf kleine Rahmen gespannt werden, um sie mit Hilfe eines Projektors auf einer Leinwand vorzuführen.

„Aber du wolltest doch zu Herrn Schneider gehen, Ramona???", sagte die Mutter.

„Ich? Zu Herrn Schneider? – Ach ja, stimmt. Aber die Feier ist verschoben worden. Habe ich euch doch gesagt. Oder nicht???"

Nun versuchten die Gäste, diese peinliche Situation zu überbrücken.

„Das ist aber schön, dass du doch noch gekommen bist. Setz dich doch, Ramona." Mehmet merkte sofort, dass er übersehen wurde, setzte sich aber trotzdem. Heinz versuchte, sich zu beherrschen, und ging in die Küche. Ganz plötzlich fiel Herrn Müller ein, dass die Kinder nicht zu Hause sind und der arme Hund bestimmt dringend raus müsste; auch die anderen Gäste hatten plötzlich einen armen Hund und eine kranke Großmutter. Ramona ahnte, was nun kommen würde, nahm den verdutzten Mehmet an die Hand, zog ihn zur Tür und sagte: „Bitte, bitte, geh jetzt ganz schnell, ich werde dir morgen alles erklären."

„Was los, warum morgen, nix heute??"

Aus der Küche wurde die Stimme des Vaters immer lauter, verzweifelt drehte sich Ramona um und sagte ganz leise: „Bitte, gehe jetzt, bitte geh!"

Nun könnte man diese Begebenheit unseres langweiligen Alltags mit einem traurigen Ende erwürgen, dann würde diese erbärmliche Geschichte so enden: Mehmet starrte wie betäubt die geschlossene Tür an. Obwohl es draußen warm war, durchlief ihn eine eisige Kälte, er zitterte am ganzen Körper. Anatolien war plötzlich ganz nahe. In seinem Dorf haben die Leute noch nie einen Gast rausgeschmissen.

Oder, um dem Leser endlich meine Version zu erzählen: Mehmet geht hinaus, pinkelt in den Briefkasten von Heinz, atmet erleichtert auf, und beschließt für sein Leben, nie eine Frau zur Freundin zu nehmen, die sich seiner schämt und mit ihm am ersten Abend Dias anschauen will.

MUSTER

Lösung für die Schritte 1–6:

Text: Rafik Schami: *Mehmet*	Notizen
Es war alles vorbereitet: das Bier kaltgestellt, die Wurst- und Käseplatten hübsch mit Salzstangen und Zwiebelringen garniert – der Diaprojektor im Wohnzimmer schon seit Stunden aufgebaut, die Urlaubsbilder nach Reisestationen schon lange geordnet; es sollte ein gemütlicher Abend werden. Obwohl Heinz den Ablauf der Diashow schon x-mal geprobt hatte, war er sehr unsicher. Viertel nach acht war es soweit, die ersten Gäste kamen. Um neun Uhr hielt Heinz die Spannung nicht mehr aus, und er versuchte geschickt, auf seine Urlaubsdias aufmerksam zu machen – und wie das immer so ist, konnte er auch gleich beginnen.	1 Diavorführung 1.1 Vorbereitungen für den Diaabend

Text: Rafik Schami: *Mehmet*	Notizen
Das erste Bild zeigte die ganze Familie auf dem Frankfurter Flughafen, das zweite „über den Wolken“ war auf den Kopf gestellt; Heinz entschuldigte sich sofort. Das dritte „Ankunft Flughafen Istanbul“, Tochter Ramona und Sohn Jens in Großaufnahme. Die Gastgeberin erklärt sofort, dass Ramona ausgerechnet heute bei einem Architekten eingeladen sei, sie ließe sich entschuldigen. Die weitere Reihenfolge der Bilder war wie bei jeder Urlaubsvorführung. Überbelichtet, angeblich lustige Szenen, die auch nach vielen Erklärungen die Gäste langweilten. Spannend waren allerdings die Erzählungen über die „einfachen gastfreundlichen Menschen“ in der Türkei, die sie überall getroffen hatten. Müllers, die auch schon mal in der Türkei waren, konnten dies immer wieder bestätigen. Es war ein fast gelungener Abend.	1.2 Vorführung der Dias Heinz führt die Dias vor, die während des Türkeiurlaubs aufgenommen worden sind. Während der – an sich langweiligen – Vorführung tauschen sich die Zuschauer angeregt über die Gastfreundlichkeit der Türken aus. Als ein Dia Ramona, die Tochter, zeigt, entschuldigt ihre Mutter deren Abwesenheit mit einem anderen Termin.
„Guten Abend“, sagte Ramona, „Entschuldigung, dass wir so spät kommen, aber ich musste noch auf Mehmet warten, sein Chef ließ ihn mal wieder das ganze Lager alleine aufräumen.“ Mehmet zog verlegen die Schulter hoch, lächelte und sagte: „Ich Chef sagen, heute ich Bilder von Türkei gucken, er nix wollen, er sagen viel Arbeit, Bilder egal.“	2 Ankunft von Ramona und Mehmet 2.1 Unerwartet stößt die Tochter des Hauses doch noch zu der Gesellschaft. Sie stellt ihren Begleiter Mehmet vor. Sie erklärt die späte Ankunft damit, noch auf ihn gewartet zu haben, weil sein Chef ihn Überstunden habe machen lassen.
In dem halbdunklen Zimmer konnte niemand sehen, wie Heinz und seine Frau die Gesichtsfarbe wechselten und die Luft anhielten. Es herrschte eine grauenhafte Stille. „Aber du wolltest doch zu Herrn Schneider gehen, Ramona???“, sagte die Mutter. „Ich? Zu Herrn Schneider? – Ach ja, stimmt. Aber die Feier ist verschoben worden. Habe ich euch doch gesagt. Oder nicht???“ Nun versuchten die Gäste, diese peinliche Situation zu überbrücken. „Das ist aber schön, dass du doch noch gekommen bist. Setz dich doch, Ramona.“ Mehmet merkte sofort, dass er übersehen wurde, setzte sich aber trotzdem. Heinz versuchte, sich zu beherrschen, und ging in die Küche. Ganz plötzlich fiel Herrn Müller ein, dass die Kinder nicht zu Hause sind und der arme Hund bestimmt dringend raus müsste; auch die anderen Gäste hatten plötzlich einen armen Hund und eine kranke Großmutter.	2.2 Ihre Eltern und auch deren Gäste sind peinlich berührt. Dann wird Ramona freundlich begrüßt, Mehmet aber ignoriert. Als Mehmet es überspielt, dass ihm kein Platz angeboten wird, und er sich trotzdem setzt, schützen die Gäste Einwände vor und gehen.

Text: Rafik Schami: *Mehmet*	Notizen
Ramona ahnte, was nun kommen würde, nahm den verdutzten Mehmet an die Hand, zog ihn zur Tür und sagte: „Bitte, bitte, geh jetzt ganz schnell, ich werde dir morgen alles erklären." „Was los, warum morgen, nix heute??" Aus der Küche wurde die Stimme des Vaters immer lauter, verzweifelt drehte sich Ramona um und sagte ganz leise: „Bitte, gehe jetzt, bitte geh!"	2.3 Ramona bemerkt dies und bittet Mehmet dringlich darum heimzugehen. Sie werde ihm am nächsten Tag alles erklären. Mehmet ist irritiert, fügt sich aber.
Nun könnte man diese Begebenheit unseres langweiligen Alltags mit einem traurigen Ende erwürgen, dann würde diese erbärmliche Geschichte so enden: Mehmet starrte wie betäubt die geschlossene Tür an. Obwohl es draußen warm war, durchlief ihn eine eisige Kälte, er zitterte am ganzen Körper. Anatolien war plötzlich ganz nahe. In seinem Dorf haben die Leute noch nie einen Gast rausgeschmissen. Oder, um dem Leser endlich meine Version zu erzählen: Mehmet geht hinaus, pinkelt in den Briefkasten von Heinz, atmet erleichtert auf, und beschließt für sein Leben, nie eine Frau zur Freundin zu nehmen, die sich seiner schämt und mit ihm am ersten Abend Dias anschauen will.	3 Verschiedene Schlussversionen Der Erzähler bietet zwei verschiedene Versionen des Schlusses an: In einer dieser Versionen steht Mehmet vor der Tür und erinnert sich an seine Heimat in Anatolien. Dort sei noch nie ein Gast vor die Tür gesetzt worden. Die Gefühlskälte bringt ihn zum Frieren. In dem Schluss, den der Erzähler bevorzugt, rächt sich Mehmet, indem er in den Briefkasten der Familie uriniert und beschließt, keine Frau zu heiraten, die mit ihm am ersten Abend Dias ansehen will und sich für ihn schämt.

MUSTER

Notizen	Textzusammenfassung Rafik Schami: *Mehmet*
1 Diavorführung 1.1 Vorbereitungen für den Diaabend	Die Kurzgeschichte steigt unmittelbar ins Geschehen ein, indem die Vorbereitungen beschrieben werden, die für eine Einladung zu einer Diavorführung getroffen worden sind.
1.2 Vorführung der Dias Heinz führt die Dias vor, die während des Türkeiurlaubs aufgenommen worden sind. Während der – an sich langweiligen – Vorführung tauschen sich die Zuschauer angeregt über die Gastfreundlichkeit der Türken aus. Als ein Dia Ramona, die Tochter, zeigt, entschuldigt ihre Mutter deren Abwesenheit mit einem anderen Termin.	Der Gastgeber führt seinen Gästen die Aufnahmen vor, die während des Familienurlaubs in der Türkei entstanden sind. Währenddessen tauschen sich die Gäste angeregt über die Gastfreundlichkeit der Türken aus. Als ein Dia Ramona, die Tochter der Familie, zeigt, entschuldigt ihre Mutter Ramonas Abwesenheit mit einem anderen Termin.

Notizen	Textzusammenfassung Rafik Schami: *Mehmet*
2 Ankunft von Ramona und Mehmet 2.1 Unerwartet stößt die Tochter des Hauses doch noch zu der Gesellschaft. Sie stellt ihren Begleiter Mehmet vor. Sie erklärt die späte Ankunft damit, noch auf ihn gewartet zu haben, weil sein Chef ihn Überstunden habe machen lassen.	Kurze Zeit später stößt Ramona zusammen mit einem Begleiter, den sie als Mehmet vorstellt, unerwartet zu der Gesellschaft. Sie erklärt die späte Ankunft damit, dass Mehmets Chef diesen habe Überstunden machen lassen.
2.2 Ihre Eltern und auch deren Gäste sind peinlich berührt. Dann wird Ramona freundlich begrüßt, Mehmet aber ignoriert. Als Mehmet es überspielt, dass ihm kein Platz angeboten wird, und er sich trotzdem setzt, schützen die Gäste Einwände vor und gehen.	Ramonas Eltern und deren Gäste reagieren peinlich berührt. Schließlich wird Ramona freundlich begrüßt, Mehmet aber ignoriert. Als Mehmet es überspielt, dass ihm kein Platz angeboten wird, und er sich trotzdem setzt, schützen die Gäste Einwände vor und gehen.
2.3 Ramona bemerkt dies und bittet Mehmet dringlich darum heimzugehen. Sie werde ihm am nächsten Tag alles erklären. Mehmet ist irritiert, fügt sich aber.	Daraufhin bittet Ramona Mehmet eindringlich, nach Hause zu gehen. Sie kündigt an, sie werde ihm am nächsten Tag alles erklären. Mehmet ist irritiert, fügt sich aber.
3 Verschiedene Schlussversionen Der Erzähler bietet zwei verschiedene Versionen des Schlusses an: In einer dieser Versionen steht Mehmet vor der Tür und erinnert sich an seine Heimat in Anatolien. Dort sei noch nie ein Gast vor die Tür gesetzt worden. Die Gefühlskälte bringt ihn zum Frieren. In dem Schluss, den der Erzähler bevorzugt, rächt sich Mehmet, indem er in den Briefkasten der Familie uriniert und beschließt, keine Frau zu heiraten, die mit ihm am ersten Abend Dias ansehen will und sich für ihn schämt.	Anschließend bietet der Erzähler dem Leser zwei Schlussversionen an. In der ersten Version steht Mehmet vor der Tür und erinnert sich an seine gastfreundliche Heimat in Anatolien. Die Gefühlskälte, die er an diesem Abend erlebt hat, bringt ihn zum Frieren. In dem Schluss, den der Erzähler bevorzugt, rächt sich Mehmet, indem er in den Briefkasten der Familie uriniert und beschließt, keine Frau zu heiraten, die sich für ihn schämt.

MUSTER

Inhaltsangabe Musterlösung
(Basissatz =) In der Kurzgeschichte *Mehmet* von Rafik Schami, erschienen 1988, wird die vermeintliche Aufgeschlossenheit einer deutschen Familie und ihrer Freunde für die türkische Kultur entlarvt, die sie im Urlaub zum Schwärmen gebracht hat. Im Alltag konfrontiert mit dem türkischen Freund der Tochter offenbaren sich ihre Vorurteile. Für Mehmet, die im Titel genannte zentrale Figur, stellt sich die Frage, ob er dieses Verhalten erdulden oder sich wehren soll.
(Textzusammenfassung =) Die Kurzgeschichte steigt unmittelbar ins Geschehen ein, indem die Vorbereitungen beschrieben werden, die für eine Einladung zu einer Diavorführung getroffen worden sind. Der Gastgeber führt seinen Gästen die Aufnahmen vor, die während des Familienurlaubs in der Türkei entstanden sind. Währenddessen tauschen sich die Gäste angeregt über die Gastfreundlichkeit der Türken aus. Als ein Dia Ramona, die Tochter der Familie, zeigt, entschuldigt ihre Mutter deren Abwesenheit mit einem anderen Termin. Kurze Zeit später stößt Ramona zusammen mit einem Begleiter, den sie als Mehmet vorstellt, unerwartet zu der Gesellschaft. Sie erklärt die späte Ankunft damit, dass Mehmets Chef diesen habe Überstunden machen lassen.
Ramonas Eltern und deren Gäste reagieren peinlich berührt. Schließlich wird Ramona freundlich begrüßt, Mehmet aber ignoriert. Als Mehmet es überspielt, dass ihm kein Platz angeboten wird, und er sich trotzdem setzt, schützen die Gäste Einwände vor und gehen. Daraufhin bittet Ramona Mehmet eindringlich, nach Hause zu gehen. Sie kündigt an, sie werde ihm am nächsten Tag alles erklären. Mehmet ist irritiert, fügt sich aber. Anschließend bietet der Erzähler dem Leser zwei Schlussversionen an. In der ersten Version steht Mehmet vor der Tür und erinnert sich an seine gastfreundliche Heimat in Anatolien. Die Gefühlskälte, die er an diesem Abend erlebt hat, bringt ihn zum Frieren. In dem Schluss, den der Erzähler bevorzugt, rächt sich Mehmet, indem er in den Briefkasten der Familie uriniert und beschließt, keine Frau zu heiraten, die sich für ihn schämt.

1.4 Inhaltsangabe nichtfiktionaler Texte

Nichtliterarische Texte findest du in Zeitungen und Zeitschriften; sie werden auch als Sachtexte bezeichnet. Ein Sachtext besitzt immer einen ganz direkten Bezug zur Wirklichkeit. Seine Aussagen lassen sich an der Wirklichkeit überprüfen. Sachtexte dienen immer einem klar erkennbaren Zweck: In diesem Kapitel behandeln wir zunächst die Reportage als informierende journalistische Form.

Du hast auch schon selbst Sachtexte verfasst: **Berichte, Nachrichten und Vorgangsbeschreibungen** zählen dazu. Diese Texte weisen allerdings schon eine so hohe Informationsdichte auf, dass es keinen Sinn gibt, sie zusammenzufassen.

1.4.1 Reportage: Merkmale der Schreibform

Wenn du in der Schule Sachtexte zusammenfassen sollst, wirst du oft **Reportagen** vorgelegt bekommen. Du kennst die Form der Reportage sicher zumindest aus dem Fernsehen. Eine Reportage in der Zeitung möchte fesseln, aber auch informieren. Sie lässt den Leser an einem Ereignis teilhaben. In der Zeitungsreportage setzt der Reporter seine Augen und alle seine Sinne für uns ein, er erfasst die Stimmung, hört Augenzeugen, schildert das Gefühlte und Gehörte sprachlich so, dass der Leser den Eindruck gewinnt, er sei selbst dabei gewesen. Innerhalb einer Reportage finden sich ganz verschiedene Schreibformen. Das können Beschreibungen sein, Schilderungen, Interviews, Augenzeugenberichte oder versteckte Kommentare, in denen der Befragte oder der Reporter seine Meinung mitteilt.

Der Journalist Karl Rüdiger Durth bezeichnet in seiner *Praktischen Zeitungslehre* die Reportage als „Welt im Brennglas"[18]. Dieses Bild beleuchtet auf zweifache Weise das Wesen der Reportage: Sie wählt einen kleinen Ausschnitt aus unserer Welt aus und betrachtet ihn genau. Der Reporter hält über einen Bereich des Lebens ein Vergrößerungsglas. Dieses Bild zeigt aber auch die Art, wie eine Reportage geschrieben werden soll. Es werden nicht nur Ausschnitte vergrößert, sondern auch innerhalb des Ausschnittes **besondere Ereignisse** betont und ganz besonders anschaulich hervorgehoben, in den Brennpunkt gestellt. So finden sich in Reportagen allgemeine Informationen, die beispielsweise Hintergründe beleuchten, die Vorgeschichte erzählen oder Zahlen, Daten, Fakten nennen, die sich aber stets auf beobachtbare Tatsachen beziehen. In einer Reportage wechseln demnach Informationen auf einer allgemeinen Ebene mit Informationen auf einer Erfahrungsebene ab. Der Wechsel beider Bereiche gibt der Reportage Leben.

Aufbau einer Reportage

Eine gute Reportage enthält einen roten Faden, der sich sinnvoll vom Anfang bis zum Ende durchzieht. Jeder Abschnitt bildet eine Sinneinheit.

- **Einstieg:** Ein gelungener Einstieg schlägt einen Spannungsbogen zum Schluss. Er muss neugierig machen, darf aber nicht zu verrätselt sein. Der Leser muss verstehen können, worum es geht. Außerdem informiert der Einstieg über die wesentlichen W-Fragen.
- **Hauptteil:** Im Hauptteil lösen erzählende, informierende und erklärende Textteile einander ab. Hier finden sich Schilderungen der Beobachtungen des Autors und der Stimmung ebenso wie Hintergrundinformationen und Zitate von Befragten.
- **Schluss:** Der Schluss nimmt die Gedanken des Anfangs auf und rundet den Text ab.

---

18 Durth: Praktische Zeitungslehre. München 1974.

Stil und Ausdruck

Ziel einer Reportage ist deren **Verständlichkeit**. Dazu tragen auch die folgenden sprachlichen Prinzipien bei:

- Der **Satzbau** ist relativ einfach gehalten. Es finden sich eher kurze Sätze oder Satzreihen. Meist wird Aktiv statt Passiv verwendet.
- Die Wortwahl ist im Allgemeinen präzise. Der Autor verwendet in der Regel aussagekräftige **genaue Bezeichnungen**, damit auch ein Leser, der sich nicht mit dem Thema auskennt, folgen kann.
- Fremdwörter und Abkürzungen werden normalerweise in eigenen Worten erklärt.
- Adjektive, Adverbien, Partizipien tragen zur Genauigkeit der **Schilderungen** und Beschreibungen bei. Stimmungshaltige Adjektive finden sich dagegen eher selten. Vergleiche dagegen werden häufig eingesetzt, weil sie die Verständlichkeit erhöhen und das Beschriebene anschaulicher machen.
- Der Autor wird **Personen** im Allgemeinen mit Vorname und Nachname vorstellen. Auch ihren Beruf und ihre Aufgaben gibt er an, damit der Leser ihre Aussagen einordnen kann.

Noch etwas Zeitungskunde:

- Die Überschrift eines Zeitungsartikels heißt **Haupttitel**. Der Haupttitel muss nicht unbedingt sachlich sein, sondern regt den Leser zur Lektüre des Textes an.
- Der **Untertitel** (die hervorgehobene Textzeile unter dem Haupttitel) oder / und die **Dachzeile** (die Zeile über dem Haupttitel) liefern bereits erste Informationen und beantworten grob einige zentrale W-Fragen.
- **Zwischentitel** strukturieren häufig den Text. Sie stehen als Überschriften zwischen den Absätzen.
- Fotografien liefern Informationen, die über den Text hinausgehen. Auch die Bildunterschriften bieten zusätzliche Informationen, die mit der Reportage zusammenhängen, diese aber auch inhaltlich erweitern. **Zeitungsfotos und Bilder** dienen nicht nur der Veranschaulichung. Du musst immer genau prüfen, welche Informationen so wichtig sind, dass du sie in die Inhaltsangabe übernehmen musst. Dies gilt auch für sogenannte nichtlineare Texte wie **Kartenausschnitte, Grafiken oder Statistiken**.

1.4.2 Reportage Musteraufsatz I mit Übungen – Peter Smolka: *Angst*

Als Beispiele für die Reportage dienen uns zwei Reisereportagen von Peter Smolka. Er hat Informatik studiert und ist schon während des Studiums häufig zu großen Radtouren aufgebrochen. Inzwischen umrundet er schon zum zweiten Mal die Welt auf dem Fahrrad und berichtet darüber auf seiner Homepage www.tour-de-friends.de. Der folgende Text ist bei seiner ersten Weltreise entstanden: Fast vier Jahre, nämlich von 2000 bis 2004, radelte Peter Smolka um die Welt. Er legte dabei 71.000 Kilometer zurück, durchquerte fünf Kontinente und radelte durch 55 Länder. Mehr über seine Reisen kannst du in dem wirklich spannenden Buch *Rad ab!: 71.000 km mit dem Fahrrad um die Welt* lesen, aus dem auch der nachfolgende Text stammt. Die Reportage *Angst* berichtet von vier Tagen dieser Weltreise.

Betrachte vorab Peters Route durch Afrika, damit du dir von der Dimension seiner Reise eine Vorstellung machen kannst.

© H. Herrmann

Der folgende kleine Kartenauszug zeigt dir die Etappen, die Peter Smolka in seiner Reportage schildert: von den Victoria Falls bis Maun.

© H. Herrmann

LESETEXT

Peter Smolka: *Angst*[19]

Nimm einmal an, du machst eine Radtour von Nürnberg nach Hamburg, ungefähr 600 Kilometer lang. Zur Erleichterung werden die Rhön und die Kasseler Berge glattgezogen. Das ist allerdings auch schon alles, was die ganze Sache einfacher macht. Glaub nicht, dass du an kühlen Flüssen entlangfährst oder dass es überhaupt angenehm temperiert ist. Buschland und Grasland erwarten dich – trockenes, heißes Land. Nimm genug zu essen und zu trinken mit, denn einkaufen kannst du auf dem Weg nur in Würzburg, Göttingen und Hildesheim. Göttingen wird der größte Ort sein: mit zwei Tankstellen, zwei Lebensmittelgeschäften, zwei Imbissbuden und etwa 80 Häusern und Hütten. Ein Postamt gibt es dort auch. Würzburg und Hildesheim sind eher klein – je ein Shop, eine Tankstelle und ein paar Häuser und Hütten. Hunde und Hauskatzen werden dir nicht vors Fahrrad laufen, dafür aber Giraffen, Impalas, Zebras und Elefanten. Und wenn du Pech hast, auch Löwen. Zwischen Würzburg und Göttingen fährst du nämlich durch das Esszimmer einer großen Löwenpopulation.

Also: weites, einsames, flaches Buschland, kaum Ortschaften, wenige Menschen, viele wilde Tiere. Hast du das Bild vor dir? Okay, dann sind wir jetzt gleich ... in Botswana.

Nürnberg ist Kazungula im Nordosten Botswanas, Hamburg ist Maun südöstlich des Okavango-Binnendeltas. Zwischen diesen beiden Orten liegen Pandamatenga, Nata und Gweta. Die Anreise nach Nürnberg erfolgt von Victoria Falls – oder sagen wir lieber: von Ansbach.

Morgens um sieben bin ich dort gestartet. Eigentlich hatte ich den direkten Weg nach Würzburg nehmen wollen, zum Teil Asphalt, zum Teil Piste. Da aber der Pistenabschnitt durch einen sehr wildreichen Nationalpark verläuft, verbot mir die Wildlife Authority in Ansbach, diese Route zu nehmen.

Der Umweg über Nürnberg verläuft ebenfalls durch einen Nationalpark. Bei der Wildlife Authority sagten sie jedoch, die Tiere hielten sich von der Straße fern. Das stimmt nicht ganz. Gleich am frühen Morgen sehe ich direkt neben der Straße eine Giraffe, die an einer Akazie zupft. Dann entdecke ich im Gebüsch eine zweite, dann eine weitere – insgesamt sind es sechs. Sie schauen mich aus dunklen Augen unter langen Wimpern an, scheinen mich zu taxieren und entschließen sich am Ende doch zur Flucht. Grazil und wie in Zeitlupe entschwinden sie in den Busch.

Auf dem weiteren Weg begegnen mir Zebras, Gnus und Impalas. Und ein aufgeregtes Warzenschwein, das durchs Gebüsch schießt und dann über den Asphalt galoppiert. Der dünne Schwanz mit der Quaste am Ende ragt wie eine Antenne in die Höhe. Danach muss ich anhalten, weil hundert Meter vor mir eine Elefantenfamilie die Straße kreuzt. Eines der großen Tiere bleibt stehen und schaut mich eine Weile an. Wir grüßen uns stumm. Schließlich setzt der Riese unbeirrt mit den anderen seinen Weg fort. Das ist gut. Wenn das die übliche Etikette ist, bin ich damit sehr einverstanden.

---

19 Aus: Smolka, Peter: *Rad ab!: 71.000 km mit dem Fahrrad um die Welt.* Markgröningen: Reise-Know-How Verlag Hermann, 2005. S. 99–103. Rechtschreibung angepasst.

Ein paar Kilometer vor Nürnberg passiert das gleiche noch einmal. Die Tiere überqueren die Straße und tauchen dann in den Busch ab. Noch sieht es so aus, als würden die Elefanten keine Probleme bereiten.
Mittags ist es ruhig, aber in den Nachmittagsstunden häufen sich wieder die Begegnungen mit Elefanten. Eine erste Gruppe steht ein paar Meter abseits im Gebüsch. Kein Problem. Dann eine Herde von zehn Tieren, die auf beiden Seiten grasen. Zwei Bullen ganz nah am Straßenrand beobachten mich mit strengem Blick. Aber sie rühren sich nicht von der Stelle.
Kurz darauf muss ich stoppen. Rechts wartet ein einzelner Bulle und macht Anstalten, die Straße zu kreuzen. Er tut es aber nicht. Er steht da, dreht gelangweilt den Rüssel nach links, dreht ihn nach rechts – und steht da. Ich wage nicht, an ihm vorbeizufahren, denn mit dem nächsten Schritt wäre er auf dem Asphalt.

Elefantenbullen können gefährlich werden, wenn sie sich provoziert fühlen. © Peter Smolka

Endlich setzt er sich in Bewegung. Seelenruhig marschiert er über die Straße und fängt dann im Busch an zu grasen. Er steht zwar dicht an der Straße, hat mir aber seinen großen Hintern zugewandt. Keine Gefahr also. Denke ich und fahre weiter. Gerade als ich dem Dicken am nächsten bin, dreht er sich um und stellt die Ohren auf. Ich fahre schneller und möchte am liebsten gar nicht zurückschauen; aber ich muss sehen, was er tut. Er hebt den Rüssel und trompetet laut. Und dann hebt er die Vorderbeine wie ein Pferd, das zum Sprung ansetzt. Er nimmt die Verfolgung auf! Meine Güte! In Sekunden hat sich dieser träge Felsen in eine muskelprotzende Kampfmaschine verwandelt. Diese unbändige Kraft! Er wird mich tottrampeln! Sofort ist mir klar, dass Elefanten wirklich 40 km/h schnell sein können. Ich trete in die Pedale, so fest ich kann: 23 km/h ... 25 ... 27 ... 30 ... Aber 40 sind mit dem vielen Gepäck und den 10 Litern Wasser nie und nimmer möglich. Wie lange wird es dauern, bis er mich eingeholt hat? Wer wird das bessere Stehvermögen haben?

Ein Elefantenbulle kreuzt meinen Weg. © Peter Smolka

Um keine Sekunde zu verschenken, drehe ich mich jetzt nicht mehr um. Ist im Rückspiegel etwas zu erkennen? Ja. Oh! – Ein beruhigendes Bild. Der Bulle läuft zwar immer noch, aber er hat die Richtung geändert und kehrt wieder in den Wald zurück. Wenn er mich zu Tode erschrecken wollte, dann hat er sein Ziel ja auch erreicht. Ich glaube, ich rieche inzwischen schon nach Angst. Langsam bin ich auch froh, dass man mir die Abkürzung durch den „wildreicheren" Park verboten hat. Während ich noch durchatme, wendet vor mir das olivgrüne Auto, das mich kurz vor der Elefanten-Attacke überholt hat. Ein Wagen der Military Police. Der Beifahrer steigt aus, begrüßt mich freundlich und zeigt dann nach vorn rechts ins Gebüsch: „Sehen Sie dort: eine große Herde Büffel. Wir werden Sie eskortieren."
Es ist eine riesige Herde von vielleicht 200 Tieren. So viele Büffel habe ich noch nie auf einem Haufen gesehen. Die Sorge der netten Uniformierten ist nicht unbegründet. Kaffernbüffel sind für die meisten tödlichen Unfälle in Afrika verantwortlich. Sie sind grundsätzlich aggressiv. Und mit ihren 900 kg Lebendgewicht machen sie aus deinen 75 kg mit ein paar gezielten Huftritten schnell Totgewicht.
Die Polizisten eskortieren mich drei Kilometer bis zum Waldrand. Nun beginnt offenes Land, zum Teil sogar kultiviert. Baumwolle und Sonnenblumen werden hier angepflanzt. Wir sind im Einzugsbereich des Dörfchens Würzburg. Dort versprechen mir die Einheimischen, dass ich auf keine weiteren Elefanten mehr treffen würde. Elefanten gebe es nur in dem hinter mir liegenden Waldgebiet. Der Weg nach Göttingen führe nun durch den Lebensraum von Löwen.

Wie es so oft ist: Man bekommt die unterschiedlichsten Warnungen, aber auch beruhigende Auskünfte – und am Ende ist man orientierungslos. Die Beurteilung der Gefahr reicht hier von „Ich habe auf diesem Abschnitt noch kein einziges Mal einen Löwen gesehen“ bis „Dies ist das Jagdgebiet der Löwen! Eine große offene Ebene. Und das sind hier die großen Löwen, die Männchen haben diese schwarzen Mähnen!“
Ein 20-Jähriger meint, dass man tagsüber wohl keine Furcht haben müsse. Aber ich solle mir vielleicht eine Glocke mitnehmen; die Löwen liebten die lauten Geräusche nicht. Wie es sich wohl radelt, wenn man nebenher noch 200 Kilometer lang eine Glocke schlagen muss?
So starte ich am nächsten Morgen also wieder mit Angst. Doch sie hält nur ein paar Stunden lang an. Weil einfach nichts passiert – keine Löwen, keine Elefanten, nicht einmal Warzenschweine oder die grazilen Impalas. In einem Polizeicamp, 60 Kilometer vor Göttingen, übernachte ich. „Haben Sie schon mal einen Löwen hier gesehen?“ – „Nein“, sagt der Mann am Holztor, „wir hören sie nur ab und zu nachts.“
Am nächsten Tag schaffe ich es bis nach Hildesheim; tags darauf schiebt mich Rückenwind mehr als 200 Kilometer nach Hamburg. Wilde Tiere sind nun kein Problem mehr. Aber die Hitze nimmt mit jedem Meter zu, denn die Kalahari näher rückt.

MUSTER

Methode der Inhaltsangabe
Wenn du eine Reportage zusammenfassen willst, musst du sie zunächst voll und ganz verstehen – du kennst das schon von der Inhaltsangabe literarischer Texte (vgl. S. 8). Viele der Textschlüssel (Zeit, Ort, Personen, direkte Rede oder auch Gedankenrede) kannst du auch bei Sachtexten anwenden. Dieser Weg hilft dir, erzählende Passagen von eher abstrakten allgemeinen Informationen zu unterscheiden. Die Strukturen von Reportagen sind einfacher als die von Erzählungen. Bei Reiseberichten beispielsweise gibt der Weg den roten Faden vor. Häufig findest du bei längeren Reportagen auch Zwischentitel. Sie erhellen den Aufbau zusätzlich.

Schritt 1–2:
Markiere – wie du das von literarischen Texten kennst – die Zeit- und Ortsangaben, die Personen und sowohl die direkte Rede als auch die Gedankenrede in den bekannten Farben.

- Zeitangaben: rot
- Personen- und Tierangaben: blau
- Ortsangaben: grün
- Direkte Rede und Gedankenrede: gelb

Markiere in diesem Fall auch die Tiere, weil sie in dieser Reportage als Lebewesen eine wichtige Rolle spielen. Werte deine Ergebnisse dann aus: Welche Teile des Textes sind wirklich wichtig (vgl. S. 34).

Schritte 3–6:
Notiere anschließend am Rand des Textes die **Gliederung** und **zentrale Inhalte**, wie du das ebenfalls schon von der Zusammenfassung literarischer Texte kennst.

MUSTER **Lösung Schritt 1–6:**

Reise-Reportage	Notizen
Peter Smolka: *Angst*	Titel: Das Stichwort „Angst" löst Interesse aus, weil der Leser wissen will, was so furchteinflößend war.
Nimm einmal an, du machst eine Radtour von Nürnberg nach Hamburg, ungefähr 600 Kilometer lang. Zur Erleichterung werden die Rhön und die Kasseler Berge glattgezogen. Das ist allerdings auch schon alles, was die ganze Sache einfacher macht.	Gedankenexperiment: Übertragung des Wegs auf Deutschland (= roter Faden)
Glaub nicht, dass du an kühlen Flüssen entlangfährst oder dass es überhaupt angenehm temperiert ist. Buschland und Grasland erwarten dich – trockenes, heißes Land. Nimm genug zu essen und zu trinken mit, denn einkaufen kannst du auf dem Weg nur in Würzburg, Göttingen und Hildesheim. Göttingen wird der größte Ort sein: mit zwei Tankstellen, zwei Lebensmittelgeschäften, zwei Imbissbuden und etwa 80 Häusern und Hütten. Ein Postamt gibt es dort auch. Würzburg und Hildesheim sind eher klein – je ein Shop, eine Tankstelle und ein paar Häuser und Hütten.	Ferner informiert der Autor über die markanten Unterschiede und die klimatischen und geografischen Eigenheiten dieses afrikanischen Landstrichs: hohe Temperaturen, flaches Land, wenig Einkaufsmöglichkeiten, nur kleine Dörfer.
Hunde und Hauskatzen werden dir nicht vors Fahrrad laufen, dafür aber Giraffen, Impalas, Zebras und Elefanten. Und wenn du Pech hast, auch Löwen. Zwischen Würzburg und Göttingen fährst du nämlich durch das Esszimmer einer großen Löwenpopulation.	Zoologische Informationen: Die Tierwelt auf der ausgewählten Strecke; Giraffen, Impalas, Zebras Elefanten
Also: weites, einsames, flaches Buschland, kaum Ortschaften, wenige Menschen, viele wilde Tiere. Hast du das Bild vor dir? Okay, dann sind wir jetzt gleich ... in Botswana.	Der landschaftliche Gesamteindruck von Botswana: flaches Buschland, viele wilde Tiere
Nürnberg ist Kazungula im Nordosten Botswanas, Hamburg ist Maun südöstlich des Okavango-Binnendeltas. Zwischen diesen beiden Orten liegen Pandamatenga, Nata und Gweta. Die Anreise nach Nürnberg erfolgt von Victoria Falls – oder sagen wir lieber: von Ansbach.	Anreise: 1. Tag Beginn der Reise von den Victoria Falls, die mit Ansbach verglichen werden, morgens.

Reise-Reportage	Notizen
Morgens um sieben bin ich dort gestartet. Eigentlich hatte ich den direkten Weg nach Würzburg nehmen wollen, zum Teil Asphalt, zum Teil Piste. Da aber der Pistenabschnitt durch einen sehr wildreichen Nationalpark verläuft, verbot mir die Wildlife Authority in Ansbach, diese Route zu nehmen.	Direkter Weg nach Pandamatenga (Ansbach–Würzburg) ist wegen des wildreichen Nationalparks nicht möglich. Verbot durch die Wildlife Authority aufgrund der Gefahren durch Tiere.
Der Umweg über Nürnberg verläuft ebenfalls durch einen Nationalpark. Bei der Wildlife Authority sagten sie jedoch, die Tiere hielten sich von der Straße fern. Das stimmt nicht ganz. Gleich am frühen Morgen sehe ich direkt neben der Straße eine Giraffe, die an einer Akazie zupft. Dann entdecke ich im Gebüsch eine zweite, dann eine weitere – insgesamt sind es sechs. Sie schauen mich aus dunklen Augen unter langen Wimpern an, scheinen mich zu taxieren und entschließen sich am Ende doch zur Flucht. Grazil und wie in Zeitlupe entschwinden sie in den Busch.	Begegnung mit vielen Wildtieren auf dem Umweg, der ebenfalls durch einen Nationalpark führt; Schilderung der Giraffen und ihrer Flucht.
Auf dem weiteren Weg begegnen mir Zebras, Gnus und Impalas. Und ein aufgeregtes Warzenschwein, das durchs Gebüsch schießt und dann über den Asphalt galoppiert. Der dünne Schwanz mit der Quaste am Ende ragt wie eine Antenne in die Höhe.	Weitere Tiere auf dem Weg: Zebras, Gnus, Impalas, ausführlicheres Eingehen auf das Warzenschwein
Danach muss ich anhalten, weil hundert Meter vor mir eine Elefantenfamilie die Straße kreuzt. Eines der großen Tiere bleibt stehen und schaut mich eine Weile an. Wir grüßen uns stumm. Schließlich setzt der Riese unbeirrt mit den anderen seinen Weg fort. Das ist gut. Wenn das die übliche Etikette ist, bin ich damit sehr einverstanden.	Respektvolle Begegnung mit einer Elefantenfamilie
Ein paar Kilometer vor Nürnberg passiert das gleiche noch einmal. Die Tiere überqueren die Straße und tauchen dann in den Busch ab. Noch sieht es so aus, als würden die Elefanten keine Probleme bereiten.	Weitere harmlose Begegnungen mit Elefanten
Mittags ist es ruhig, aber in den Nachmittagsstunden häufen sich wieder die Begegnungen mit Elefanten. Eine erste Gruppe steht ein paar Meter abseits im Gebüsch. Kein Problem. Dann eine Herde von zehn Tieren, die auf beiden Seiten grasen. Zwei Bullen ganz nah am Straßenrand beobachten mich mit strengem Blick. Aber sie rühren sich nicht von der Stelle.	Weitere Begegnungen mit einer Elefantenherde (nachmittags)

Reise-Reportage	Notizen
Kurz darauf muss ich stoppen. Rechts wartet ein einzelner Bulle und macht Anstalten, die Straße zu kreuzen. Er tut es aber nicht. Er steht da, dreht gelangweilt den Rüssel nach links, dreht ihn nach rechts – und steht da. Ich wage nicht, an ihm vorbeizufahren, denn mit dem nächsten Schritt wäre er auf dem Asphalt.	Bedrohung durch einen Elefantenbullen
Endlich setzt er sich in Bewegung. Seelenruhig marschiert er über die Straße und fängt dann im Busch an zu grasen. Er steht zwar dicht an der Straße, hat mir aber seinen großen Hintern zugewandt. Keine Gefahr also. Denke ich und fahre weiter.	Grasen des Bullen, scheinbare Entwarnung
Gerade als ich dem Dicken am nächsten bin, dreht er sich um und stellt die Ohren auf. Ich fahre schneller und möchte am liebsten gar nicht zurückschauen; aber ich muss sehen, was er tut. Er hebt den Rüssel und trompetet laut. Und dann hebt er die Vorderbeine wie ein Pferd, das zum Sprung ansetzt. Er nimmt die Verfolgung auf!	Bedrohungsgefühl des Elefantenbullen und Verfolgung des Fahrradfahrers
Meine Güte! In Sekunden hat sich dieser träge Felsen in eine muskelprotzende Kampfmaschine verwandelt. Diese unbändige Kraft! Er wird mich tottrampeln! Sofort ist mir klar, dass Elefanten wirklich 40 km/h schnell sein können. Ich trete in die Pedale, so fest ich kann: 23 km/h ... 25 ... 27 ... 30 ... Aber 40 sind mit dem vielen Gepäck und den 10 Litern Wasser nie und nimmer möglich. Wie lange wird es dauern, bis er mich eingeholt hat? Wer wird das bessere Stehvermögen haben?	Ungleicher Wettlauf: Gedankenrede und Sachinformationen über die Geschwindigkeit von Elefanten (40 km/h) im Vergleich mit der eines Tourenradfahrers mit Gepäck (max. 30 km/h)
Um keine Sekunde zu verschenken, drehe ich mich jetzt nicht mehr um. Ist im Rückspiegel etwas zu erkennen? Ja. Oh! – Ein beruhigendes Bild. Der Bulle läuft zwar immer noch, aber er hat die Richtung geändert und kehrt wieder in den Wald zurück. Wenn er mich zu Tode erschrecken wollte, dann hat er sein Ziel ja auch erreicht. Ich glaube, ich rieche inzwischen schon nach Angst. Langsam bin ich auch froh, dass man mir die Abkürzung durch den „wildreicheren" Park verboten hat.	Erleichterung angesichts des Abdrehens des Elefantenbullens, Schilderung des Geruchs nach Angst
Während ich noch durchatme, wendet vor mir das olivgrüne Auto, das mich kurz vor der Elefanten-Attacke überholt hat. Ein Wagen der Military Police. Der Beifahrer steigt aus, begrüßt mich freundlich und zeigt dann nach vorn rechts ins Gebüsch: „Sehen Sie dort: eine große Herde Büffel. Wir werden Sie eskortieren."	Hilfe durch die Militärpolizei, die den Fahrradfahrer an einer Büffelherde vorbeigeleitet

Reise-Reportage	Notizen
Es ist eine riesige Herde von vielleicht 200 Tieren. So viele Büffel habe ich noch nie auf einem Haufen gesehen. Die Sorge der netten Uniformierten ist nicht unbegründet. Kaffernbüffel sind für die meisten tödlichen Unfälle in Afrika verantwortlich. Sie sind grundsätzlich aggressiv. Und mit ihren 900 kg Lebendgewicht machen sie aus deinen 75 kg mit ein paar gezielten Huftritten schnell Totgewicht.	Information zur Lebensweise der Kaffernbüffel: Neigung zu Aggressivität, gefährlich für den Menschen
Die Polizisten eskortieren mich drei Kilometer bis zum Waldrand. Nun beginnt offenes Land, zum Teil sogar kultiviert. Baumwolle und Sonnenblumen werden hier angepflanzt. Wir sind im Einzugsbereich des Dörfchens Würzburg. Dort versprechen mir die Einheimischen, dass ich auf keine weiteren Elefanten mehr treffen würde. Elefanten gebe es nur in dem hinter mir liegenden Waldgebiet. Der Weg nach Göttingen führe nun durch den Lebensraum von Löwen.	Ankunft am ersten Tagesziel Pandamatenga (Würzburg). Dort findet sich eine Kulturlandschaft mit Baumwollplantagen und Sonnenblumenfeldern. Die Gefahr, Elefanten auf dem weiteren Weg zu begegnen, scheint vorbei.
Wie es so oft ist: Man bekommt die unterschiedlichsten Warnungen, aber auch beruhigende Auskünfte – und am Ende ist man orientierungslos. Die Beurteilung der Gefahr reicht hier von „Ich habe auf diesem Abschnitt noch kein einziges Mal einen Löwen gesehen“ bis „Dies ist das Jagdgebiet der Löwen! Eine große offene Ebene. Und das sind hier die großen Löwen, die Männchen haben diese schwarzen Mähnen!“ Ein 20-Jähriger meint, dass man tagsüber wohl keine Furcht haben müsse. Aber ich solle mir vielleicht eine Glocke mitnehmen; die Löwen liebten die lauten Geräusche nicht. Wie es sich wohl radelt, wenn man nebenher noch 200 Kilometer lang eine Glocke schlagen muss?	Unterschiedliche Meinungen der Einheimischen zu den drohenden Gefahren auf dem Weg nach Nata (Göttingen): möglicherweise Gefährdung durch Löwen, Empfehlung einer akustischen Abschreckung
So starte ich am nächsten Morgen also wieder mit Angst. Doch sie hält nur ein paar Stunden lang an. Weil einfach nichts passiert – keine Löwen, keine Elefanten, nicht einmal Warzenschweine oder die grazilen Impalas. In einem Polizeicamp, 60 Kilometer vor Göttingen, übernachte ich. „Haben Sie schon mal einen Löwen hier gesehen?“ – „Nein“, sagt der Mann am Holztor, „wir hören sie nur ab und zu nachts.“	2. Tag der Reise (von Würzburg nach Göttingen bzw. von Pandamatenga nach Nada): problemloser Verlauf; keine Begegnungen mit Wildtieren

Reise-Reportage	Notizen
Am nächsten Tag schaffe ich es bis nach Hildesheim; tags darauf schiebt mich Rückenwind mehr als 200 Kilometer nach Hamburg. Wilde Tiere sind nun kein Problem mehr. Aber die Hitze nimmt mit jedem Meter zu, den die Kalahari näher rückt.	3. und 4. Tag der Reise: Die Tour verläuft problemlos. Als neue Belastung stellt sich die Hitze heraus. Die Temperaturen steigen mit zunehmender Nähe zur Wüste Kalahari.

Viele Wildtiere wie Antilopen oder Elefanten weiden entlang des Weges. © Peter Smolka

Erkenntnisse aus den Markierungen:

Der Autor dieser Reportage, Peter Smolka, ist die zentrale Figur. Er schildert seine Fahrradtour durch eine besonders wildreiche Gegend Afrikas. Aus den zeitlichen Markierungen ergibt sich als Leitfaden die Beschreibung einer viertägigen Tagestour, wobei der erste Tag durch die aufregende Begegnung mit dem Elefantenbullen besonders hervorgehoben ist.

Typisch für eine **Reportage** ist die Abwechslung von konkreten Eindrücken vor Ort und allgemeinen Informationen. Der Leser erfährt etwas über den Charakter der Landschaft und erhält insbesondere Informationen über die Tierwelt und die damit verbundenen Gefahren. Das Gedankenexperiment am Anfang, das die afrikanische Gegend auf Deutschland überträgt, soll dem Leser die Größe dieses Landstrichs verdeutlichen. Direkte Reden und Gedankenreden dienen hier ganz unterschiedlichen Zwecken. Direkt zu Beginn der Reportage wird der Leser direkt angesprochen. Dadurch wird eine enge Verbindung zwischen Autor und Leser geschaffen. Der Leser soll das Gefühl haben, selbst an der Radtour teilzunehmen. Die Gedankenrede im zentralen Teil, der Verfolgung durch den Elefantenbullen, schildert die Gefühle des Autors während der Verfolgung. Die weiteren direkten Reden liefern verschiedene Informationen zum Beispiel über die Gefahrenlage und sollen möglichst glaubwürdig und authentisch wirken.

TIPP

Beim **Verfassen der Inhaltsangabe** musst du darauf achten, Beispiele raffend zusammenzufassen. Wenn von Löwen, Giraffen, Impalas und Warzenschweinen die Rede ist, zählst du diese Tierarten nicht auf, sondern fasst sie unter dem Oberbegriff der Wildtiere zusammen.

MUSTER

Notizen	Inhaltsangabe: Peter Smolka *Angst*
Basissatz	Die Reportage *Angst* ist ein Kapitel aus Peter Smolkas Reisebuch *Rad ab!: 71.000 km mit dem Fahrrad um die Welt,* erschienen im Reise Know-How Verlag. Die Reportage schildert vier Tage seiner Weltumrundung, nämlich eine Fahrt von den Victoria Falls bis nach Maun, auf der der Radfahrer neben vielen ungefährlichen Begegnungen mit Wildtieren eine kritische Situation erlebt.
Gedankenexperiment: Der Weg durch Afrika wird auf Deutschland übertragen: Hauptstrecke Nürnberg–Hamburg mit bekannten Zwischenstationen. Ferner informiert der Autor über die markanten Unterschiede und die klimatischen und geografischen Eigenheiten dieses afrikanischen Landstrichs: hohe Temperaturen, flaches Land, wenig Einkaufsmöglichkeiten, nur kleine Dörfer. Zoologische Informationen: Die Tierwelt auf der ausgewählten Strecke: Giraffen, Impalas, Zebras Elefanten. Der landschaftliche Gesamteindruck von Botswana: flaches Buschland, viele wilde Tiere	Zu Beginn seiner Reportage fordert der Autor den Leser zu einer Art Gedankenexperiment auf. Er solle sich vorstellen, eine Radtour von Nürnberg nach Hamburg zu unternehmen. Es werden also die Strecken in Botswana, wo der Autor unterwegs ist, auf Deutschland übertragen. Die Gesamtstrecke der Radtour entspricht der Entfernung zwischen Ansbach und Hamburg. Entgegen den deutschen Verhältnissen gibt es auf dieser Strecke in Afrika keine Steigungen. Markant sind aber die klimatischen Unterschiede: Der Fahrradfahrer muss mit hohen Temperaturen zurechtkommen. Anders als in Deutschland ist die Besiedlung spärlich. Dafür aber finden sich zahlreiche wilde Tiere.
Anreise: 1. Tag Beginn der Reise von den Victoria Falls, die mit Ansbach verglichen werden, morgens	Der erste Reisetag führt von den Victoria Falls nach Pandamatenga. Der Autor muss einen Umweg in Kauf nehmen, weil der direkte Weg wegen der Gefahren, die in einem wildreichen Nationalpark drohen, nicht gestattet wird.

Notizen	Inhaltsangabe: Peter Smolka *Angst*
Direkter Weg nach Pandamatenga (Ansbach–Würzburg) ist wegen des wildreichen Nationalparks nicht möglich. Verbot durch die Wildlife Authority aufgrund der Gefahren durch Tiere. Begegnung mit vielen Wildtieren auf dem Umweg, der ebenfalls durch einen Nationalpark führt; Schilderung der Giraffen und ihrer Flucht	So schildert er den Reiseantritt frühmorgens bei den Victoria Falls. Auch diese Strecke führt durch einen Nationalpark. Die Annahme der Behörden, die Tiere würden sich dort fern der Straße aufhalten, bestätigt sich nicht, sodass der Autor auf seiner Fahrt vielen wilden Tieren begegnet. Besonders beeindrucken ihn die Giraffen und deren anmutige Fluchtbewegungen.
Weitere Tiere auf dem Weg: Zebras, Gnus, Impalas, ausführlicheres Eingehen auf das Warzenschwein Respektvolle Begegnung mit einer Elefantenfamilie Weitere harmlose Begegnungen mit Elefanten Weitere Begegnungen mit einer Elefantenherde (nachmittags) Bedrohung durch einen Elefantenbullen, Grasen des Bullen, scheinbare Entwarnung, Bedrohungsgefühl des Elefantenbullen und Verfolgung des Fahrradfahrers, ungleicher Wettlauf: Gedankenrede und Sachinformationen über die Geschwindigkeit von Elefanten (40 km/h) im Vergleich mit der eines Tourenradfahrers mit Gepäck (max. 30 km/h) Erleichterung angesichts des Abdrehens des Elefantenbullens, Schilderung des Geruchs nach Angst	Mehrmals begegnet er auf seiner Radtour Elefanten in ungefährlichen Situationen. Am Nachmittag des ersten Reisetages jedoch kommt es zu einer gefährlichen Begegnung mit einem Elefantenbullen. Der Bulle fühlt sich durch den nah vorbeifahrenden Radfahrer bedroht und verfolgt ihn. Da Elefanten bis zu 40 Stundenkilometer schnell laufen können, ist Peter Smolka mit seinem Tourenrad unterlegen. Er kann wegen des Gewichts, das er zu transportieren hat, sein Tempo allenfalls auf 30 Stundenkilometer steigern. In Todesangst nimmt er dennoch das Rennen mit dem Bullen auf, der sich jedoch nach einiger Zeit zur Erleichterung des Verfolgten desinteressiert abwendet.

Notizen	Inhaltsangabe: Peter Smolka *Angst*
Hilfe durch die Military Police, die den Fahrradfahrer an einer Büffelherde vorbeigeleitet Information zur Lebensweise der Kaffernbüffel: Neigung zu Aggressivität, gefährlich für den Menschen	Die sichere Weiterfahrt verdankt er der Militärpolizei, deren Fahrzeug ihn, nachdem er dem Elefanten entkommen ist, überholt und an einer Büffelherde vorbeileitet. Der Leser erfährt, dass Kaffernbüffel zu großer Aggressivität auch Menschen gegenüber neigen.
Ankunft am ersten Tagesziel Pandamatenga (Würzburg). Dort findet sich eine Kulturlandschaft mit Baumwollplantagen und Sonnenblumenfeldern. Die Gefahr, Elefanten auf dem weiteren Weg zu begegnen, scheint vorbei.	Abends erreicht der Autor sein erstes Tagesziel Pandamatenga, wo er eine fruchtbare Kulturlandschaft vorfindet. Er hat also in etwa die Entfernung zwischen Ansbach und Würzburg mit einem Umweg über Nürnberg zurückgelegt.
Unterschiedliche Meinungen der Einheimischen zu den drohenden Gefahren auf dem Weg nach Nata (Göttingen): möglicherweise Gefährdung durch Löwen, Empfehlung einer akustischen Abschreckung	Die Gefahr, Elefanten auf dem weiteren Weg zu begegnen, scheint gebannt. Jedoch sind die Meinungen der Einheimischen zu den drohenden Gefahren auf dem Weg nach Nata, das mit Göttingen gleichgesetzt wird, widersprüchlich. Ein Teil der Befragten warnt vor Löwen und rät zu deren akustischer Abschreckung.
2. Tag der Reise (von Würzburg nach Göttingen bzw. von Pandamatenga nach Nata) problemloser Verlauf. keine Begegnungen mit Wildtieren 3. und 4. Tag der Reise: Die Tour verläuft problemlos. Als neue Belastung stellt sich die Hitze heraus. Die Temperaturen steigen mit zunehmender Nähe zur Wüste Kalahari.	Die weiteren Reisetage der insgesamt viertägigen Fahrt bis nach Maun, das vom Ausgangspunkt Peter Smolkas ähnlich weit wie Ansbach von Hamburg entfernt ist, verlaufen problemlos und werden nur knapp geschildert. Es kommt zu keiner Begegnung mit gefährlichen Tieren mehr. Nur die zunehmende Hitze, die die Nähe zur Wüste Kalahari ankündigt, erweist sich als Belastung.

Lies dir die Inhaltsangabe mit den Kommentaren in der rechten Spalte der folgenden Tabelle nochmals durch. Überlege, ob du das grundsätzliche Vorgehen und die Fachbegriffe verstanden hast. Falls nicht, blättere einfach noch einmal zurück auf Seite 34.

Für nachfolgende Tabelle gilt:

- Strukturierende Formulierungen zur Verdeutlichung des Aufbaus und des roten Fadens der Reportage rot
- Adverbiale Nebensätze grün
- Wendungen zur Verdeutlichung der zeitlichen und logischen Zusammenhänge unterstrichen
- Zusammenfassung der direkten und indirekten Rede als Handlung oder als Gefühl *kursiv*
- Indirekte Reden gelb

MUSTER

Inhaltsangabe: Peter Smolka *Angst*	Kommentare
Die Reportage *Angst* ist ein Kapitel aus Peter Smolkas Reisebuch *Rad ab!: 71.000 km mit dem Fahrrad um die Welt,* erschienen im Reise Know-How Verlag. Die Reportage schildert vier Tage seiner Weltumrundung, nämlich eine Fahrt in Afrika von den Victoria Falls bis nach Maun, auf der der Radfahrer neben vielen ungefährlichen Begegnungen mit Wildtieren auch eine kritische Situation erlebt.	Basissatz: Zur Erinnerung: Informationen über den Autor, Titel der Reportage, Art der Veröffentlichung, zentrales Thema
Zu Beginn seiner Reportage fordert der Autor den Leser zu einer Art Gedankenexperiment auf. Er solle sich vorstellen, eine Radtour von Nürnberg nach Hamburg zu unternehmen. Es werden also die Strecken in Botswana, wo der Autor unterwegs ist, auf Deutschland übertragen. Die Gesamtstrecke der Radtour entspricht der Entfernung zwischen Ansbach und Hamburg. Entgegen den deutschen Verhältnissen gibt es auf dieser Strecke in Afrika keine Steigungen. Markant sind aber klimatische Unterschiede: Der Fahrradfahrer muss mit hohen Temperaturen zurechtkommen. Anders als in Deutschland ist die Besiedlung spärlich. Dafür aber finden sich zahlreiche wilde Tiere. Nach dieser kurzen Charakterisierung der Besonderheiten Botswanas schildert der Autor die viertägige Reise von den Victoria Falls nach Maun, die mit Ansbach und Hamburg verglichen werden. Der erste Reisetag führt von den Victoria Falls nach Pandamatenga. Der Autor muss einen Umweg in Kauf nehmen, weil der direkte Weg wegen der Gefahren, die in einem wildreichen Nationalpark drohen, nicht gestattet wird.	Die Inhaltsangabe verdeutlicht dem Leser, welcher rote Faden durch den Text führt, hier das Gedankenexperiment der Übertragung des Wegs auf Deutschland. Indirekte Rede Lokalsatz Wendungen zur Verdeutlichung der zeitlichen und logischen Zusammenhänge Verdeutlichung des Aufbaus und des roten Fadens Kausalsatz

Inhaltsangabe: Peter Smolka *Angst*	Kommentare
So schildert er den Reiseantritt frühmorgens bei den Victoria Falls. Auch diese Strecke führt durch einen Nationalpark. Die Annahme der Behörden, die Tiere würden sich dort fern der Straße aufhalten, bestätigt sich nicht, sodass der Autor auf seiner Fahrt vielen wilden Tieren begegnet. Besonders beeindrucken ihn die Giraffen und deren anmutige Fluchtbewegungen. Mehrmals begegnet er auf seiner Radtour Elefanten in ungefährlichen Situationen, am Nachmittag des ersten Reisetages jedoch kommt es zu einer gefährlichen Begegnung mit einem Elefantenbullen. Der Bulle fühlt sich durch den nah vorbeifahrenden Radfahrer bedroht und verfolgt ihn. Da Elefanten bis zu 40 Stundenkilometer schnell laufen können, ist Peter Smolka mit seinem Tourenrad unterlegen. Er kann wegen des Gewichts, das er zu transportieren hat, sein Tempo allenfalls auf 30 Stundenkilometer steigern. *In Todesangst* nimmt er dennoch das Rennen mit dem Bullen auf, der sich jedoch nach einiger Zeit *zur Erleichterung des Verfolgten* desinteressiert abwendet. *Die sichere Weiterfahrt verdankt er der Militärpolizei, deren Fahrzeug ihn, nachdem er dem Elefanten entkommen ist, überholt und an einer Büffelherde vorbeileitet.* Der Leser erfährt in diesem Zusammenhang, dass Kaffernbüffel zu großer Aggressivität auch Menschen gegenüber neigen. Abends erreicht der Autor sein erstes Tagesziel Pandamatenga, er hat also in etwa die Entfernung zwischen Ansbach und Würzburg mit einem Umweg über Nürnberg zurückgelegt. Dort findet sich eine fruchtbare Kulturlandschaft. Die Gefahr, Elefanten auf dem weiteren Weg zu begegnen, scheint gebannt. Jedoch sind die Meinungen der Einheimischen zu den drohenden Gefahren auf dem Weg nach Nata, das mit Göttingen gleichgesetzt wird, widersprüchlich. Ein Teil der Befragten warnt vor Löwen und rät zu deren akustischer Abschreckung. Die weiteren Reisetage der insgesamt viertägigen Fahrt bis nach Maun, das vom Ausgangspunkt Peter Smolkas ähnlich weit wie Ansbach von Hamburg entfernt ist, verlaufen problemlos und werden nur knapp geschildert. Es kommt zu keiner Begegnung mit gefährlichen Tieren mehr. Nur die zunehmende Hitze, die die Nähe zur Wüste Kalahari ankündigt, erweist sich als Belastung.	Verdeutlichung des Aufbaus Indirekte Rede Wendung zur Verdeutlichung des logischen Zusammenhangs Konsekutivsatz Verdeutlichung des Aufbaus Wendung zur Verdeutlichung des logischen Zusammenhangs Kausalsatz Wendungen zur Verdeutlichung des logischen bzw. zeitlichen Zusammenhangs *Zusammenfassung der direkten Rede und der Gedankenrede als Gefühl* *Zusammenfassung der direkten Rede als Handlung* Temporalsatz Verdeutlichung des Aufbaus Verdeutlichung des roten Fadens Wendungen zur Verdeutlichung des logischen bzw. zeitlichen Zusammenhangs Verdeutlichung des roten Fadens Verdeutlichung des Aufbaus bzw. des Umfangs Wendungen zur Verdeutlichung des logischen Zusammenhangs

Originaltext: 1245 Wörter
Inhaltsangabe mit Basissatz: 525 Wörter

Dieser Text zeigt, wie wichtig das sorgfältige Markieren ist. Dadurch werden der Aufbau und der rote Faden der Reportage ersichtlich, die in der Inhaltsangabe verdeutlicht werden müssen. Zentral sind die geografischen Informationen zu Beginn des Textes, die im Verlauf der Reportage und auch der Zusammenfassung immer wieder aufgegriffen werden. Im Zentrum der Reportage wie der Inhaltsangabe steht der erste Tag, an dem die gefährliche Begegnung mit dem Elefantenbullen stattfand. Die weiteren drei Tage sind sehr knapp beschrieben.

1.4.3 Reportage Musteraufsatz II mit Übungen – Peter Smolka: *Gibraltar*

Der folgende Text stammt aus Peter Smolkas Buch *Westafrika*. Darin beschreibt er seine erste Afrikatour mit dem Fahrrad von Erlangen bis Togo. Der Text enthält den wesentlichen Teil des ersten Kapitels. Dort berichtet Peter Smolka über den Affenfelsen in Gibraltar am südlichsten Zipfel Spaniens.

Betrachte zunächst wieder die Gesamttour, damit du dir den Weg vorstellen kannst.

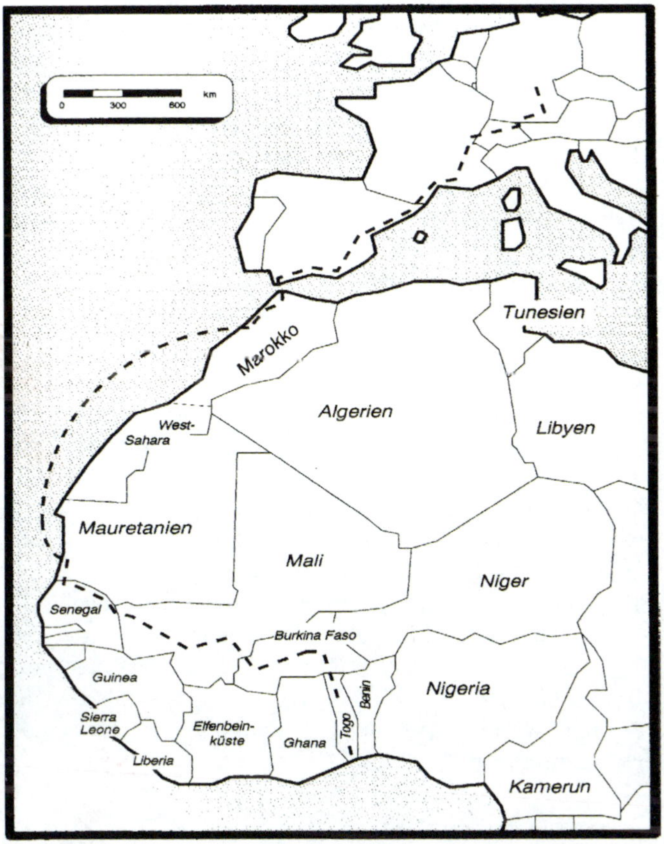

Die Radtour Smolkas führte von Deutschland nach Togo. © Peter Smolka

ÜBUNG

Schritte 1–6:
Markiere die Zeit- und Ortsangaben, die Personen und sowohl die direkte Rede als auch die Gedankenrede in den bekannten Farben:

- Zeitangaben: rot
- Personenangaben: blau
- Ortsangaben: grün
- Direkte Rede und Gedankenrede: gelb.

Notiere anschließend am Rand des Textes die Gliederung und zentrale Inhalte. Verfasse danach eine Inhaltsangabe mit Basissatz!

Peter Smolka: *Der Affenfelsen*[20]

Die Schweiz und Frankreich durchquerte ich im Eiltempo und legte erst in Tarragona für eine knappe Woche eine Pause ein. Auch auf dem weiteren Weg durch Spanien behielt ich Reisetempo und vagabundenhaftes Leben bei: aufstehen, den ganzen Tag lang denken und dabei radeln, abends nach einer geeigneten Unterkunft suchen. Geeignet sind Bushaltestellenhäuschen, Häuser im Rohbau oder Gartenlauben: Man kommt am nächsten Tag nicht in Versuchung, allzu lang in den Federn liegenzubleiben. In einem Bushäuschen könnte man sonst von den ersten Fahrgästen überrascht werden – der Blick abends auf den Fahrplan ist natürlich obligatorisch. Auch von der Baustelle sollte man sich lieber vor Ankunft der Arbeiter entfernt haben. Hotels wären sicher bequemer gewesen, aber nach dem zu späten Aufstehen aus dem weichen Bett vertrödelt man dann auch noch unnötige Zeit mit dem Frühstück. Ich riss die Kilometer nur so herunter, Europa war unwichtig, ich wollte nach Afrika. 1100 Kilometer nach dem Aufbruch in Tarragona, am Nachmittag des fünften Tages, lag Afrika nun vor mir.
Dass ich nicht das erstbeste Schiff bestieg, lag einerseits daran, dass man etwas lang Ersehntes oft nicht sofort ergreift, wenn es in Reichweite gelangt, sondern sich die Freude gern eine Weile warmhält. Andererseits waren aber auch noch einige organisatorische Dinge zu erledigen, für die es in Afrika zu spät sein mochte, und außerdem wollte ich mir die Besichtigung Gibraltars nicht entgehen lassen.
Da die britische Kronkolonie unter akutem Platzmangel leidet, leidet sie auch unter Campingplatzmangel – es gibt dort keinen. Afrikafahrer beziehen auf dem Zeltplatz im nahen Algeciras Quartier. Die spanische Stadt wird so zum Trichterhals, in dem sich alle sammeln, die nach Marokko einreisen wollen.
Wer nicht in Algeciras ist, um auf den anderen Kontinent zu wechseln, ist wegen Gibraltar da. „Das ist doch verrückt! Da steht so'n Stein im Süden von Spanien im Wasser, und der gehört den Briten", meinte mein Zeltnachbar, ein Motorrollerfahrer aus Hamburg. Der Blick auf die Landkarte bekräftigt seine Ansicht – ganz einzusehen ist es nicht, warum dieser winzige, knapp sieben Quadratkilometer große Felsen nicht spanisch ist.

20 Aus: Smolka, Peter: *Westafrika*. Stuttgart: Pietsch-Verlag, 1991. S. 20–25.

Natürlich ist es nicht die Größe, die die Kolonie wertvoll macht, sondern die strategisch günstige Lage an der schmalen Nahtstelle zwischen Mittelmeer und Atlantik. Die Briten hatten schon lange ein Auge auf die Halbinsel geworfen, bis sich im 18. Jahrhundert endlich die Gelegenheit ergab, sie – zusammen mit Menorca – zu erobern. Während Menorca Anfang des 19. Jahrhunderts wieder an die Spanier zurückgegeben wurde, blieb Gibraltar in britischer Hand. Als 1968 der Versuch scheiterte, das Problem zu lösen, sperrten die Spanier den Landweg auf die Halbinsel. Die Absperrungen mit ihren hohen Zäunen wurden gern mit der innerdeutschen Grenze verglichen. Wer die Verwandten auf der anderen Seite besuchen wollte, musste zuerst von Algeciras nach Marokko fahren und von dort aus zurück nach Gibraltar. Erst 1983 wurden die Tore für Besuche unter Angehörigen wieder geöffnet, zwei Jahre später endgültig auch für den Touristenverkehr.
Es war ein unwirklicher Moment, als ich die Grenze durch das schmiedeeiserne Tor passierte und mich dann Beamte kontrollierten, die ihrer Kleidung nach tags zuvor noch im fernen London den Verkehr geregelt haben mochten. Fast musste ich den Eindruck haben, ein britisches Freilichtmuseum zu besuchen. Die Uniform dieser Männer blieb allerdings beinahe das einzige, was mich an Großbritannien erinnerte. Die Häuser in Gibraltar sind größtenteils im südländischen Stil gebaut, in den Straßen ist die spanische Sprache stärker vertreten als die englische, und die blassen Briten wirken zwischen den vielen Spanischstämmigen eher als Touristen, weil sie deutlich in der Unterzahl sind. Die meisten von ihnen sind Mitglieder der Streitkräfte.
Auf das Platzproblem, unter dem die Halbinsel leidet, weist gleich hinter der Grenze ein kleines Kuriosum[21] hin. Da sich hier, am Fuße des Felsens, die ebensten Areale der Kronkolonie finden, hat man an dieser Stelle den Flugplatz eingerichtet, auf dem Touristen direkt aus Großbritannien eingeflogen werden, der aber freilich auch militärischen Zwecken dient. Große Teile der immer noch recht knapp bemessenen Start- und Landebahn wurden dabei erst durch Aufschüttungen gewonnen. Die einzige Straße, die von der Grenze in die Stadt führt, quert den Flugplatz, und weil die Flugzeuge aus verständlichen Gründen Vorrang vor dem Verkehr zu Lande haben, müssen die Autofahrer von Zeit zu Zeit vor geschlossenen Schranken warten. Der Länge nach durchradelt man Gibraltar in 15 Minuten und steht dann beim „Europe Point“ an der Südspitze britischer Besitzungen auf dem Kontinent. Allerdings ist dies nicht, wie oft irrtümlich angenommen wird, der südlichste Festlandspunkt Europas. Der liegt etwa 30 Kilometer weiter westlich nahe der spanischen Stadt Tarifa und heißt sinnigerweise Punta Morroqui. Europa und Afrika nähern sich dort auf 14 Kilometer.

21 Kuriosum: Als Kuriosum wird eine merkwürdige Sache bezeichnet.

Mit dem Namen „Gibraltar“ ist schon immer die einzige Kolonie freilebender Affen Europas verbunden. Für mich die größte Attraktion, die man keinesfalls auslassen darf. So folgte ich den Schildern „Rock Apes“, bis ich nach anstrengender Bergfahrt auf halbem Wege zum Felsgipfel eine kleine Bande von Bettlern und Dieben entdeckte. Hier ist ihr angestammter Platz, an dem sie sich zusammenfinden und auf die Touristen warten, die ihnen mit Kleinbussen oder Taxis einen Besuch abstatten. Noch bevor die Autos gehalten haben, sind die Affen bereits auf das Wagendach oder durch ein offenes Seitenfenster ins Wageninnere gesprungen. So mancher unbeaufsichtigt herumliegende Hut und auch Fotoapparate sind schon auf Nimmerwiedersehen davongetragen worden.
Die Fütterung findet draußen vor den Fahrzeugen statt. Hält man den Tieren die geschlossene Hand hin, öffnen sie Finger um Finger, um zu schauen, was sich an Essbarem darin verbirgt. Wählerisch sind sie allerdings: Erdnüsse nehmen sie gern, Schokolinsen scheinen sie zu lieben, Pfefferminzplätzchen lehnen sie strikt ab. Sie können es sich erlauben, denn es kommen genug Menschen vorbei. Für die Fürsorge der Touristen darf sich die britische Krone übrigens bedanken, heißt es doch, dass die Engländer nur solange auf Gibraltar bleiben wollen, wie es dort Affen auf dem Felsen gibt. Winston Churchill[22] ordnete daher vorsorgend an, die Zahl der Affen dürfe niemals unter 35 fallen.

Affen-Fütterung in Gibraltar. © Peter Smolka

22 Winston Churchill (1874–1965): früherer Premierminister von Großbritannien.

Einen sah ich am Affenfelsen, den ließen die neugierigen, possierlichen Tiere völlig kalt, ja, sie waren in gewisser Weise sogar seine Konkurrenz. Es war der Mann, der sich die ganze Zeit regungslos auf eine Mauer lehnte und über das Meer blickte. Das zerfurchte Gesicht machte es schwer, sein Alter zu schätzen: Er war wohl zwischen 30 und 45. Erst wenn die Affen satt waren und die Touristen wieder abzogen, kam für ihn der Moment, die auf dem Boden liegengebliebenen Nüsse aufzusammeln und die Papierkörbe zu durchforsten, in denen er gelegentlich Beutel mit Futterresten fand. Er aß alles sofort. Dann lehnte er sich wieder auf die Mauer und wartete auf die nächste Fütterung.

MUSTER

Lösung Schritte 1–3

Text: Peter Smolka: *Der Affenfelsen*	Notizen
Die Schweiz und Frankreich durchquerte ich im Eiltempo und legte erst in Tarragona für eine knappe Woche eine Pause ein. Auch auf dem weiteren Weg durch Spanien behielt ich Reisetempo und vagabundenhaftes Leben bei: aufstehen, den ganzen Tag lang denken und dabei radeln, abends nach einer geeigneten Unterkunft suchen. Geeignet sind Bushaltestellenhäuschen, Häuser im Rohbau oder Gartenlauben: Man kommt am nächsten Tag nicht in Versuchung, allzu lang in den Federn liegenzubleiben. In einem Bushäuschen könnte man sonst von den ersten Fahrgästen überrascht werden – der Blick abends auf den Fahrplan ist natürlich obligatorisch. Auch von der Baustelle sollte man sich lieber vor Ankunft der Arbeiter entfernt haben. Hotels wären sicher bequemer gewesen, aber nach dem zu späten Aufstehen aus dem weichen Bett vertrödelt man dann auch noch unnötige Zeit mit dem Frühstück. Ich riss die Kilometer nur so herunter, Europa war unwichtig, ich wollte nach Afrika. 1100 Kilometer nach dem Aufbruch in Tarragona, am Nachmittag des fünften Tages, lag Afrika nun vor mir.	Einstieg: Kurze Zusammenfassung der zurückliegenden Stecke durch die Schweiz und Frankreich. Betonung der Eile, Pause in Tarragona in Spanien. Beschreibung des Tagesablaufs und der Übernachtungsmöglichkeiten: Übernachtung in Bushäuschen oder Baustellen; Grund: Wunsch, zügig nach Afrika zu kommen Strecke von Tarragona bis nach Gibraltar 1100 Kilometer
Dass ich nicht das erstbeste Schiff bestieg, lag einerseits daran, dass man etwas lang Ersehntes oft nicht sofort ergreift, wenn es in Reichweite gelangt, sondern sich die Freude gern eine Weile warmhält. Andererseits waren aber auch noch einige organisatorische Dinge zu erledigen, für die es in Afrika zu spät sein mochte, und außerdem wollte ich mir die Besichtigung Gibraltars nicht entgehen lassen.	Grund für das Verweilen in Gibraltar: Auskosten der Vorfreude, Organisation der Reise nach Afrika Besichtigung Gibraltars

Text: Peter Smolka: *Der Affenfelsen*	Notizen
Da die britische Kronkolonie unter akutem Platzmangel leidet, leidet sie auch unter Campingplatzmangel – es gibt dort keinen. Afrikafahrer beziehen auf dem Zeltplatz im nahen Algeciras Quartier. Die spanische Stadt wird so zum Trichterhals, in dem sich alle sammeln, die nach Marokko einreisen wollen.	Zentraler Teil der Reportage geografische Informationen: keine Zeltplätze, Ausweichen nach Algeciras nötig
Wer nicht in Algeciras ist, um auf den anderen Kontinent zu wechseln, ist wegen Gibraltar da. „Das ist doch verrückt! Da steht so'n Stein im Süden von Spanien im Wasser, und der gehört den Briten", meinte mein Zeltnachbar, ein Motorrollerfahrer aus Hamburg. Der Blick auf die Landkarte bekräftigt seine Ansicht – ganz einzusehen ist es nicht, warum dieser winzige, knapp sieben Quadratkilometer große Felsen nicht spanisch ist. Natürlich ist es nicht die Größe, die die Kolonie wertvoll macht, sondern die strategisch günstige Lage an der schmalen Nahtstelle zwischen Mittelmeer und Atlantik.	geografische Verortung Gibraltars und Verdeutlichung seiner besonderen historisch-politischen Bedeutung: sieben Quadratkilometer große Halbinsel, Nahtstelle zwischen Mittelmeer und Atlantik, strategisch wichtige Lage für Großbritannien
Die Briten hatten schon lange ein Auge auf die Halbinsel geworfen, bis sich im 18. Jahrhundert endlich die Gelegenheit ergab, sie – zusammen mit Menorca – zu erobern. Während Menorca Anfang des 19. Jahrhunderts wieder an die Spanier zurückgegeben wurde, blieb Gibraltar in britischer Hand. Als 1968 der Versuch scheiterte, das Problem zu lösen, sperrten die Spanier den Landweg auf die Halbinsel. Die Absperrungen mit ihren hohen Zäunen wurden gern mit der innerdeutschen Grenze verglichen. Wer die Verwandten auf der anderen Seite besuchen wollte, musste zuerst von Algeciras nach Marokko fahren und von dort aus zurück nach Gibraltar. Erst 1983 wurden die Tore für Besuche unter Angehörigen wieder geöffnet, zwei Jahre später endgültig auch für den Touristenverkehr.	Eroberung der Halbinsel durch die Briten im 18. Jahrhundert zusammen mit der Insel Menorca, Rückgabe Menorcas an die Spanier zu Beginn des 19. Jahrhunderts, Konflikte zwischen Spaniern und Briten im 20. Jahrhundert, weil beide Anspruch auf die Halbinsel erheben, Absperrung durch die Spanier 1968, die zu erheblichen Behinderungen im Reiseverkehr zwischen Spanien und Gibraltar führt. Allmähliche Wiedereinführung der Reisefreiheit ab 1983

Text: Peter Smolka: *Der Affenfelsen*	Notizen
Es war ein unwirklicher Moment, als ich die Grenze durch das schmiedeeiserne Tor passierte und mich dann Beamte kontrollierten, die ihrer Kleidung nach tags zuvor noch im fernen London den Verkehr geregelt haben mochten. Fast musste ich den Eindruck haben, ein britisches Freilichtmuseum zu besuchen. Die Uniform dieser Männer blieb allerdings beinahe das einzige, was mich an Großbritannien erinnerte. Die Häuser in Gibraltar sind größtenteils im südländischen Stil gebaut, in den Straßen ist die spanische Sprache stärker vertreten als die englische, und die blassen Briten wirken zwischen den vielen Spanischstämmigen eher als Touristen, weil sie deutlich in der Unterzahl sind. Die meisten von ihnen sind Mitglieder der Streitkräfte.	Eindrücke des eigenen Besuchs: deplatziert wirkende britische Uniformen der Beamten Architektur im mediterranen Stil; Vorherrschaft der spanischen Sprache Briten als offenkundige Minderheit
Auf das Platzproblem, unter dem die Halbinsel leidet, weist gleich hinter der Grenze ein kleines Kuriosum hin. Da sich hier, am Fuße des Felsens, die ebensten Areale der Kronkolonie finden, hat man an dieser Stelle den Flugplatz eingerichtet, auf dem Touristen direkt aus Großbritannien eingeflogen werden, der aber freilich auch militärischen Zwecken dient. Große Teile der immer noch recht knapp bemessenen Start- und Landebahn wurden dabei erst durch Aufschüttungen gewonnen. Die einzige Straße, die von der Grenze in die Stadt führt, quert den Flugplatz, und weil die Flugzeuge aus verständlichen Gründen Vorrang vor dem Verkehr zu Lande haben, müssen die Autofahrer von Zeit zu Zeit vor geschlossenen Schranken warten.	Kuriositäten, die durch das Platzproblem auf der Halbinsel bedingt sind: kleiner Flughafen, durch den eine belebte Straße führt, die immer wieder für den Flugverkehr gesperrt werden muss
Der Länge nach durchradelt man Gibraltar in 15 Minuten und steht dann beim „Europe Point“ an der Südspitze britischer Besitzungen auf dem Kontinent. Allerdings ist dies nicht, wie oft irrtümlich angenommen wird, der südlichste Festlandspunkt Europas. Der liegt etwa 30 Kilometer weiter westlich nahe der spanischen Stadt Tarifa und heißt sinnigerweise Punta Morroqui. Europa und Afrika nähern sich dort auf 14 Kilometer.	Information zur Ausdehnung Gibraltars: 15 Fahrradminuten der Länge nach Aufklärung einer verbreiteten Fehlinformation: Nicht Gibraltar liegt am südlichsten Ende Europas, sondern ein Ort in der Nähe der spanischen Stadt Tarifa (Entfernung zu Afrika 14 Kilometer)

Text: Peter Smolka: *Der Affenfelsen*	Notizen
Mit dem Namen „Gibraltar“ ist schon immer die einzige Kolonie freilebender Affen Europas verbunden. Für mich die größte Attraktion, die man keinesfalls auslassen darf. So folgte ich den Schildern „Rock Apes“, bis ich nach anstrengender Bergfahrt auf halbem Wege zum Felsgipfel eine kleine Bande von Bettlern und Dieben entdeckte.	Information über eine Touristenattraktion Gibraltars: frei lebende Affen auf dem Affenfelsen kurze Schilderung der Anreise auf dem Fahrrad: steiler Weg zum Felsgipfel
Hier ist ihr angestammter Platz, an dem sie sich zusammenfinden und auf die Touristen warten, die ihnen mit Kleinbussen oder Taxis einen Besuch abstatten. Noch bevor die Autos gehalten haben, sind die Affen bereits auf das Wagendach oder durch ein offenes Seitenfenster ins Wageninnere gesprungen. So mancher unbeaufsichtigt herumliegende Hut und auch Fotoapparate sind schon auf Nimmerwiedersehen davongetragen worden. Die Fütterung findet draußen vor den Fahrzeugen statt. Hält man den Tieren die geschlossene Hand hin, öffnen sie Finger um Finger, um zu schauen, was sich an Essbarem darin verbirgt. Wählerisch sind sie allerdings: Erdnüsse nehmen sie gern, Schokolinsen scheinen sie zu lieben, Pfefferminzplätzchen lehnen sie strikt ab. Sie können es sich erlauben, denn es kommen genug Menschen vorbei. Für die Fürsorge der Touristen darf sich die britische Krone übrigens bedanken, heißt es doch, dass die Engländer nur solange auf Gibraltar bleiben wollen, wie es dort Affen auf dem Felsen gibt. Winston Churchill ordnete daher vorsorgend an, die Zahl der Affen dürfe niemals unter 35 fallen.	Schilderung des Verhaltens der vom Tourismus geprägten Affen, die sich gerne füttern lassen, dabei aber auch im Auto liegende Gegenstände stehlen; bei der Fütterung allerdings sind sie wählerisch Einer Legende zufolge endet die britische Herrschaft über Gibraltar, wenn es keine Affen mehr dort gibt. Folge dieser Legende war eine Anweisung des früheren Premierministers Churchill, es müsse dafür gesorgt werden, dass mindestens 35 Affen auf Gibraltar sind.
Einen sah ich am Affenfelsen, den ließen die neugierigen, possierlichen Tiere völlig kalt, ja, sie waren in gewisser Weise sogar seine Konkurrenz. Es war der Mann, der sich die ganze Zeit regungslos auf eine Mauer lehnte und über das Meer blickte. Das zerfurchte Gesicht machte es schwer, sein Alter zu schätzen: Er war wohl zwischen 30 und 45. Erst wenn die Affen satt waren und die Touristen wieder abzogen, kam für ihn der Moment, die auf dem Boden liegengebliebenen Nüsse aufzusammeln und die Papierkörbe zu durchforsten, in denen er gelegentlich Beutel mit Futterresten fand. Er aß alles sofort. Dann lehnte er sich wieder auf die Mauer und wartete auf die nächste Fütterung.	Beschreibung eines unauffälligen armen Mannes, der sich von den von den Affen verschmähten Futterresten ernährt

Erkenntnisse aus den Markierungen:
Bei dieser Reportage fällt auf, dass sie eine Fülle geografischer und historisch-politischer Informationen enthält. Die Schilderung des Weges nach Gibraltar dient eher als Auftakt, um den Aufenthalt geografisch einzuordnen und die Spannung des Lesers zu erhöhen.
Die einzige wörtliche Rede wirkt wie ein Meinungsbild: „Das ist doch verrückt! Da steht so'n Stein im Süden von Spanien im Wasser, und der gehört den Briten." So wie der Hamburger mögen sich viele darüber wundern, dass Großbritannien den Anspruch auf diese kleine Halbinsel nicht aufgibt.
Der Schluss regt zum Nachdenken an, weil es dem Leser widersinnig erscheinen muss, wie die Affen von den Touristen verwöhnt werden, wenn es Menschen gibt, denen nichts anderes übrig bleibt, als sich von den Resten, die die Affen verschmäht haben, zu ernähren.

MUSTER

Lösung Schritte 4–6:

Notizen	Inhaltsangabe: Peter Smolka *Affenfelsen*
Basissatz	Die Reportage *Affenfelsen* stammt aus Peter Smolkas Reisebuch *Westafrika*, erschienen 1991 im Reise Know-How Verlag. Die Reportage informiert über Geschichte und geografische Lage der Halbinsel Gibraltar und schildert Smolkas persönliche Eindrücke von diesem Ort, den er auf seinem Weg nach Afrika besucht hat.
Einstieg: Kurze Zusammenfassung der zurückliegenden Strecke durch Schweiz und Frankreich, Betonung der Eile, Pause in Tarragona, Spanien. Beschreibung des Tagesablaufs und der Übernachtungsmöglichkeiten: Übernachtung in Bushäuschen oder Baustellen; Grund: Wunsch, zügig nach Afrika zu kommen Strecke von Tarragona bis Gibraltar 1100 Kilometer	Zu Beginn der Reportage beschreibt der Autor Peter Smolka seine Fahrradtour durch die Schweiz, Frankreich und Spanien. Er hat sich einen strikten Tagesplan auferlegt, übernachtet an ungewöhnlichen und eigentlich ungastlichen Orten und bricht stets früh auf, um möglichst zügig in Afrika anzukommen.
Grund für das Verweilen in Gibraltar: Auskosten der Vorfreude, Organisation der Reise nach Afrika Besichtigung Gibraltars	Auf der Halbinsel Gibraltar legt er schließlich eine Pause ein: Peter Smolka will seine Vorfreude auskosten, bald nach Afrika übersetzen zu dürfen. Vorher muss er aber noch Organisatorisches regeln und möchte Gibraltar kennenlernen.

Notizen	Inhaltsangabe: Peter Smolka *Affenfelsen*
Zentraler Teil der Reportage Geografische Informationen: keine Zeltplätze, Ausweichen nach Algeciras nötig. Geografische Verortung Gibraltars und Verdeutlichung seiner besonderen historisch-politischen Bedeutung: sieben Quadratkilometer große Halbinsel, Nahtstelle zwischen Mittelmeer und Atlantik, strategisch wichtige Lage für Großbritannien	Im zentralen Teil der Reportage erhält der Leser vielfältige Informationen über Gibraltar. Die britische Kolonie Gibraltar ist nur sieben Quadratkilometer groß, sogar für einen Zeltplatz ist sie damit zu klein. Dennoch ist sie für die Briten aufgrund ihrer Lage zwischen Mittelmeer und Atlantik strategisch wichtig.
Eroberung der Halbinsel durch die Briten im 18. Jahrhundert zusammen mit der Insel Menorca, Rückgabe Menorcas an die Spanier zu Beginn des 19. Jahrhunderts, Konflikte zwischen Spaniern und Briten im 20. Jahrhundert, weil beide Anspruch auf die Halbinsel erheben, Absperrung durch die Spanier 1968, die zu erheblichen Behinderungen im Reiseverkehr zwischen Gibraltar und Spanien führt allmähliche Wiedereinführung der Reisefreiheit ab 1983	Gibraltar wurde im 18. Jahrhundert gemeinsam mit Menorca, das seit Beginn des 19. Jahrhunderts im Unterschied zu Gibraltar wieder im Besitz der Spanier ist, von den Briten erobert. Noch im 20. Jahrhundert kam es wegen Gibraltar zu Konflikten zwischen Großbritannien und Spanien. Zwischen 1968 und 1983 war der Reiseverkehr zwischen Spanien und Gibraltar erheblich beeinträchtigt, weil die Spanier die Halbinsel abriegelten.
Eindrücke des eigenen Besuchs: deplatziert wirkende britische Uniformen der Beamten Architektur im mediterranen Stil; Vorherrschaft der spanischen Sprache Briten als offenkundige Minderheit	Anschließend schildert Peter Smolka die Eindrücke seines Besuchs. Die britischen Uniformen der Beamten kommen ihm deplatziert vor. Die Briten, größtenteils Soldaten, sind in der Minderheit und wirken, als würden sie nicht an diesen architektonisch und sprachlich von der spanischen Bevölkerungsmehrheit geprägten Ort gehören.

Notizen	Inhaltsangabe: Peter Smolka *Affenfelsen*
Kuriositäten, die durch das Platzproblem auf der Halbinsel bedingt sind: kleiner Flughafen, durch den eine belebte Straße führt, die immer wieder für den Flugverkehr gesperrt werden muss Information zur Ausdehnung Gibraltars: 15 Fahrradminuten der Länge nach	Im Folgenden erläutert Peter Smolka eine weitere Folge der räumlichen Enge, die auf der Halbinsel herrscht: Die belebte Straße, die durch den Flughafen führt, muss für den Flugverkehr immer wieder gesperrt werden.
Aufklärung einer verbreiteten Fehlinformation: Nicht Gibraltar liegt am südlichsten Ende Europas, sondern ein Ort in der Nähe der spanischen Stadt Tarifa (Entfernung zu Afrika 14 Kilometer)	Danach erfährt der Leser, dass Gibraltar nicht – wie vielfach angenommen – am südlichsten Ende Europas liegt. Der am nächsten an Afrika angrenzende Punkt des europäischen Festlands liegt in der Nähe der spanischen Stadt Tarifa.
Information über eine Touristenattraktion Gibraltars: freilebende Affen auf dem Affenfelsen kurze Schilderung der Anreise auf dem Fahrrad: steiler Weg zum Felsgipfel Schilderung des Verhaltens der vom Tourismus geprägten Affen, die sich gerne füttern lassen, dabei aber auch im Autos liegende Gegenstände stehlen; bei der Fütterung allerdings sind sie wählerisch	Bekannt ist Gibraltar für die dort freilebenden Affen. Der Autor beschreibt kurz den steilen Weg zum Affenfelsen und schildert anschließend das Verhalten der Tiere. Die vom Tourismus geprägten Affen lassen sich gerne füttern. Dabei sind sie durchaus wählerisch. Auch rauben sie gelegentlich für sie interessante Gegenstände der Touristen.
Einer Legende zufolge endet die britische Herrschaft über Gibraltar, wenn es keine Affen mehr dort gibt. Folge dieser Legende war eine Anweisung des früheren Premierministers Churchill, es müsse dafür gesorgt werden, dass mindestens 35 Affen auf Gibraltar leben	Einer Legende zufolge, die der Autor im Folgenden erwähnt, endet die britische Herrschaft über Gibraltar, wenn es keine Affen mehr dort gibt. Folge dieser Legende war eine Anweisung des früheren Premierministers Churchill, es müsse dafür gesorgt werden, dass mindestens 35 Affen auf Gibraltar leben.

Notizen	Inhaltsangabe: Peter Smolka *Affenfelsen*
Beschreibung eines unauffälligen armen Mannes, der sich von den von den Affen verschmähten Futterresten ernährt	Die Reportage endet mit der Beschreibung eines unauffälligen Mannes, der sich, wenn die Touristen verschwunden sind, von den von den Affen verschmähten Futterresten ernährt.

Originaltext: 1534 Wörter
Inhaltsangabe mit Basissatz: 448 Wörter

Für nachfolgende Tabelle gilt:

- Strukturierende Formulierungen zur Verdeutlichung des Aufbaus und des roten Fadens der Reportage rot
- Adverbiale Nebensätze grün
- Wendungen zur Verdeutlichung der zeitlichen und logischen Zusammenhänge unterstrichen
- Zusammenfassung der direkten und indirekten Rede als Handlung oder als Gefühl *kursiv*
- Indirekte Reden gelb

MUSTER

Inhaltsangabe: Peter Smolka *Affenfelsen*	Erläuterungen
Die Reportage *Affenfelsen* stammt aus Peter Smolkas Reisebuch *Westafrika*, erschienen 1991 im Reise Know-How Verlag. Die Reportage informiert über Geschichte und geografische Lage der Halbinsel Gibraltar und schildert Smolkas persönliche Eindrücke von diesem Ort, den er auf seinem Weg nach Afrika besucht hat.	Basissatz: Informationen über den Autor, Titel der Reportage, Art der Veröffentlichung, zentrales Thema
Zu Beginn der Reportage beschreibt der Autor Peter Smolka seine Fahrradtour durch die Schweiz, Frankreich und Spanien. Er hat sich einen strikten Tagesplan auferlegt, übernachtet an ungewöhnlichen und eigentlich ungastlichen Orten und bricht stets früh auf, um möglichst zügig in Afrika anzukommen. Auf der Halbinsel Gibraltar legt er schließlich eine Pause ein: Peter Smolka will seine Vorfreude auskosten, bald nach Afrika übersetzen zu dürfen. Vorher muss er aber noch Organisatorisches regeln und möchte Gibraltar kennenlernen. Im zentralen Teil der Reportage erhält der Leser vielfältige Informationen über Gibraltar. Die britische Kolonie Gibraltar ist nur sieben Quadratkilometer groß, sogar für einen Zeltplatz ist sie damit zu klein. Dennoch ist sie für die Briten aufgrund ihrer Lage zwischen Mittelmeer und Atlantik strategisch wichtig. Gibraltar wurde im 18. Jahrhundert	Verdeutlichung des Aufbaus Finalsatz Verdeutlichung der zeitlichen Zusammenhänge Verdeutlichung des Aufbaus Verdeutlichung der logischen Zusammenhänge

Inhaltsangabe: Peter Smolka *Affenfelsen*	Erläuterungen
gemeinsam mit Menorca, das seit Beginn des 19. Jahrhunderts im Unterschied zu Gibraltar wieder im Besitz der Spanier ist, von den Briten erobert. Noch im 20. Jahrhundert kam es wegen Gibraltar zu Konflikten zwischen Großbritannien und Spanien. Zwischen 1968 und 1983 war der Reiseverkehr zwischen Spanien und Gibraltar erheblich beeinträchtigt,	Hier wird Präteritum verwendet, weil es sich um historische Fakten handelt.
weil die Spanier die Halbinsel abriegelten.	Kausalsatz
Anschließend schildert Peter Smolka die Eindrücke seines Besuchs. Die britischen Uniformen der Beamten kommen ihm deplatziert vor. Die Briten, größtenteils Soldaten, sind in der Minderheit und wirken,	Verdeutlichung des Aufbaus
als würden sie nicht an diesen architektonisch und sprachlich von der spanischen Bevölkerungsmehrheit geprägten Ort gehören.	Modalsatz
Im Folgenden erläutert Peter Smolka eine weitere Folge der räumlichen Enge, die auf der Halbinsel herrscht: Die belebte Straße, die durch den Flughafen führt, muss für den Flugverkehr immer wieder gesperrt werden.	Verdeutlichung des Aufbaus
Danach erfährt der Leser, dass Gibraltar nicht – wie vielfach angenommen – am südlichsten Ende Europas liegt. Der am nächsten an Afrika angrenzende Punkt des europäischen Festlands befindet sich in der Nähe der spanischen Stadt Tarifa. Bekannt ist Gibraltar für die dort freilebenden Affen.	Verdeutlichung des Aufbaus Verdeutlichung der Häufigkeit
Der Autor beschreibt kurz den steilen Weg zum Affenfelsen und schildert anschließend das Verhalten der Tiere. Die vom Tourismus geprägten Affen lassen sich gerne füttern.	Verdeutlichung des Aufbaus und des Umfangs
Dabei sind sie durchaus wählerisch. Auch rauben sie gelegentlich für sie interessante Gegenstände der Touristen.	Verdeutlichung der zeitlichen und logischen Zusammenhänge
Einer Legende zufolge, die der Autor im Folgenden erwähnt, endet die britische Herrschaft über Gibraltar, wenn es keine Affen mehr dort gibt.	Verdeutlichung des Aufbaus und des Umfangs Konditionalsatz
Folge dieser Legende war eine Anweisung des früheren Premierministers Churchill, es müsse dafür gesorgt werden, dass mindestens 35 Affen auf Gibraltar leben.	Indirekte Rede
Die Reportage endet mit der Beschreibung eines unauffälligen Mannes, der sich,	Verdeutlichung des Aufbaus
wenn die Touristen verschwunden sind, von den von den Affen verschmähten Futterresten ernährt.	Konditionalsatz

1.5 Verfassen eines knappen informierenden Sachtextes

Sachtexte begegnen uns überall im täglichen Leben. Oft müssen wir diese aber nicht nur lesen und verstehen, sondern auch selbst verfassen, um andere zu informieren. Dafür müssen die Texte anderer gelesen, verstanden und ausgewertet werden. Die gewonnenen Informationen helfen dir dabei, einen eigenen informativen Sachtext zu verfassen. Sehr wichtig ist dabei, an den Zweck des Textes und an die Zielgruppe zu denken, für die er geschrieben wird. Mit dieser Thematik befassen wir uns in den nun folgenden Kapiteln.

1.5.1 Begriffsklärung und Grundsätzliches

Bei der allgemeinen Form der Inhaltsangabe gehst du immer nach demselben Prinzip vor, das du inzwischen gelernt hast. Das gilt grundsätzlich auch für eine spezielle Form der Textzusammenfassung, bei der es deine Aufgabe ist, mit Hilfe der Angaben aus einem oder auch mehreren Texten selbst einen informierenden Sachtext zu verfassen. Du musst also den Texten, die dir zur Verfügung stehen, **Informationen entnehmen**, diese zusammenfassen und in deinem eigenen Text sinnvoll anordnen. Sehr wichtig ist es, die Aufgabenstellung ganz genau zu untersuchen, weil du durch sie erfährst, **welchen Zweck** dein Text zu erfüllen hat und **an welche Leser** er sich richten soll. Darauf musst du beim Schreiben Rücksicht nehmen.

1.5.2 Musteraufsatz I: Informierender Sachtext – Barbara Lich: *Eisbären. Räuber auf vier Pranken*

ÜBUNG

Deine Klasse gestaltet im Rahmen des Biologieunterrichts eine Stellwand in der Eingangshalle der Schule, die Schülerinnen und Schüler anderer Klassen über bedrohte Tierarten informieren soll. Alle Texte sollen demselben Aufbau folgen: Zu Beginn des Textes soll eine informierende Einleitung stehen. Anschließend soll der Text knapp über Folgendes informieren:

- Entwicklung der Tierart,
- Lebensraum, Eigenheiten und Lebensweise,
- Bestand, Bedrohungen und Überlebenschancen.

Am Ende des Textes soll die Quelle genannt werden, der die Informationen entnommen worden sind.

Verfasse zu diesem Zweck einen knappen informierenden Sachtext über den Eisbären. Nutze dafür Informationen der Reportage *Eisbären: Räuber auf vier Pranken* von Barbara Lich. Dein Text sollte ca. 350 Wörter umfassen.

Untersuche nun die Aufgabenstellung genau! Nachfolgende Fragen werden dir dabei helfen. Markiere die Teile der Aufgabenstellung, die dir Antworten auf diese Fragen liefern, mit unterschiedlichen Farben!

- Welches Thema soll dein Text behandeln? Welche Vorgaben macht die Aufgabenstellung im Hinblick auf den Inhalt und den Aufbau?
- Welche Quelle sollst du verwenden?
- In welchen Rahmen ist dein Text eingebettet? Welcher Anlass macht den Text nötig? Überlege anschließend eigenständig, welcher Schreibstil von dir verlangt wird!
- Welche Textsorte und welche sprachliche Gestaltung werden von dir erwartet? Überlege anschließend eigenständig, welcher Schreibstil von dir verlangt wird!
- Welchen Leser soll der Text ansprechen? Überlege anschließend eigenständig, welchen Schreibstil diese Zielgruppe erforderlich macht!

MUSTER

Musterlösung:
Deine Klasse gestaltet im Rahmen des Biologieunterrichts eine Stellwand in der Eingangshalle der Schule, die Schülerinnen und Schüler anderer Klassen über bedrohte Tierarten informieren soll. Alle Texte sollen demselben Aufbau folgen:
Zu Beginn des Textes soll eine informierende Einleitung stehen. Anschließend soll der Text knapp über Folgendes informieren:

- Entwicklung der Tierart,
- Lebensraum, Eigenheiten und Lebensweise,
- Bestand, Bedrohungen und Überlebenschancen.

Am Ende des Textes soll die Quelle genannt werden, der die Informationen entnommen worden sind.

Verfasse zu diesem Zweck einen knappen informierenden Sachtext über den Eisbären. Nutze dafür Informationen der Reportage *Eisbären: Räuber auf vier Pranken* von Barbara Lich. Dein Text sollte ca. 350 Wörter umfassen.

Frage 1: Welches Thema soll dein Text behandeln? Welche Vorgaben macht die Aufgabenstellung im Hinblick auf den Inhalt und den Aufbau?

Antwort: Dein Text soll über die bedrohte Tierart der Eisbären informieren. Es geht also nicht darum, ganz allgemein über den Eisbären zu informieren oder einfach den Text der Reportage zusammenzufassen, sondern im Gesamtprojekt geht es vor allem um seine Bedrohung. Du wirst also relativ genau auf die Gründe der Bedrohung und ihre Folgen eingehen müssen. Andere Teile des Textes wirst du dagegen ganz weglassen, weil sie für deine Zwecke unwichtig sind, oder du wirst sie zumindest erheblich kürzen. Auch Vorgaben zum Aufbau deines Textes werden gemacht:

- informierende Einleitung,
- Entwicklung der Tierart,
- Lebensraum, Eigenheiten und Lebensweise,
- Bestand an Eisbären, Bedrohungen für den Eisbären und Überlebenschancen,
- Angabe der Quelle.

Aus diesen Angaben kannst du leicht einen **Schreibplan bzw. eine Gliederung** erstellen:

1 Informierende Einleitung
2 Informationen über den Eisbären
  2.1 Entwicklung der Tierart
  2.2 Lebensraum, Eigenheiten und Lebensweise
  2.3 Bestand an Eisbären, Bedrohungen für den Eisbären und Überlebenschancen
3 Angabe der Quelle

Frage 2: Welche Quelle sollst du verwenden?

Antwort: Als Quelle sollst du die Reportage *Eisbären: Räuber auf vier Pranken* von Barbara Lich verwenden. In diesem Fall ist es also ganz einfach, weil du nur eine einzige Quelle hast. Du wirst später noch lernen, wie du vorgehst, wenn du mehrere Quellen zur Verfügung hast (vgl. S. 128).

Frage 3: In welchen Rahmen ist dein Text eingebettet? Welcher Anlass macht den Text nötig? Überlege anschließend eigenständig, welcher Schreibstil von dir verlangt wird!

Antwort: Dein Text soll auf einer Stellwand in der Eingangshalle veröffentlicht werden. Er ist eingebettet in ein Projekt, das deine Klasse im Biologieunterricht erarbeitet und das über bedrohte Tierarten informiert.
Wichtig ist also, dass der Text auch für einen Leser, der sich nicht mit dem Thema auskennt, verständlich ist. Natürlich muss er auch sprachlich korrekt gestaltet sein. Es handelt sich um ein Projekt im Biologieunterricht. Genauigkeit und Korrektheit bei den biologischen Fachbegriffen und Zusammenhängen sind also unbedingt nötig.

Frage 4: Welche Textsorte und welche sprachliche Gestaltung werden von dir erwartet? Überlege anschließend eigenständig, welcher Schreibstil von dir verlangt wird!

Antwort: Du sollst einen knappen informierenden Sachtext verfassen. Du sollst also – wie du das von anderen Formen der Inhaltsangabe schon kennst – knapp, verständlich, sachlich und korrekt informieren. Du musst also andere Formulierungen wählen als die Reportage mit ihren zum Teil flapsigen und umgangssprachlichen Wendungen. Insgesamt darf dein Text etwa 350 Wörter umfassen. Du kannst das ganz einfach kontrollieren, indem du die Wörter einiger Zeilen, auf denen sich weder besonders lange noch besonders kurze Wörter finden, zählst und diese Zahl dann mit der Zeilenzahl deines Textes multiplizierst. Wenn du das öfters machst, wirst du auch ein Gefühl dafür bekommen, wie viele Wörter du in deiner Schrift ungefähr auf einer Seite unterbringst.

Frage 5: Welchen Leser soll der Text ansprechen? Überlege anschließend eigenständig, welchen Schreibstil diese Zielgruppe erforderlich macht!

Antwort: Zielgruppe deines Textes sind die Schülerinnen und Schüler deiner Schule. Du musst also Fachbegriffe erklären, bei denen du nicht davon ausgehen kannst, dass sie Jugendliche kennen. Keinesfalls solltest du deinen Text in Jugendsprache verfassen. Es handelt sich um ein Projekt im Biologieunterricht, so dass du einen sachlich informierenden Sprachstil verwenden solltest. Auch die Erwähnung der Textsorte des informierenden Sachtextes ist ein Hinweis auf diesen Schreibstil.

Du merkst, wie wichtig es ist, den Arbeitsauftrag genau zu untersuchen, um dich inhaltlich auf das für dich Wesentliche zu beschränken und um einen Text zu verfassen, der sprachlich angemessen ist.

Du wirst schon den wesentlichen Unterschied zu der Inhaltsangabe erkannt haben. Es geht hier nicht in erster Linie darum, einen Text zusammenzufassen, sondern deine Aufgabe ist es, **den Leser über ein Thema zu informieren**.

Die weiteren Vorarbeiten unterscheiden sich nicht sehr von der Inhaltsangabe (vgl. S. 34 f.). Lies zunächst die folgende Reportage von Barbara Lich, die aus der Jugendzeitschrift *Geolino*[23] stammt. Gehe beim Lesen dieses Textes wie gewohnt vor:

ÜBUNG

Aufgabenstellung:
Markiere die Zeit- und Ortsangaben, die Personen und sowohl die direkte Rede als auch die Gedankenrede in den bekannten Farben (vgl. S. 34).
Notiere anschließend am Rand des Textes zentrale Inhalte.

LESETEXT

TEXT VON BARBARA LICH – *Eisbären: Räuber auf vier Pranken*

Der 27. Februar gilt als „Tag des Eisbärs". Aber wisst ihr eigentlich, seit wann es Eisbären gibt? Warum sie blaue Zungen haben? Oder wie schnell sie über den Schnee sprinten? Wir erzählen es euch!

Seit wann gibt es Eisbären auf der Erde?
Seit 600.000 Jahren – und damit rund fünfmal länger als bisher gedacht. Forschern war zwar klar, dass Eisbären eng mit Braunbären verwandt sind und sich von ihnen als eigene Art abgespalten haben. Bloß über das „Wann" grübelten sie lange und stellten unterschiedliche Vermutungen an. Etwa, dass der letzte gemeinsame Urahn von Braun- und Eisbären vor rund 150.000 Jahren durch das heutige Kanada stapfte. Wissenschaftler vom „Biodiversität[24] und Klima Forschungszentrum Frankfurt" haben sich nun aber das Erbgut von Braun- und Eisbären genauer angeschaut. Dabei stellten sie fest, dass Eisbären eben schon viel älter sind als angenommen. Der Blick in die Vergangenheit ist zugleich ein Blick in die Zukunft: Bislang galten Eisbären nämlich als Meister der Anpassung, die sich fix an die Lebensbedingungen in der Arktis gewöhnt und dafür „ausgerüstet" hatten. Tat-

---

23 Vgl. Bibliografie.
24 Biodiversität: Als „Biodiversität" bezeichnet man die biologische Vielfalt, also die Tatsache, dass es auf der Erde eine Vielzahl von Lebewesen aller Art gibt. Diese Vielfalt wird von den Wissenschaftlern des Biodiversitätszentrums erforscht.

sächlich benötigten die Tiere dazu im Verlauf der Evolution[25] viel mehr Zeit. Und obwohl sie in der Vergangenheit die eine oder andere Wärmeperiode überstanden haben, stellt sich die Frage:

Überleben die Eisbären den Klimawandel[26]?

Sagen wir mal so: Je eher es uns gelingt, den Klimawandel aufzuhalten, desto größer die Überlebenschancen. Das Problem ist: Eisbären müssen heutzutage viel länger im Jahr fasten als früher. Bei der Jagd auf ihre Lieblingsspeise – Robben – sind die Räuber nämlich auf Packeis[27] unterwegs. Und das schmilzt aufgrund der Klimaerwärmung im Frühjahr immer früher und gefriert im Herbst immer später. Dazwischen müssen die Eisbären an Land gehen und von ihren Fettreserven zehren. Diese Polster sind vor allem für die trächtigen Eisbärendamen wichtig. Haben sie sich zu wenig Speck angefressen, fehlt ihnen die Energie für die Aufzucht der Jungen. In der Hudson Bay im Osten Kanadas sei der Bestand der Eisbären in den vergangenen zehn Jahren deswegen bereits gesunken, sagen Forscher.

Wie groß ist der Bestand überhaupt noch?

Auf der „Roten Liste" wird der Eisbär als „gefährdet" eingestuft, weil nur noch 20.000 bis 25.000 Exemplare durch Eis und Schnee trotten. Die Tiere kommen ausschließlich auf der Nordhalbkugel vor, genauer: auf Spitzbergen und der Inselgruppe Franz-Josef-Land im Nordpolarmeer, im Norden Sibiriens, auf Grönland, auf der Wrangelinsel und im westlichen Alaska, im nördlichen Alaska und in Kanada. Die Davisstraße und die Hudson Bay sind die südlichsten Lebensräume der Eisbären. Übrigens: In der Hudson Bay landen die Tiere bisweilen sogar im Knast!

Gibt es tatsächlich ein Gefängnis für Eisbären?

Ja, gibt es. Und zwar in Churchill im Westen der Hudson Bay. Wenn die Eisbären im Herbst hungrig zur Meeresbucht ziehen, passieren sie das kleine Örtchen – und plündern Mülltonnen, schnüffeln in Gärten herum oder brechen in Vorratskammern ein. Darum rückt dort regelmäßig die Eisbärenpolizei an und lockt die besonders frechen Exemplare in die Falle: eine Metallröhre, in der ein in Seehundöl getränktes Stück Stoff liegt. Die Kolosse werden dann betäubt und in Netzen, die an einem Helikopter befestigt sind, ins Kittchen geflogen. Vier Wochen lang müssen die Tiere dort ausharren. Sobald die Bucht zugefroren ist, werden die Bären einmal mehr betäubt und aufs Eis geflogen – zur Robbenjagd.

Wie jagen die Räuber eigentlich?

Eisbären brauchen mindestens eine Robbe pro Woche, um satt zu werden. Sie haben verschiedene Techniken entwickelt, um Robben zu räubern. Etwa diese: Die weißen Riesen setzen sich auf dem Eis vor die Atemlöcher der Robben. Schließlich

---

25 Evolution; hier: im Verlaufe ihrer Entwicklung.

26 Klimawandel: Das Klima auf der Erde hat sich im Verlaufe ihrer Entwicklung immer wieder gewandelt. Wissenschaftler gehen aber inzwischen davon aus, dass sich die Durchschnittstemperatur in der Zukunft deutlich schneller als bisher steigern wird. Sie machen dafür die Umweltverschmutzung durch den Menschen verantwortlich.

27 Packeis: Packeis besteht aus Eisschollen, die im Meer treiben und relativ stark, aber doch nicht ganz fest miteinander verbunden sind. Von Packeis spricht man dann, sobald die weit überwiegende Fläche des betreffenden Meeresabschnitts mit Eisschollen bedeckt ist.

müssen die ab und an auftauchen, um Luft zu holen. Sobald sie ihre Schnauze dann aus dem Wasser strecken, schlagen die Eisbären zu. Im Frühjahr suchen die Bären außerdem nach den Lagern der Robbenmütter und ihrer Jungen: Die Robbendamen säugen ihren Nachwuchs nämlich in Schneeverwehungen auf dem Eis. Die Bären müssen sie sozusagen nur noch ausgraben. Nicht zuletzt sind die Kolosse prima „Anschleicher". Aalt sich eine Robbe nichtsahnend auf dem Eis, pirschen sich die Bären auf ihren bratpfannengroßen Pranken heran und stürmen aus 20 bis 30 Meter Entfernung auf ihr Opfer zu.

Wie schnell sprinten die Kolosse?

Obwohl erwachsene Eisbärenmännchen durchschnittlich 2,5 Meter messen und nach der Jagdsaison im Herbst 600 Kilogramm und mehr auf die Waage bringen, beschleunigen die Dickerchen bei einem Sprint locker auf 30 bis 40 Kilometer pro Stunde. Bei diesem Tempo haben ihre Beutetiere an Land einfach keine Chance ... Ins Schwitzen kommen die Sportskanonen trotzdem nicht: Sie haben keine Schweißdrüsen. Die Tiere regulieren ihren Wärmehaushalt, indem sie ihre Zunge aus dem Maul hängen lassen und hecheln.

Warum ist die Zunge der Eisbären blau?

Die erwachsenen Tiere haben unter ihrem Fell eine tiefschwarze Haut, die Wärme speichert. Manche Forscher glauben, dass sich die Verfärbung der Haut auf der Zunge einfach fortsetzt. Fest steht aber auch: In der Zunge der Eisbären sitzen viele Blutgefäße, die möglicherweise einfach durchschimmern. Dank der guten Durchblutung funktioniert der „lange Lappen" wie ein Wärmetauscher: Wird es den Eisbären unter ihrem dichten Fell und der rund zehn Zentimeter dicken Fettschicht zu heiß, müssen sie also nur ordentlich das Maul aufreißen![28]

Eisbären sind auf Packeis unterwegs. © Fotolia

28 Barbara Lich: *Eisbären. Räuber auf vier Pranken.* Aus: *Geolino*, Heft Nr. 11 im Jahr 2012.

MUSTER

Lösung Schritt 1–3:

Lesetext mit Markierungen	Notizen
TEXT VON BARBARA LICH: *Eisbären: Räuber auf vier Pranken*	Titel
Der 27. Februar gilt als „Tag des Eisbärs". Aber wisst ihr eigentlich, seit wann es Eisbären gibt? Warum sie blaue Zungen haben? Oder wie schnell sie über den Schnee sprinten? Wir erzählen es euch!	Informierende Einleitung: Anlass: „Tag des Eisbären"
Seit wann gibt es Eisbären auf der Erde? Seit 600.000 Jahren – und damit rund fünfmal länger als bisher gedacht. Forschern war zwar klar, dass Eisbären eng mit Braunbären verwandt sind und sich von ihnen als eigene Art abgespalten haben. Bloß über das „Wann" grübelten sie lange und stellten unterschiedliche Vermutungen an. Etwa, dass der letzte gemeinsame Urahn von Braun- und Eisbären vor rund 150.000 Jahren durch das heutige Kanada stapfte. Wissenschaftler vom „Biodiversität und Klima Forschungszentrum Frankfurt" haben sich nun aber das Erbgut von Braun- und Eisbären genauer angeschaut. Dabei stellten sie fest, dass Eisbären eben schon viel älter sind als angenommen. Der Blick in die Vergangenheit ist zugleich ein Blick in die Zukunft: Bislang galten Eisbären nämlich als Meister der Anpassung, die sich fix an die Lebensbedingungen in der Arktis gewöhnt und dafür „ausgerüstet" hatten. Tatsächlich benötigten die Tiere dazu im Verlauf der Evolution viel mehr Zeit. Und obwohl sie in der Vergangenheit die eine oder andere Wärmeperiode überstanden haben, stellt sich die Frage:	Entwicklung der Eisbären: frühere Annahme und aktuelle Erkenntnisse (Entwicklung der Eisbären vor 600.000 Jahren, also vor längerer Zeit als bisher angenommen, gemeinsame Urahnen von Eisbär und Braunbär): Anpassung der Eisbären an die Lebensumstände in der Arktis über einen langen Zeitraum hinweg
Überleben die Eisbären den Klimawandel? Sagen wir mal so: Je eher es uns gelingt, den Klimawandel aufzuhalten, desto größer die Überlebenschancen. Das Problem ist: Eisbären müssen heutzutage viel länger im Jahr fasten als früher. Bei der Jagd auf ihre Lieblingsspeise – Robben – sind die Räuber nämlich auf Packeis unterwegs. Und das schmilzt aufgrund der Klimaerwärmung im Frühjahr immer früher und gefriert im Herbst immer später. Dazwischen müssen die Eisbären an Land gehen und von ihren Fettreserven zehren. Diese Polster sind vor allem für die trächtigen Eisbärendamen wichtig. Haben sie sich zu wenig Speck angefressen, fehlt ihnen die Energie für die Aufzucht der Jungen. In der Hudson Bay im Osten Kanadas sei der Bestand der Eisbären in den vergangenen zehn Jahren deswegen bereits gesunken, sagen Forscher.	Bedrohung der Eisbären durch den Klimawandel: weniger Packeis, längere Hungerperioden für die Eisbären, Problem v. a. für die Weibchen, denen die Kraft für die Versorgung der Jungen fehlt; Überlebenschancen abhängig vom Voranschreiten des Klimawandels

Lesetext mit Markierungen	Notizen
Wie groß ist der Bestand überhaupt noch? Auf der „Roten Liste“ wird der Eisbär als „gefährdet“ eingestuft, weil nur noch 20.000 bis 25.000 Exemplare durch Eis und Schnee trotten. Die Tiere kommen ausschließlich auf der Nordhalbkugel vor, genauer: auf Spitzbergen und der Inselgruppe Franz-Josef-Land im Nordpolarmeer, im Norden Sibiriens, auf Grönland, auf der Wrangelinsel und im westlichen Alaska, im nördlichen Alaska und in Kanada. Die Davisstraße und die Hudson Bay sind die südlichsten Lebensräume der Eisbären. Übrigens: In der Hudson Bay landen die Tiere bisweilen sogar im Knast!	Verbliebene Zahl der Eisbären: nur noch 20.000–25.000 Tiere Lebensraum des Eisbären: Polarregion der Nordhalbkugel
Gibt es tatsächlich ein Gefängnis für Eisbären? Ja, gibt es. Und zwar in Churchill im Westen der Hudson Bay. Wenn die Eisbären im Herbst hungrig zur Meeresbucht ziehen, passieren sie das kleine Örtchen – und plündern Mülltonnen, schnüffeln in Gärten herum oder brechen in Vorratskammern ein. Darum rückt dort regelmäßig die Eisbärenpolizei an und lockt die besonders frechen Exemplare in die Falle: eine Metallröhre, in der ein in Seehundöl getränktes Stück Stoff liegt. Die Kolosse werden dann betäubt und in Netzen, die an einem Helikopter befestigt sind, ins Kittchen geflogen. Vier Wochen lang müssen die Tiere dort ausharren. Sobald die Bucht zugefroren ist, werden die Bären einmal mehr betäubt und aufs Eis geflogen – zur Robbenjagd.	Schutz der von Menschen besiedelten Gebiete vor zudringlichen Eisbären
Wie jagen die Räuber eigentlich? Eisbären brauchen mindestens eine Robbe pro Woche, um satt zu werden. Sie haben verschiedene Techniken entwickelt, um Robben zu räubern. Etwa diese: Die weißen Riesen setzen sich auf dem Eis vor die Atemlöcher der Robben. Schließlich müssen die ab und an auftauchen, um Luft zu holen. Sobald sie ihre Schnauze dann aus dem Wasser strecken, schlagen die Eisbären zu. Im Frühjahr suchen die Bären außerdem nach den Lagern der Robbenmütter und ihrer Jungen: Die Robbendamen säugen ihren Nachwuchs nämlich in Schneeverwehungen auf dem Eis. Die Bären müssen sie sozusagen nur noch ausgraben. Nicht zuletzt sind die Kolosse prima „Anschleicher“. Aalt sich eine Robbe nichtsahnend auf dem Eis, pirschen sich die Bären auf ihren bratpfannengroßen Pranken heran und stürmen aus 20 bis 30 Meter Entfernung auf ihr Opfer zu.	Nahrungsbedarf (mind. eine Robbe pro Woche) und Jagdverhalten (verschiedene Techniken) a) Auflauern vor Atemlöchern, b) Suche nach säugenden Müttern, c) Anpirschen und Sprint

Lesetext mit Markierungen	Notizen
Wie schnell sprinten die Kolosse? Obwohl erwachsene Eisbärenmännchen durchschnittlich 2,5 Meter messen und nach der Jagdsaison im Herbst 600 Kilogramm und mehr auf die Waage bringen, beschleunigen die Dickerchen bei einem Sprint locker auf 30 bis 40 Kilometer pro Stunde. Bei diesem Tempo haben ihre Beutetiere an Land einfach keine Chance ... Ins Schwitzen kommen die Sportskanonen trotzdem nicht: Sie haben keine Schweißdrüsen. Die Tiere regulieren ihren Wärmehaushalt, indem sie ihre Zunge aus dem Maul hängen lassen und hecheln.	Größe und Gewicht erwachsener männlicher Eisbären: 2,5 Meter, bis zu 600 kg Geschwindigkeit: bis zu 40 km/h Besonderes Merkmal 1: keine Schweißdrüsen
Warum ist die Zunge der Eisbären blau? Die erwachsenen Tiere haben unter ihrem Fell eine tiefschwarze Haut, die Wärme speichert. Manche Forscher glauben, dass sich die Verfärbung der Haut auf der Zunge einfach fortsetzt. Fest steht aber auch: In der Zunge der Eisbären sitzen viele Blutgefäße, die möglicherweise einfach durchschimmern. Dank der guten Durchblutung funktioniert der „lange Lappen" wie ein Wärmetauscher: Wird es den Eisbären unter ihrem dichten Fell und der rund zehn Zentimeter dicken Fettschicht zu heiß, müssen sie also nur ordentlich das Maul aufreißen!	Besonderes Merkmal 2: blaue Zunge – Farbe möglicherweise durch die darunter liegenden Adern verursacht; Funktion der Zunge: Regulierung der Temperatur Besonderes Merkmal 3: dichtes Fell, Fettschicht von ca. 10 cm

(Umfang des Textes: 830 Wörter)

In diesem Text hast du sehr viel über
- **Eisbären**,
- über ihre **Eigenheiten**,
- ihre **Lebensweise**,
- die **Entstehung ihrer Gattung** und
- ihre **Bedrohung durch den Klimawandel**

erfahren. **Den lockeren Schreibstil der Reportage** hast du schon kennengelernt. Er zeigt sich hier an vielen Stellen, zum Beispiel durch die Umschreibung der Eisbären mit flapsigen und bildhaften Formulierungen wie „Dickerchen" oder „Sportskanonen". Auch die Anekdote von der „Eisbärenpolizei" ist typisch für den Stil einer Reportage. Eher ungewöhnlich ist dagegen, dass keine direkte Rede zu finden ist. Lediglich der Leser selbst wird direkt angesprochen.

Wäre es deine Aufgabe, den Sachtext zu einer ganz „normalen" Inhaltsangabe zusammenzufassen, könntest du nach diesen Vorarbeiten gleich loslegen. In unserem Fall aber müssen wir uns noch näher mit der Aufgabenstellung beschäftigen. Sie liefert dir wichtige Hinweise:

ÜBUNG

Aufgabenstellung: Ziehe nun deinen Schreibplan heran (vgl. S. 102). Ergänze dort unter den jeweiligen Gliederungspunkten die Informationen aus Barbara Lichs Reportage (vgl. S. 103 ff.). Deine Vorarbeit, die Markierungen in dem Text der Reportage, werden dir dabei helfen. Die informierende Einleitung kannst du vorerst beiseitelassen. Um sie kümmern wir uns später.

MUSTER

Musterlösung: Schreibplan zu Barbara Lichs Reportage

Gliederung	Schreibplan
1 Informierende Einleitung	Auf die informierende Einleitung werden wir später eingehen (vgl. S. 112)
2 Informationen über den Eisbären 2.1 Entwicklung der Tierart	Entwicklung der Eisbären: frühere Annahme und aktuelle Erkenntnisse – Entwicklung der Eisbären vor 600.000 Jahren, also vor längerer Zeit als bisher angenommen, gemeinsame Urahnen von Eisbär und Braunbär: Anpassung der Eisbären an die Lebensumstände in der Arktis über einen langen Zeitraum hinweg (vgl. Zeile 5–23[29])
2.2 Lebensraum, Eigenheiten und Lebensweise	Lebensraum der Eisbären: Polarregion der Nordhalbkugel (vgl. Zeile 32–37) Eigenheiten der Eisbären (vgl. Zeile 60–75): Größe und Gewicht erwachsener männlicher Eisbären: 2,5 Meter, bis zu 600 kg Geschwindigkeit: bis zu 40 km/h Besonderes Merkmal 1: keine Schweißdrüsen Besonderes Merkmal 2: blaue Zunge – Farbe möglicherweise durch die darunter liegenden Adern verursacht; Funktion der Zunge: Regulierung der Temperatur Besonderes Merkmal 3: dichtes Fell, Fettschicht von ca. 10 cm Nahrungsbedarf (mind. eine Robbe pro Woche) und Jagdverhalten verschiedene Techniken: a) Auflauern vor Atemlöchern, b) Suche nach säugenden Müttern, c) Anpirschen und Sprint (vgl. Zeile 48–59)

29 Die Zeilenzählung bezieht sich auf die Textfassung S. 103 ff.

Gliederung	Schreibplan
2.3 Bestand an Eisbären, Bedrohungen für den Eisbären und Überlebenschancen	aufgrund der klimatischen Veränderungen inzwischen Annäherung an den Menschen, um Nahrung zu finden (vgl. Zeile 38–47) Bedrohung der Eisbären durch den Klimawandel: weniger Packeis, längere Hungerperioden für die Eisbären, Problem v. a. für die Weibchen, denen die Kraft für die Versorgung der Jungen fehlt; Überlebenschancen abhängig von Voranschreiten des Klimawandels (vgl. Zeile 19–29) Verbliebene Zahl der Eisbären: nur noch 20.000–25.000 Tiere (vgl. Zeile 30–32)
3 Angabe der Quelle	Barbara Lich: *Eisbären: Räuber auf vier Pranken* (Geolino)

1.5.3 Sprache und Stil

Bevor du nun ans Verfassen des informierenden Sachtextes gehst, solltest du den erforderlichen Sprachstil noch etwas einüben.

ÜBUNG

Übung 1:
Es ist wichtig, sich in informierenden Sachtexten, aber auch in Inhaltsangaben so knapp wie möglich auszudrücken. Suche für die folgenden Wendungen zusammenfassende Begriffe!
Beispiel: Hund, Katze, Meerschweinchen
Lösung: Haustiere

- Alaska, Grönland, Sibirien, Spitzbergen
- Indien, China, Indonesien
- Hörfunk, Fernsehen, Zeitungen und Zeitschriften
- saure Milch, ranzige Butter, verschrumpelte Gurken

→ **Die Lösung findest du auf S. 252.**

ÜBUNG

Übung 2:
Suche für die folgenden Sätze sachliche und sehr knappe Umschreibungen! Vermeide die Verwendung von Umgangssprache! Obwohl du dich möglichst kurz fassen solltest, müssen die Sätze natürlich ihren Sinn behalten.

- Die Dickerchen bringen es bei einem Sprint leicht auf 30 bis 40 Stundenkilometer.
- Ins Schwitzen kommen die Sportskanonen trotzdem nicht. Sie haben keine Schweißdrüsen.

- Dank der guten Durchblutung funktioniert der „lange Lappen" wie ein Wärmetauscher: Wird es den Eisbären unter ihrem dichten Fell und der rund zehn Zentimeter dicken Fettschicht zu heiß, müssen sie also nur ordentlich das Maul aufreißen!

→ **Die Lösung findest du auf S. 252.**

ÜBUNG

Übung 3:
Inhaltsangaben sollen die logischen (z. B. Ursache und Folge) und zeitlichen Zusammenhänge deutlich machen. Konjunktionen und Adverbien helfen dabei. Verknüpfe die folgenden Sätze! Verwende vor allem Subjunktionen und bestimme die Art der Nebensätze![30]

- Eisbären sind darauf angewiesen, im Winter zuzunehmen. Im Sommer können sie von ihren Fettreserven zehren.
- Durch den Klimawandel ist weniger Packeis vorhanden. Das Packeis ist aber der Lebensraum der Eisbären. Er geht verloren.
- Gegenwärtig gibt es nur noch 20.000 bis 25.000 Eisbären. Der Eisbär ist vom Aussterben bedroht.

→ **Die Lösung findest du auf S. 252 f.**

TIPP

Oft musst du die Sätze umstellen.

Mit Hilfe der Vorarbeiten aus Kapitel 1.5.2 haben wir folgenden informierenden Sachtext zur Aufgabenstellung von S. 100 verfasst:

MUSTER

Musteraufsatz informierender Sachtext über den Eisbären[31]:
Neueste Forschungen zeigen, dass der Eisbär sich bereits vor etwa 600.000 Jahren entwickelt hat. Er ist mit dem Braunbären verwandt, hat sich schließlich aber über einen langen Zeitraum hinweg an die Lebensumstände in der Polarregion der Nordhalbkugel, in der er lebt, angepasst. Erwachsene männliche Eisbären sind durchschnittlich 2,5 Meter groß, haben ein dichtes Fell, wiegen bis zu 600 Kilogramm, und ihre Fettschicht ist etwa zehn Zentimeter dick. Sie können Geschwindigkeiten von bis zu 40 Stundenkilometer erreichen. Eisbären verfügen nicht über Schweißdrüsen, sondern regeln ihre Körpertemperatur mit Hilfe ihrer stark durchbluteten Zunge, die sie, um ihre Körpertemperatur zu verringern, der Kälte ihrer Umgebung aussetzen. Eisbären haben verschiedene Jagdtechniken entwickelt, denn sie benö-

---

30 Brauchst du hier noch etwas Übung? Dann sieht dir Kapitel 3.2 genau an.
31 Vorsicht! Hier fehlen noch der Titel und die informierende Einleitung (vgl. S. 113 f.).

tigen im Winter mindestens eine Robbe pro Woche als Nahrung. Sie lauern diesen Tieren vor deren Atemlöchern auf, um sie beim Auftauchen aus dem Meer sofort zu erlegen, sie suchen gezielt nach säugenden und damit wehrlosen Muttertieren oder sie schleichen sich an Robben an und überwältigen sie nach einem Sprint. Aufgrund der klimatischen Veränderungen dringen Eisbären auf Nahrungssuche allerdings auch in von Menschen besiedelte Gebiete vor, denn die Eisbären sind darauf angewiesen, im Winter zuzunehmen, damit sie im Sommer von den Fettreserven zehren können. Wenn aufgrund des Klimawandels weniger Packeis, also im Meer treibende Eisschollen, vorhanden ist, geht der Lebensraum der Eisbären und der Robben verloren. Vor allem den Eisbärenweibchen fehlen dann die Reserven für die Versorgung ihrer Jungen. Deshalb hat der Bestand an Eisbären in den letzten Jahren abgenommen. Gegenwärtig gibt es nur noch 20.000 bis 25.000 Tiere, sodass der Eisbär vom Aussterben bedroht ist. Seine Überlebenschancen dürften davon abhängig sein, ob der Klimawandel weiter voranschreitet. Die Informationen zum Eisbären stammen aus Barbara Lichs Reportage *Eisbären: Räuber auf vier Pranken*, die in Heft 11 des Jahres 2012 in der Zeitschrift „*Geolino*" veröffentlicht worden ist, aber auch auf der Internetseite www.geo.de abzurufen ist.
(Anzahl Wörter: 303)

Du siehst, wie der informierende Sachtext die Informationen aus Barbara Lichs Reportage zusammenfasst und neu ordnet.
Barbara Lich leitet ihren Text dadurch ein, dass sie auf den Anlass der Veröffentlichung, nämlich den Tag des Eisbären verweist. Es ergibt wenig Sinn, wenn du diese **informierende Einleitung** für deinen Sachtext übernimmst, weil der Anlass deines Textes ein ganz anderer ist. Du musst dir also selbst überlegen, wie du deinen Informationstext einleiten könntest.
Sinnvoll ist es, wenn du dem Leser in der Einleitung einen **Überblick über den weiteren Verlauf des Textes** vermittelst: Gib also das **Thema** an und verdeutliche, welche **Inhalte** dein Text aufgreifen wird. Die Überschrift sollte das Thema deines Textes verdeutlichen. Da es in unserem Beispiel die Aufgabenstellung bereits deutlich macht, dass es vorrangig um den Eisbären als bedrohte Tierart gehen soll, wird es dir nicht schwerfallen, die Überschrift zu formulieren.

ÜBUNG

Formuliere eine treffende Überschrift und eine geeignete Einleitung zur Ergänzung des informierenden Sachtextes über den Eisbären (S. 111 f.).

→ **Eine mögliche Lösung findest du auf S. 253.**

Lies dir nun den informierenden Sachtext auf der nächsten Seite mit den Kommentaren in der rechten Spalte nochmals durch. Überlege, ob du das grundsätzliche Vorgehen und die Fachbegriffe verstanden hast. Falls nicht, blättere einfach noch einmal zurück auf S. 100.

Für nachfolgende Tabelle gilt:
- Wendungen zur Verdeutlichung der zeitlichen und logischen Zusammenhänge unterstrichen
- Adverbiale Nebensätze grün
- Indirekte Reden gelb

MUSTER

Informierender Sachtext mit Markierungen	Notizen
Eisbären – eine bedrohte Tierart	Titel / Überschrift: sachliche und knappe Angabe des Themas
Der Eisbär zählt als Folge der Klimaerwärmung zu den bedrohten Tierarten. Im Folgenden soll darüber informiert werden, wie diese Tierart entstanden ist, was den Eisbären auszeichnet, wo und wie er lebt und wodurch er bedroht ist, um seine Überlebenschancen einschätzen zu können.	Informierende Einleitung: Thema: Bedrohung des Eisbären durch die Klimaerwärmung Inhalte des Textes: Entwicklung des Eisbären, Eigenheiten, Lebensraum und Lebensweise, Bedrohung des Eisbären, Überlebenschancen Finalsatz
Neueste Forschungen zeigen, dass der Eisbär sich bereits vor etwa 600.000 Jahren entwickelt hat. Er ist mit dem Braunbären verwandt, hat sich schließlich aber über einen langen Zeitraum hinweg an die Lebensumstände in der Polarregion der Nordhalbkugel, in der er lebt, angepasst. Erwachsene männliche Eisbären sind durchschnittlich 2,5 Meter groß, haben ein dichtes Fell, wiegen bis zu 600 Kilogramm und ihre Fettschicht ist etwa zehn Zentimeter dick. Eisbären verfügen nicht über Schweißdrüsen, sondern regeln ihre Körpertemperatur mit Hilfe ihrer stark durchbluteten Zunge, die sie, um ihre Körpertemperatur zu verringern, der Kälte ihrer Umgebung aussetzen. Eisbären haben verschiedene Jagdtechniken entwickelt, denn sie benötigen im Winter mindestens eine Robbe pro Woche als Nahrung. Sie lauern diesen Tieren vor deren Atemlöcher auf, um sie beim Auftauchen aus dem Meer sofort zu erlegen, sie suchen gezielt nach säugenden und damit wehrlosen Muttertieren oder schleichen sich an Robben an und überwältigen sie nach einem Sprint. Aufgrund der klimatischen Veränderungen dringen Eisbären auf Nahrungssuche allerdings auch in von Menschen besiedelte Gebiete vor, denn die Eisbären sind darauf angewiesen, im Winter zuzunehmen, damit sie im Sommer von den Fettreserven zehren können. Wenn aufgrund des Klimawandels weniger Packeis, also im Meer treibende Eisschollen, vorhanden ist, geht der Lebensraum der Eisbären	Verdeutlichung der zeitlichen und logischen Zusammenhänge Verdeutlichung der logischen Zusammenhänge Finalsatz Verdeutlichung der logischen Zusammenhänge Finalsatz Verdeutlichung der logischen Zusammenhänge Finalsatz Konditionalsatz Erklärung des Fachbegriffs „Packeis“

Informierender Sachtext mit Markierungen	Notizen
und der Robben verloren. Vor allem den Eisbärenweibchen fehlen dann die Reserven für die Versorgung ihrer Jungen. Deshalb hat der Bestand an Eisbären in den letzten Jahren abgenommen.	Verdeutlichung der logischen Zusammenhänge
Gegenwärtig gibt es nur noch 20.000 bis 25.000 Tiere, so dass der Eisbär vom Aussterben bedroht ist. Seine Überlebenschancen dürften davon abhängig sein, ob der Klimawandel weiter voranschreitet.	Konsekutivsatz: Verdeutlichung des logischen Zusammenhangs
Die Informationen zum Eisbären stammen aus Barbara Lichs Reportage *Eisbären: Räuber auf vier Pranken*, die in Heft 11 des Jahres 2012 in der Zeitschrift *Geolino* veröffentlicht worden ist, aber auch auf der Internetseite www.geo.de abzurufen ist.	

1.5.4 Kurz gefasst: Wie verfasse ich einen informierenden Sachtext?

Schritt 1: Untersuche zunächst immer die **Aufgabenstellung** ganz genau! Markiere die Teile der Aufgabenstellung, die dir Antworten auf diese Fragen liefern, mit unterschiedlichen Farben!

- Welches Thema soll dein Text behandeln? Welche Vorgaben macht die Aufgabenstellung im Hinblick auf den Inhalt und den Aufbau?
- Welche Quelle(n) sollst du verwenden?
- In welchen Rahmen ist dein Text eingebettet? Welcher Anlass macht den Text nötig? Überlege anschließend eigenständig, welcher Schreibstil von dir verlangt wird!
- Welche Textsorte und welche sprachliche Gestaltung werden von dir erwartet? Überlege anschließend eigenständig, welcher Schreibstil von dir verlangt wird!
- Welchen Leser soll der Text ansprechen? Überlege anschließend eigenständig, welchen Schreibstil diese Zielgruppe erforderlich macht!

Schritt 2: Lies den Text bzw. die Texte, die du als **Quelle** verwenden sollst. Versuche, gleich zu verstehen, worum es in etwa geht. Kläre unverstandene Wörter mit Hilfe des Textzusammenhangs oder des Dudens.

Schritt 3: Markiere die **Zeit- und Ortsangaben**, die **Personen** und sowohl die **direkte Rede** als auch die **Gedankenrede**.

- Zeitangaben: rot
- Personenangaben: blau
- Ortsangaben: grün
- Direkte Rede und Gedankenrede: gelb.

Schritt 4: Notiere anschließend am Rand des Textes bzw. der Texte **zentrale Inhalte**.

Schritt 5: Fertige einen **Schreibplan** an!
Wenn die Aufgabenstellung den Aufbau deines Textes vorgibt, ordnest du jedem Aspekt Informationen aus den Texten zu. Es könnte auch sein, dass du dir selbst überlegen musst, welche inhaltlichen Aspekte du behandeln musst, aber das wird selten vorkommen. In diesem Fall untersuchst du deine Quellen und überlegst, welche inhaltlichen Informationen für dein Thema wichtig sind.

Schritt 6: Formuliere den **Text** aus!

Schritt 7: Ergänze im Nachhinein eine **Überschrift** und die **informierende Einleitung**. Die Einleitung soll über das Thema und den Inhalt des Sachtextes Auskunft geben.

Schritt 8: Lies deinen **Text** genau. Überprüfe, ob alle Zusammenhänge richtig dargestellt werden!

Schritt 9: Lies den Text nochmals genau. Kontrolliere nun **Rechtschreibung und Zeichensetzung**! Nimm dir Zeit dafür! Noch kannst du Veränderungen vornehmen!

1.5.5 Musteraufsatz II informierender Sachtext – Caroline Alexander: *Der Ruf des Tigers*

ÜBUNG

Aufgabenstellung:
Deine Klasse gestaltet im Rahmen des Biologieunterrichts eine Stellwand in der Eingangshalle der Schule, die Schülerinnen und Schüler anderer Klassen über bedrohte Tierarten informieren soll. Alle Texte sollen demselben Aufbau folgen:

Zu Beginn des Textes soll eine informierende Einleitung stehen.
Anschließend soll der Text knapp über Folgendes informieren:
- Merkmale und Lebensweise,
- Lebensraum,
- Bestand, Bedrohungen und Strategien zur Sicherung des Überlebens.

Am Ende des Textes soll die Quelle genannt werden, der die Informationen entnommen worden sind.

Verfasse zu diesem Zweck einen knappen informierenden Sachtext über den Tiger. Nutze dafür Informationen der Reportage (S. 116 ff.) *Der Ruf des Tiger*s von Caroline Alexander. Dein Text sollte ca. 350 Wörter umfassen.

Beachte die einzelnen Schritte (siehe Kapitel 1.5.4) beim Verfassen des von der folgenden Aufgabenstellung geforderten informierenden Sachtextes!

Tiger gehören zu den gefährdeten Tierarten. © Fotolia

LESETEXT

Caroline Alexander: *Der Ruf des Tigers*[32]
Ranthambore-Nationalpark, Indien

Der Morgen dämmert, noch hält sich der Nebel im Wald. Wir sehen vor uns nur ein paar Meter der unbefestigten Straße aus roter Erde. Wie aus dem Nichts erscheint in dem rotgolden leuchtenden Nebel eine Tigerin. Sie bleibt stehen, schubbert ihre rechte Wange an einem Baum neben der Straße. Dann überquert sie den Weg und tut dasselbe mit der linken Seite ihres Gesichts. Schließlich dreht sie sich um und betrachtet uns mit einem Blick unendlicher Gleichgültigkeit.
Doch dann reckt sie sich an dem Baum in die Höhe, krallt sich in die Rinde und zeigt uns ihr ganzes prachtvolles Profil, ihre herrliche, gold und schwarz gestreifte Flanke. Panthera tigris ist die größte aller Großkatzen. Und eines der schönsten Tiere überhaupt.

Tiger können – ohne Schwanz gemessen – mehr als zwei Meter lang werden und mehr als 200 Kilogramm wiegen. Ihre bis zu zehn Zentimeter langen Krallen ziehen sie wie eine Hauskatze ein, ihre Reißzähne zermalmen sogar Knochen. Tiger beschleunigen kurzfristig auf 55 Kilometer pro Stunde, ihre Sprungkraft ist unglaublich. Kürzlich wurde ein Tiger gefilmt, als er vom Boden aus dreieinhalb Meter hoch sprang, um einen Wildhüter auf dem Rücken eines Elefanten anzugreifen. Tiger können in der Nacht fabelhaft sehen, eine Membran in der Rückseite ihrer Augen reflektiert einfallendes Licht durch die Netzhaut. Das erklärt auch die im Dunkeln geisterhaft glühenden Augen. [...][33]
Bis zu dieser Begegnung im Nebel waren schon Wochen vergangen, in denen ich in Asien nach Tigern Ausschau gehalten hatte: in abgelegenen Wäldern, in tropischen

---

32 www.nationalgeographic.de/reportagen/der-ruf-des-tigers. Vgl. Bibliografie. Der Artikel wurde gekürzt.
33 Die Klammer [...] signalisiert dir, dass der Text an dieser Stelle gekürzt ist.

Waldgebieten und – auf einer früheren Reise – in Mangrovensümpfen. Dennoch hatte ich noch nie eine der großen Katzen zu Gesicht bekommen. Zum Teil lag das sicher an der Fähigkeit dieser Tiere, sich wie ein Phantom zu bewegen. Ein Tiger ist so stark, dass er ein Beutetier töten und wegschleppen kann, das fünfmal so viel wiegt wie er selber. Und doch schleicht er im hohen Gras, im Wald und sogar im Wasser mit geradezu gespenstischer Lautlosigkeit. Von Menschen, die den Angriff eines Tigers miterlebt – und überlebt – haben, hört man immer wieder, das Raubtier sei „aus dem Nichts" gekommen.

Dass man sie so selten sieht, hat aber noch einen anderen Grund: Selbst in einem idealen Tigerrevier gibt es nur wenige Tiger. Solange ich zurückdenken kann, gilt diese Art als bedroht. Ihre Seltenheit ist inzwischen beinahe ebenso ein Merkmal wie ihr geflammtes Fell. Doch mit der Prognose, der Tiger werde auch weiterhin „selten" oder „bedroht" sein, werden wir uns nicht mehr lange selber belügen und beruhigen können. Die Tiger stehen in freier Wildbahn vor der Ausrottung. „Was wir jetzt beschließen, entscheidet über Leben oder Tod", sagt Tom Kaplan, einer der Mitbegründer der Organisation Panthera, die sich weltweit für den Erhalt der Großkatzen einsetzt.

Die Ursachen der Bedrohung sind bekannt: Die wachsende menschliche Bevölkerung zerstört die Lebensräume der Tiger, und dort, wo es sie noch gibt, werden sie aus Armut oder Profitgier gewildert – vor allem für den unersättlichen chinesischen Schwarzmarkt mit seiner Volksmedizin, die [...] Gesundheit durch Produkte aus dem Tigerkörper verspricht.
Weniger bekannt ist, dass der Artenschutz trotz vieler Millionen an Spendengeldern jahrzehntelang nur stümperhaft betrieben wurde. Offiziell sollen heute in 13 asiatischen Staaten insgesamt knapp 4000 Tiger in freier Wildbahn leben, nach Ansicht vieler Naturschützer sind es einige hundert weniger. [...] Anfang der achtziger Jahre streiften noch etwa 8000 Tiger frei durch die Wälder. Seitdem ist ihr Bestand um die Hälfte geschrumpft – trotz lautstark geäußerter Sorgen und internationaler Schutzkampagnen.

Entschlossen, einmal im Leben einen Tiger in seiner natürlichen Umgebung zu sehen, war ich nach Nordindien, in den Ranthambore-Nationalpark gekommen, eines von 40 Tiger-Schutzgebieten des Landes. Schon nach zehn Minuten wurde mein Wunsch erfüllt, in den vier Tagen meiner Exkursion brachte ich es auf neun Sichtungen. Das schöne Tier, dem ich am ersten Tag im Nebel begegnet war, eine dreijährige Tigerin, ich sah sie noch ein zweites Mal. Keine Rolle spielte dabei für mich, dass ich in den meisten Fällen eine Beobachterin unter vielen war, die aus einer langen Autoschlange spähten. Tiger in der Natur zu sehen ist heute vor allem ein touristisches Ereignis. In Ranthambore stieg ich im Morgengrauen in einen Jeep. In dem warteten ein Wildhüter, ein Fremdenführer und – am wichtigsten in diesem umkämpften Geschäft – ein erfahrener Fahrer, der sich stets rücksichtslos an die Spitze des Autokonvois setzte und mir so zu jener ersten Begegnung verhalf. Die Hälfte aller wilden Tiger weltweit lebt in Indien. [...] 41 dieser Tiger leben in Ranthambore. [...]

In Ranthambore […] wird derzeit eine neue Strategie zum Artenschutz getestet: die Umsiedlung „überzähliger“ Tiger. Das Vorhaben ist durchaus umstritten. Auf einer Wildtier-Tagung in Neu-Delhi wurde ich Zeuge einer hitzigen Debatte: Wann ist ein Tiger „überzählig“? Werden die Probleme in Sariska[34] und anderswo beseitigt, ehe man neue Tiere heranschafft? Gibt es Erkenntnisse darüber, wie sich der Umzug auf die Tiger auswirkt und auf den Bestand, aus dem sie kommen? Hat das Konsequenzen für ihre Fortpflanzung?

Nicht alle bisherigen Umsiedlungen waren Erfolge. […] Ein […] Tiger wollte sich mit der neuen Heimat nicht abfinden. Das Männchen sollte den Bestand im Panna-Nationalpark auffrischen, doch kaum angekommen, machte er sich auf den 400 Kilometer langen Rückweg in das Pench-Schutzgebiet. Mit langen Berichten begleiteten die indischen Zeitungen den einsamen Marsch der großen Katze.
Das Ereignis macht einen weiteren Aspekt des Problems deutlich: Viele Schutzgebiete sind isolierte Inseln in einem Meer menschlicher Siedlungen. Tiger haben auf ihrer Suche nach Beute und Partnern aber einen Aktionsradius von bis zu 150 Kilometern. […] Nur ausgewiesene Landkorridore, „grüne Brücken“, garantieren, dass Tiger und ihre Beutetiere ungestört zwischen den Schutzgebieten umherwandern können. Solche Verbindungen dienen auch als genetische Brücken: Sie fördern die Durchmischung des Erbguts und sind für das dauerhafte Überleben der Arten wichtig.

Zeichnet man auf einer Karte Asiens all die Korridore ein, die es bisher nicht gibt, aber geben sollte, zeigt sich ein spannender Anblick: ein Spinnennetz aus gewundenen Linien verbindet die Kernzonen zu einem Geflecht aller möglichen Lebensräume: die Vorgebirge des Himalaja gehören dazu, Urwälder, Sümpfe, Laubwälder und Graslandschaften. Hier überall könnten Tiger leben. Die Karte der Regionen, in denen es tatsächlich Tiger gibt, zeigt allerdings nur ein paar kleine, verstreute Flecken. […]
Eine Fülle von Strategien, Programmen und Initiativen wetteifert um Aufmerksamkeit – und Spendengelder: Save the Tiger Fund in den USA, Global Tiger Patrol, Saving Wild Tigers, All For Tigers!, WWF, Wildlife Conservation Society (WCS), Panthera, International Year of the Tiger Foundation – es ist eine beeindruckende und längst nicht vollständige Liste, in die sich seit kurzem auch die Big Cats Initiative der National Geographic Society einreiht. „Alle rangeln um einen Anteil an den fünf bis sechs Millionen Dollar, die jährlich für den Tigerschutz gespendet werden“, sagt Mahendra Shresta, der frühere Direktor des Save the Tiger Fund. „Oft genug kommt es vor, dass nichtstaatliche Schutzorganisationen und die Regierungen der Staaten, in denen Tiger leben, anstatt am selben Strang zu ziehen, miteinander konkurrieren.“ […]
Der Tigerexperte Ullas Karanth von der WCS hat festgestellt, dass Maßnahmen zur […] Entwicklung einer Region immer mehr Mittel und Energie von der wichtigsten Einzelaufgabe absaugen: dem Schutz fortpflanzungsfähiger Kernbestände. „Das mag

34 Sariska: Gemeint ist der Sariska-Nationalpark.

für Spendengeber reizvoller erscheinen, als den Kampf gegen Wilderer zu finanzieren. Aber was nützt uns eine schöne Tigerlandschaft ohne Tiger?", fragt Karanth.

Dabei gebe es inzwischen das Wissen, um „überall dort, wo Tiger leben können, die Bestände zu vergrößern", sagt Alan Rabinowitz von Panthera. Ein zentraler Bestandteil dieser Strategie seien systematische Patrouillen und die Überwachung von Tigern und ihren Beutetieren in Arealen[35], die sich als Rückzugsgebiete für die großen Katzen eignen. Dann, so sagen Wildbiologen, könnten sich dort sogar Bestände wieder erholen, die nur noch ein halbes Dutzend fortpflanzungsfähiger Weibchen zählen. [...]

Quelle: *National Geographic*, Heft 12 / 2011

MUSTER

Musterlösung für Schritt 1:
Lies dir noch einmal die Analyse des Arbeitsauftrages auf Seite 115 durch. Die wesentlichen Punkte unterscheiden sich nicht von der Eisbären-Aufgabe (S. 100). Achte aber vor allem darauf, dass die Vorgaben zum Aufbau geringfügig verändert worden sind:

- informierende Einleitung,
- Merkmale und Lebensweise,
- Lebensraum,
- Bestand an Tigern, Bedrohungen für den Tiger und Strategien zur Sicherung seines Überlebens,
- Angabe der Quelle.

Die **Gliederung (Schritt 2)** ist damit schon vorgegeben:

1 Informierende Einleitung
2 Informationen über den Tiger
  2.1 Merkmale und Lebensweise
  2.2 Lebensraum
  2.3 Bestand an Tigern, Bedrohungen für den Tiger und Strategien zur Sicherung seines Überlebens
3 Angabe der Quelle

---

35 Areal: Gebiet.

MUSTER

Musterlösung für Schritt 3 und 4:

Text	Notizen
Caroline Alexander: *Der Ruf des Tigers*	Titel
Ranthambore-Nationalpark, Indien Der Morgen dämmert, noch hält sich der Nebel im Wald. Wir sehen vor uns nur ein paar Meter der unbefestigten Straße aus roter Erde. Wie aus dem Nichts erscheint in dem rotgolden leuchtenden Nebel eine Tigerin. Sie bleibt stehen, schubbert ihre rechte Wange an einem Baum neben der Straße. Dann überquert sie den Weg und tut dasselbe mit der linken Seite ihres Gesichts. Schließlich dreht sie sich um und betrachtet uns mit einem Blick unendlicher Gleichgültigkeit. Doch dann reckt sie sich an dem Baum in die Höhe, krallt sich in die Rinde und zeigt uns ihr ganzes prachtvolles Profil, ihre herrliche, gold und schwarz gestreifte Flanke. Panthera tigris ist die größte aller Großkatzen. Und eines der schönsten Tiere überhaupt.	Ortsangabe Begegnung mit einer Tigerin: Schilderung ihres Verhaltens genaue Bezeichnung der Art: Panthera tigris; Merkmal: größte Großkatze, gestreiftes Fell
Tiger können – ohne Schwanz gemessen – mehr als zwei Meter lang werden und mehr als 200 Kilogramm wiegen. Ihre bis zu zehn Zentimeter langen Krallen ziehen sie wie eine Hauskatze ein, ihre Reißzähne zermalmen sogar Knochen. Tiger beschleunigen kurzfristig auf 55 Kilometer pro Stunde, ihre Sprungkraft ist unglaublich. Kürzlich wurde ein Tiger gefilmt, als er vom Boden aus dreieinhalb Meter hoch sprang, um einen Wildhüter auf dem Rücken eines Elefanten anzugreifen. Tiger können in der Nacht fabelhaft sehen, eine Membran in der Rückseite ihrer Augen reflektiert einfallendes Licht durch die Netzhaut. Das erklärt auch die im Dunkeln geisterhaft glühenden Augen. […]	Weitere Besonderheiten: mehr als 2 Meter lang, Gewicht: über 200 Kilogramm, lange Krallen, sehr kräftig, Geschwindigkeit: bis zu 55 Stundenkilometer, große Sprungkraft, sehr gute Nachtsicht
Bis zu dieser Begegnung im Nebel waren schon Wochen vergangen, in denen ich in Asien nach Tigern Ausschau gehalten hatte: in abgelegenen Wäldern, in tropischen Waldgebieten und – auf einer früheren Reise – in Mangrovensümpfen. Dennoch hatte ich noch nie eine der großen Katzen zu Gesicht bekommen. Zum Teil lag das sicher an der Fähigkeit dieser Tiere, sich wie ein Phantom zu bewegen. Ein Tiger ist so stark, dass er ein Beutetier töten und wegschleppen kann, das fünfmal so	Hintergrund der Seltenheit der Begegnung mit Tigern: a) Fähigkeit der Tiere, sich unbemerkt zu bewegen Besonderheit der Tiger: sehr stark

Text	Notizen
viel wiegt wie er selber. Und doch schleicht er im hohen Gras, im Wald und sogar im Wasser mit geradezu gespenstischer Lautlosigkeit. Von Menschen, die den Angriff eines Tigers miterlebt – und überlebt – haben, hört man immer wieder, das Raubtier sei „aus dem Nichts“ gekommen. Dass man sie so selten sieht, hat aber noch einen anderen Grund: Selbst in einem idealen Tigerrevier gibt es nur wenige Tiger. Solange ich zurückdenken kann, gilt diese Art als bedroht. Ihre Seltenheit ist inzwischen beinahe ebenso ein Merkmal wie ihr geflammtes Fell. Doch mit der Prognose, der Tiger werde auch weiterhin „selten“ oder „bedroht“ sein, werden wir uns nicht mehr lange selber belügen und beruhigen können. Die Tiger stehen in freier Wildbahn vor der Ausrottung. „Was wir jetzt beschließen, entscheidet über Leben oder Tod“, sagt Tom Kaplan, einer der Mitbegründer der Organisation Panthera, die sich weltweit für den Erhalt der Großkatzen einsetzt.	b) Seltenheit der Tiere, weil sie unmittelbar vom Aussterben bedroht sind Merkmal der Tiger: gestreiftes Fell
Die Ursachen der Bedrohung sind bekannt: Die wachsende menschliche Bevölkerung zerstört die Lebensräume der Tiger, und dort, wo es sie noch gibt, werden sie aus Armut oder Profitgier gewildert – vor allem für den unersättlichen chinesischen Schwarzmarkt mit seiner Volksmedizin, die […] Gesundheit durch Produkte aus dem Tigerkörper verspricht. Weniger bekannt ist, dass der Artenschutz trotz vieler Millionen an Spendengeldern jahrzehntelang nur stümperhaft betrieben wurde. Offiziell sollen heute in 13 asiatischen Staaten insgesamt knapp 4000 Tiger in freier Wildbahn leben, nach Ansicht vieler Naturschützer sind es einige hundert weniger. […] Anfang der achtziger Jahre streiften noch etwa 8000 Tiger frei durch die Wälder. Seitdem ist ihr Bestand um die Hälfte geschrumpft – trotz lautstark geäußerter Sorgen und internationaler Schutzkampagnen.	Ursachen der Bedrohung: a) Bevölkerungswachstum: Verkleinerung des Lebensraums der Tiger b) Wilderei c) kein wirksamer Artenschutz trotz des hohen Spendenaufkommens Bestand an Tigern und seine Entwicklung: seit Anfang der 1980er-Jahre Verringerung des Bestands um 50% auf noch etwa 4000 frei lebende Tiger Lebensraum: Asien

Text	Notizen
Entschlossen, einmal im Leben einen Tiger in seiner natürlichen Umgebung zu sehen, war ich nach Nordindien, in den Ranthambore-Nationalpark gekommen, eines von 40 Tiger-Schutzgebieten des Landes. Schon nach zehn Minuten wurde mein Wunsch erfüllt, in den vier Tagen meiner Exkursion brachte ich es auf neun Sichtungen. Das schöne Tier, dem ich am ersten Tag im Nebel begegnet war, eine dreijährige Tigerin, ich sah sie noch ein zweites Mal. Keine Rolle spielte dabei für mich, dass ich in den meisten Fällen eine Beobachterin unter vielen war, die aus einer langen Autoschlange spähten. Tiger in der Natur zu sehen ist heute vor allem ein touristisches Ereignis. In Ranthambore stieg ich im Morgengrauen in einen Jeep. In dem warteten ein Wildhüter, ein Fremdenführer und – am wichtigsten in diesem umkämpften Geschäft – ein erfahrener Fahrer, der sich stets rücksichtslos an die Spitze des Autokonvois setzte und mir so zu jener ersten Begegnung verhalf.	Expedition der Autorin nach Nordindien, um Tiger zu sichten: Schilderung der Umstände
Die Hälfte aller wilden Tiger weltweit lebt in Indien. […] 41 dieser Tiger leben in Ranthambore. […]	Lebensraum: 50% in Indien
In Ranthambore […] wird derzeit eine neue Strategie zum Artenschutz getestet: die Umsiedlung „überzähliger“ Tiger. Das Vorhaben ist durchaus umstritten. Auf einer Wildtier-Tagung in Neu-Delhi wurde ich Zeuge einer hitzigen Debatte: Wann ist ein Tiger „überzählig“? Werden die Probleme in Sariska und anderswo beseitigt, ehe man neue Tiere heranschafft? Gibt es Erkenntnisse darüber, wie sich der Umzug auf die Tiger auswirkt und auf den Bestand, aus dem sie kommen? Hat das Konsequenzen für ihre Fortpflanzung? Nicht alle bisherigen Umsiedelungen waren Erfolge. […] Ein […] Tiger wollte sich mit der neuen Heimat nicht abfinden. Das Männchen sollte den Bestand im Panna-Nationalpark auffrischen, doch kaum angekommen, machte er sich auf den 400 Kilometer langen Rückweg in das Pench-Schutzgebiet. Mit langen Berichten begleiteten die indischen Zeitungen den einsamen Marsch der großen Katze.	Neue Artenschutzstrategie: Umsiedlung von Tieren aus anderen Gebieten Schwierigkeiten dieser Strategie: Beurteilung, wann Tiger zum Bestandserhalt in anderen Gebieten nicht nötig sind, welche Folgen damit verbunden sind Folge: zum Teil Misserfolge

Text	Notizen
Das Ereignis macht einen weiteren Aspekt des Problems deutlich: Viele Schutzgebiete sind isolierte Inseln in einem Meer menschlicher Siedlungen. Tiger haben auf ihrer Suche nach Beute und Partnern aber einen Aktionsradius von bis zu 150 Kilometern. […] Nur ausgewiesene Landkorridore, „grüne Brücken“, garantieren, dass Tiger und ihre Beutetiere ungestört zwischen den Schutzgebieten umherwandern können. Solche Verbindungen dienen auch als genetische Brücken: Sie fördern die Durchmischung des Erbguts und sind für das dauerhafte Überleben der Arten wichtig. Zeichnet man auf einer Karte Asiens all die Korridore ein, die es bisher nicht gibt, aber geben sollte, zeigt sich ein spannender Anblick: ein Spinnennetz aus gewundenen Linien verbindet die Kernzonen zu einem Geflecht aller möglichen Lebensräume: die Vorgebirge des Himalaja gehören dazu, Urwälder, Sümpfe, Laubwälder und Graslandschaften. Hier überall könnten Tiger leben. Die Karte der Regionen, in denen es tatsächlich Tiger gibt, zeigt allerdings nur ein paar kleine, verstreute Flecken. […]	Weitere Ursache der Bedrohung der Tiger: fehlende Verbindungen zwischen den vereinzelten und sehr kleinen Schutzgebieten (entspricht nicht dem riesigen Aktionsradius, den Tiger brauchen, und verhindert die Durchmischung des Erbguts)
Eine Fülle von Strategien, Programmen und Initiativen wetteifert um Aufmerksamkeit – und Spendengelder: Save the Tiger Fund in den USA, Global Tiger Patrol, Saving Wild Tigers, All For Tigers!, WWF, Wildlife Conservation Society (WCS), Panthera, International Year of the Tiger Foundation – es ist eine beeindruckende und längst nicht vollständige Liste, in die sich seit kurzem auch die Big Cats Initiative der National Geographic Society einreiht. „Alle rangeln um einen Anteil an den fünf bis sechs Millionen Dollar, die jährlich für den Tigerschutz gespendet werden“, sagt Mahendra Shresta, der frühere Direktor des Save the Tiger Fund. „Oft genug kommt es vor, dass nichtstaatliche Schutzorganisationen und die Regierungen der Staaten, in denen Tiger leben, anstatt am selben Strang zu ziehen, miteinander konkurrieren.“ […]	Vielzahl von Strategien und Spendenorganisationen, die sich selbst Konkurrenz machen, anstatt zusammenzuarbeiten

Text	Notizen
Der Tigerexperte Ullas Karanth von der WCS hat festgestellt, dass Maßnahmen zur […] Entwicklung einer Region immer mehr Mittel und Energie von der wichtigsten Einzelaufgabe absaugen: dem Schutz fortpflanzungsfähiger Kernbestände. „Das mag für Spendengeber reizvoller erscheinen, als den Kampf gegen Wilderer zu finanzieren. Aber was nützt uns eine schöne Tigerlandschaft ohne Tiger?“, fragt Karanth. Dabei gebe es inzwischen das Wissen, um „überall dort, wo Tiger leben können, die Bestände zu vergrößern“, sagt Alan Rabinowitz von Panthera. Ein zentraler Bestandteil dieser Strategie seien systematische Patrouillen und die Überwachung von Tigern und ihren Beutetieren in Arealen, die sich als Rückzugsgebiete für die großen Katzen eignen. Dann, so sagen Wildbiologen, könnten sich dort sogar Bestände wieder erholen, die nur noch ein halbes Dutzend fortpflanzungsfähiger Weibchen zählen. […]	Beispiel für eine wenig sinnvolle Strategie: Finanzierung von Maßnahmen zur Bewahrung bzw. Schaffung eines für Tiger geeigneten Lebensraums, statt vorrangig dafür zu sorgen, dass der Tigerbestand nicht durch Wilderei abnimmt, was erfolgsversprechend wäre
Quelle: *National Geographic*, Heft 12 / 2011.	

MUSTER

Lösung für Schritt 5:

Gliederung	Erläuterungen
1 Informierende Einleitung	Ergänze die informierende Einleitung erst später, wenn du den eigentlichen Informationstext verfasst hast. Es wird dir dann leichter fallen.
2 Informationen über den Tiger 2.1 Merkmale und Lebensweise	genaue Bezeichnung der Art: Panthera tigris; Merkmal: größte Großkatze, gestreiftes Fell weitere Besonderheiten: mehr als 2 Meter lang Gewicht: über 200 Kilogramm, lange Krallen, sehr kräftig Geschwindigkeit: bis zu 55 Stundenkilometer, große Sprungkraft, sehr gute Nachtsicht, lautlose Bewegungen (vgl. Zeile 13–27, 33–42)[36]
2.2 Lebensraum	Lebensraum: Asien (vgl. Zeile 29), 50% aller Tiere in Indien (vgl. Zeile 91), v. a. in vereinzelten Schutzgebieten (vgl. Zeile 111–147)

---

36 Die Zeilenangaben beziehen sich auf die Textfassung S. 120 ff.

Gliederung	Erläuterungen
2.3 Bestand an Tigern, Bedrohungen für den Tiger und Strategien zur Sicherung seines Überlebens	Bestand an Tigern und seine Entwicklung: seit Anfang der 1980er-Jahre Verringerung des Bestands um 50% auf noch etwa 4000 frei lebende Tiger (vgl. Zeile 56–72) Ursachen der Bedrohung (vgl. Zeile 56–72, 111–121): a) Bevölkerungswachstum: Verkleinerung des Lebensraums der Tiger b) Wilderei c) kein wirksamer Artenschutz trotz des hohen Spendenaufkommens (vgl. Zeile 63–72) d) fehlende Verbindungen zwischen den vereinzelten und sehr kleinen Schutzgebieten (entspricht nicht dem riesigen Aktionsradius, den Tiger brauchen, und verhindert die Durchmischung des Erbguts) (vgl. Zeile 111–130)
	Neue Artenschutzstrategie: Umsiedlung von Tieren aus anderen Gebieten Schwierigkeiten dieser Strategie: Beurteilung, wann Tiger zum Bestandserhalt in anderen Gebieten nicht nötig sind, welche Folgen damit verbunden sind zum Teil Misserfolge: keine Ansiedlung möglich (vgl. Zeile 93–110) Beispiel für eine wenig sinnvolle Strategie: Finanzierung von Maßnahmen zur Bewahrung bzw. Schaffung eines für Tiger geeigneten Lebensraums, statt vorrangig dafür zu sorgen, dass der Tigerbestand nicht durch Wilderei abnimmt, was erfolgsversprechend wäre (vgl. Zeile 151–165)
3 Angabe der Quelle	*National Geographic*, Heft 12 / 2011.

MUSTER

Beispiellösung für Schritt 6:

Der Tiger, der von Wissenschaftlern als Panthera tigris bezeichnet wird und leicht am gestreiften Fell erkannt werden kann, gilt als größte der Großkatzen. Wie andere Katzen verfügt er über eine sehr gute Nachtsicht, über lange Krallen, die aber in seinem Fall bis zu 10 Zentimeter lang werden können, und über eine sehr große Sprungkraft. Außerdem ist er fähig, sich nahezu lautlos zu bewegen und Geschwindigkeiten von bis zu 55 Stundenkilometern zu erreichen. Das kräftige Tier kann, ohne Schwanz gemessen, über zwei Meter lang werden und mehr als 200 Kilogramm wiegen. Tiger leben heute noch in 13 asiatischen Staaten, meist in Schutzgebieten, wobei die Hälfte aller frei lebender Tiger in Indien beheimatet ist. Im Laufe der letzten Jahrzehnte hat sich der Bestand auf etwa 4000 wilde Tiger verringert. Noch Anfang der 1980er Jahre waren es doppelt so viele. Inzwischen ist der Tiger vom Aussterben bedroht. Verantwortlich dafür sind das Bevölkerungswachstum, das zu einer Verkleinerung seines Lebensraums geführt hat, die Wilderei und die fehlende Verknüpfung der Schutzgebiete, die seine Bewegungsfreiheit einschränkt. Weil es den Tigern erschwert wird, zwischen den Schutzgebieten umherzuwandern, ist der Genpool[37] zu beschränkt. Trotz des hohen Spendenaufkommens kann der Tiger bisher nicht wirksam geschützt werden. Das liegt auch an der Vielzahl von Initiativen, die einander Konkurrenz machen, anstatt zusammenzuarbeiten. Umstritten ist die neue Strategie, Tiere aus Gebieten umzusiedeln, in denen der Bestand groß ist, weil unklar ist, wie erfolgsversprechend sie ist. Wenig sinnvoll ist es Experten zufolge, dass viele Spenden dafür eingesetzt werden, einen für Tiger geeigneten Lebensraum zu schaffen, statt vorrangig dafür zu sorgen, dass der Bestand an Tigern nicht durch Wilderei verringert wird.

Die Informationen zum Tiger sind Caroline Alexanders Reportage *Der Ruf des Tigers* entnommen, die in Heft 12 des Jahres 2011 in der Zeitschrift *National Geographic* publiziert[38] worden ist und auch auf der Internetseite des Magazins abzurufen ist.

MUSTER

Beispiellösung für Schritt 7:

(Überschrift =) Tiger – vom Aussterben bedroht

(informierende Einleitung =) Der Tiger, über dessen Eigenheiten, seinen Lebensraum und seine Lebensweise im Folgenden informiert wird, zählt zu den unmittelbar vom Aussterben bedrohten Tierarten, obwohl eine Vielzahl von Initiativen versucht, die Bestände zu retten. Doch nicht alle dieser Strategien sind wirklich erfolgsversprechend.

---

37 Genpool: Der Pool, also die Gesamtheit, der Gene ist zu klein, die Tiere sind also zu eng miteinander verwandt, sodass sich z. B. Erbkrankheiten leicht verbreiten können.
38 publizieren: veröffentlichen.

ÜBUNG

Lies dir nun in der folgenden Tabelle den informierenden Sachtext mit den Kommentaren in der rechten Spalte nochmals durch. Überlege, wo du den von dir formulierten Text verbessern könntest.

Für nachfolgende Tabelle gilt:
- Wendungen zur Verdeutlichung der zeitlichen und logischen Zusammenhänge unterstrichen
- Adverbiale Nebensätze grün
- Indirekte Reden gelb

Informierender Sachtext zum Tiger	Kommentare
Tiger – vom Aussterben bedroht	Titel / Überschrift: sachliche und knappe Angabe des Themas
Der Tiger, über dessen Eigenheiten, seinen Lebensraum und seine Lebensweise im Folgenden informiert wird, zählt zu den unmittelbar vom Aussterben bedrohten Tierarten, obwohl eine Vielzahl von Initiativen versucht, die Bestände zu retten. Doch nicht alle dieser Strategien sind wirklich erfolgsversprechend.	Informierende Einleitung: Inhalte des Textes: Eigenheiten, Lebensraum, Lebensweise, Bedrohung des Tigers trotz vieler Rettungsversuche Konzessivsatz Verdeutlichung des logischen Zusammenhangs
Der Tiger, der von Wissenschaftlern als Panthera tigris bezeichnet wird und leicht am gestreiften Fell erkannt werden kann, gilt als größte der Großkatzen. Wie andere Katzen verfügt er über eine sehr gute Nachtsicht, über lange Krallen, die aber in seinem Fall bis zu 10 Zentimeter lang werden können, und über eine sehr große Sprungkraft. Außerdem ist er fähig, sich nahezu lautlos zu bewegen und Geschwindigkeiten von bis zu 55 Stundenkilometern erreichen. Das kräftige Tier kann ohne Schwanz über zwei Meter lang werden und mehr als 200 Kilogramm wiegen. Tiger leben heute noch in 13 asiatischen Staaten, meist in Schutzgebieten, wobei die Hälfte aller frei lebender Tiger in Indien beheimatet ist. Im Laufe der letzten Jahrzehnte hat sich der Bestand auf etwa 4000 wilde Tiger verringert. Noch Anfang der 1980er-Jahre waren es doppelt so viele. Inzwischen ist der Tiger vom Aussterben bedroht. Verantwortlich dafür sind das Bevölkerungswachstum, das zu einer Verkleinerung seines Lebensraums geführt hat, die Wilderei und die fehlende Verknüpfung der Schutzge-	Verdeutlichung der logischen Zusammenhänge Verdeutlichung der zeitlichen Zusammenhänge Verdeutlichung der zeitlichen Zusammenhänge Verdeutlichung der logischen Zusammenhänge

Informierender Sachtext zum Tiger	Kommentare
biete, die seine Bewegungsfreiheit einschränkt. Weil es den Tigern erschwert wird, zwischen den Schutzgebieten umherzuwandern, ist der Genpool zu beschränkt. Trotz des hohen Spendenaufkommens kann der Tiger bisher nicht wirksam geschützt werden. Das liegt auch an der Vielzahl von Initiativen, die einander Konkurrenz machen, anstatt zusammenzuarbeiten. Umstritten ist die neue Strategie, Tiere aus Gebieten, in denen der Bestand groß ist, umzusiedeln, weil unklar ist, wie erfolgsversprechend sie ist. Wenig sinnvoll ist es Experten zufolge, dass viele Spenden dafür eingesetzt werden, einen für Tiger geeigneten Lebensraum zu schaffen, statt vorrangig dafür zu sorgen, dass der Bestand an Tigern nicht durch Wilderei verringert wird.	Kausalsatz Verdeutlichung der logischen und zeitlichen Zusammenhänge Adversativsatz Kausalsatz Verdeutlichung der logischen Zusammenhänge
Die Informationen zum Tiger sind Caroline Alexanders Reportage „Der Ruf des Tigers“ entnommen, die in Heft 12 des Jahres 2011 in der Zeitschrift *„National Geographic“* publiziert worden ist und auch auf der Internetseite des Magazins abzurufen ist.	

1.5.6 Musteraufsatz III: Informierender Sachtext mit mehreren Quellen – Caroline Alexander: *Der Ruf des Tigers* und Informationsgrafik

Durch die Übungen in diesem Kapitel hast du gelernt, wie du einen informierenden Sachtext verfassen musst. Bisher hast du jeweils nur eine Quelle verwendet. Aber natürlich kann es auch vorkommen, dass du mehrere Quellen nutzen darfst oder sollst.

Die Aufgabenstellung verändert sich durch mehrere Quellen nur wenig:

ÜBUNG

Aufgabenstellung – mehrere Quellen

Deine Klasse gestaltet im Rahmen des Biologieunterrichts eine Stellwand in der Eingangshalle der Schule, die Schülerinnen und Schüler anderer Klassen über bedrohte Tierarten informieren soll. Alle Texte sollen demselben Aufbau folgen:
Zu Beginn des Textes soll eine informierende Einleitung stehen.
Anschließend soll der Text knapp über Folgendes informieren:

- Merkmale und Lebensweise,
- Lebensraum,
- möglichst aktuelle Angaben zum Bestand, Bedrohungen und Strategien zur Sicherung des Überlebens.

Am Ende des Textes sollen die Quellen genannt werden, denen die Informationen entnommen worden sind.

Verfasse zu diesem Zweck einen knappen informierenden Sachtext über den Tiger. Nutze dafür Informationen der Reportage „Der Ruf des Tigers" von Caroline Alexander und die Informationsgrafik „Verbreitungsgebiete der Tiger" des WWF, einer Umweltschutzorganisation. Dein Text sollte ca. 400 Wörter umfassen.

Wenn du **mehrere Quellen** zur Verfügung hast, kannst du das der Aufgabenstellung leicht entnehmen. Trotzdem ist es wichtig, die Aufgabenstellung genau zu untersuchen, damit dir keine Hinweise entgehen. Die Aufgabenstellung betont hier, dass die Angaben möglichst aktuell sein sollen. Das ist schon ein Hinweis darauf, dass die Quellen unterschiedliche Angaben liefern könnten.
Wenn du verschiedene Textquellen hast, bearbeitest du diese wie gewohnt und notierst am Rand wichtige Informationen. Doch es ist auch möglich, dass du Grafiken, Diagramme oder andere Informationsquellen einbeziehen sollst. Schau dir in allen Fällen an, zu welchen Themenbereichen du Informationen benötigst, und untersuche, welche Informationen dir von der jeweiligen Quelle geliefert werden.

ÜBUNG

Untersuche die Informationsgrafik *Verbreitungsgebiete der Tiger* des WWF. Notiere die Informationen, die du der Grafik zu

- Merkmalen und Lebensweise der Tiger,
- ihrem Lebensraum
- und dem aktuellen Bestand an Tigern, ihren Bedrohungen und den Strategien zur Sicherung ihres Überlebens entnehmen kannst.

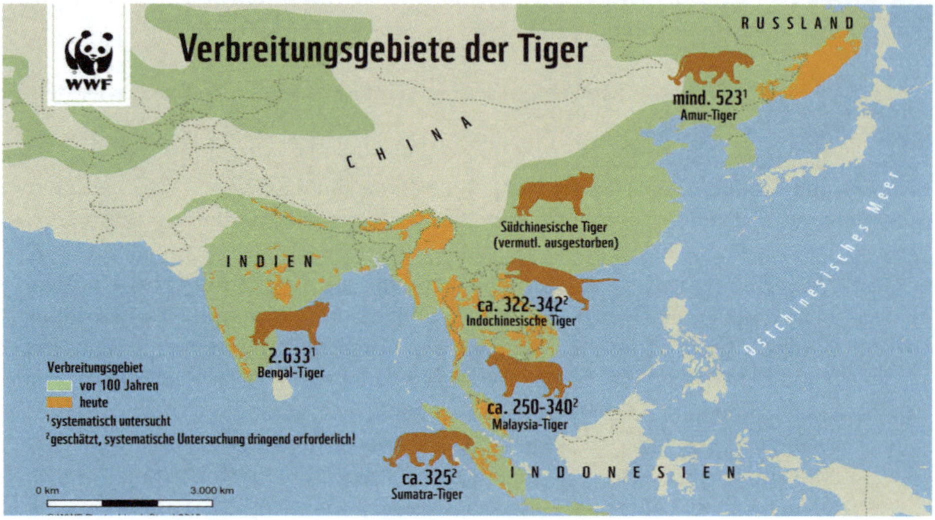

Informationsgrafik des WWF: Verbreitungsgebiete der Tiger (Stand 2015)[39]

M
MUSTER

Lösung:

- Merkmale des Tigers: fünf verschiedene Arten von Tigern im asiatischen Raum verbreitet, eine weitere Tigerart ist vermutlich ausgestorben
- Lebensraum: erhebliche Einschränkung des Lebensraums der Tiger, nur noch kleine Gebiete, die selten miteinander verbunden sind, während vor 100 Jahren Tiger noch in weiten Teilen des asiatischen Raums verbreitet waren
- Bestand an Tigern im Jahr 2015: insgesamt zwischen 4053 und 4163 Tiere, wobei zum Teil Schätzungen zugrunde liegen; am häufigsten: Bengal-Tiger, der in Indien ansässig ist (Untersuchungen zufolge 2633 Tiere im Jahr 2015, also wohl knapp 65% bzw. fast zwei Drittel des Bestands an Tigern insgesamt)
- Bedrohungen des Tigers: vgl. die Angaben zum Lebensraum
- Strategien zur Sicherung ihres Überlebens: keine Informationen

Ü
ÜBUNG

Ergänze nun die neu gewonnenen Informationen in deinem Schreibplan! Markiere die nun hinzugefügten Informationen farblich. Vergleiche anschließend deine Lösung mit der hier abgedruckten.

39 Vgl. Bibliografie.

MUSTER

Musterlösung:

Schreibplan	Notizen
1 Informierende Einleitung 2 Informationen über den Tiger 2.1 Merkmale und Lebensweise	genaue Bezeichnung der Art: Panthera tigris; noch fünf verschiedene Arten von Tigern im asiatischen Raum verbreitet (vgl. Informationsgrafik); Merkmal: größte Großkatze, gestreiftes Fell weitere Besonderheiten: mehr als 2 Meter lang, Gewicht: über 200 Kilogramm, lange Krallen, sehr kräftig, Geschwindigkeit: bis zu 55 Stundenkilometer, große Sprungkraft, sehr gute Nachtsicht, lautlose Bewegungen (vgl. Zeile 13–27, 33–42)
2.2 Lebensraum	Lebensraum: Asien (vgl. Zeile 29), 2011: ~~50% aller Tiere in Indien (vgl. Zeile 91)~~; neueste Erkenntnisse von 2015: knapp 65% aller Tiere in Indien (vgl. Informationsgrafik), v.a. in vereinzelten Schutzgebieten (vgl. Zeile 111–147 und Informationsgrafik); während vor 100 Jahren Tiger noch in weiten Teilen des asiatischen Raums verbreitet waren (vgl. Informationsgrafik)
2.3 Bestand an Tigern, Bedrohungen für den Tiger und Strategien zur Sicherung seines Überlebens	Bestand an Tigern und seine Entwicklung: seit Anfang der 1980er-Jahre Verringerung des Bestands um etwa 50% auf noch etwas mehr als 4000 bis knapp 4200 frei lebende Tiger (vgl. Zeile 56–72; Informationsgrafik); am häufigsten: Bengal-Tiger (Untersuchungen zufolge 2633 Tiere im Jahr 2015), eine Tigerart ist vermutlich ausgestorben, genaue Angaben lassen sich nicht machen, weil noch nicht ausreichend Untersuchungen vorliegen (vgl. Informationsgrafik) Ursachen der Bedrohung (vgl. Zeile 56–72, 111–121): a) Bevölkerungswachstum ➔ Verkleinerung des Lebensraums der Tiger b) Wilderei c) kein wirksamer Artenschutz trotz des hohen Spendenaufkommens (vgl. Zeile 63–72) d) fehlende Verbindungen zwischen den vereinzelten und sehr kleinen Schutzgebieten (entspricht nicht dem riesigen Aktionsradius, den Tiger brauchen, und verhindert die Durchmischung des Erbguts) (vgl. Zeile 111–130 und Informationsgrafik)

Schreibplan	Notizen
	Neue Artenschutzstrategie: Umsiedlung von Tieren aus anderen Gebieten Schwierigkeiten dieser Strategie: Beurteilung, wann Tiger zum Bestandserhalt in anderen Gebieten nicht nötig sind, welche Folgen damit verbunden sind zum Teil Misserfolge: keine Ansiedlung möglich (vgl. Zeile 93–110) Beispiel für eine wenig sinnvolle Strategie: Finanzierung von Maßnahmen zur Bewahrung bzw. Schaffung eines für Tiger geeigneten Lebensraums, statt vorrangig dafür zu sorgen, dass der Tigerbestand nicht durch Wilderei abnimmt, was erfolgsversprechend wäre (vgl. Zeile 151–165)
Angabe der Quelle	Caroline Alexander: *Der Ruf des Tigers*; National Geographic, Heft 12 / 2011. Informationsgrafik des WWF: Verbreitungsgebiete der Tiger (Stand 2015)

Du siehst, dass manche Informationen, die du schon aus dem Text kanntest, durch die Grafik bestätigt werden, dass die Grafik aber auch Informationen enthält, die neu sind oder aktueller als die Informationen aus deiner ersten Quelle, dem Text von Caroline Alexander.

Auswertung von zwei (oder mehr) Informationsquellen:

- **Bestätigt** eine zweite Quelle die Informationen der ersten Quelle?
  Was tun?
  Ganz einfach: Du hast die Information sicher schon in deinem Schreibplan berücksichtigt. Wir haben die zweite Quellenangabe sicherheitshalber in unserem Schreibplan vermerkt, damit du leichter den Überblick bewahrst, aber im Grunde ist das gar nicht nötig, weil die Information dort schon aufgeführt wird.
  Beispiel:
  Beiden Quellen ist zu entnehmen, dass die Tiger-Schutzgebiete sehr klein und vereinzelt sind und Verbindungswege zwischen ihnen fehlen, die die Tiger nutzen könnten.

- Liefern die Quellen Informationen zu **unterschiedlichen Themenbereichen**?
  Was tun?
  Du trägst einfach die verschiedenen Informationen im Schreibplan zusammen und formulierst diesen dann – wie gewohnt – aus.
  Beispiel:
  In unserem Fall findet sich dafür kein Beispiel, aber es wäre durchaus möglich, dass eine Quelle nur auf die Strategien zur Rettung eingeht, während die andere über die Merkmale des Tigers informiert.

- Liefert eine Quelle **genauere Informationen** zu einem Bereich, der in der anderen Quelle nur oberflächlich behandelt wird?
  Was tun?
  Wenn eine Quelle genauere Informationen zu einem Bereich als eine andere liefert, musst du dir Gedanken darüber machen, wie wichtig diese für deine Aufgabe sind. Wenn sie wichtig sind, solltest du sie zusammenfassen, um nicht die Maximalzahl von Wörtern zu überschreiten, und sie dann in deinem Text berücksichtigen.
  Beispiel:
  Die Grafik informiert darüber, dass in Asien noch fünf verschiedene Arten von Tigern beheimatet sind, eine weitere ist vermutlich ausgestorben. Der Text geht darauf nicht ein, sondern spricht nur vom Tiger im Allgemeinen. Da du über den Tiger und seine Eigenheiten informieren sollst, ist es durchaus sinnvoll, den Leser in deinem Text über die verschiedenen Tigerarten zu informieren.

- **Widersprechen** sich die Quellen?
  Was tun?
  Wenn sich die Quellen widersprechen, solltest du über die Gründe nachdenken: Beurteilen die Quellen einen Sachverhalt unterschiedlich? Werden also unterschiedliche Meinungen vertreten? Liefert eine Quelle aktuellere Angaben? Wenn du ergründet hast, wie es zu einem Widerspruch gekommen ist, kannst du dir überlegen, wie dein Text damit umgehen sollte. Unterschiedliche Meinungen solltest du knapp wiedergeben, damit der Leser sich selbst ein Bild machen kann. Wenn dagegen eine Quelle eindeutig aktuellere Angaben liefert, dann kannst du dich auf diese beschränken oder auch – je nach Bedeutung – über die Entwicklung der Zahlen informieren: Hat zum Beispiel die Zahl der Tiger in den letzten Jahren abgenommen oder zugenommen?
  Beispiel:
  Die Reportage, die aus dem Jahr 2011 stammt, informiert darüber, dass 50% aller Tiger in Indien beheimatet sind. Der Grafik zufolge ist es ein größerer Anteil: Je nach Schätzung dürften es zwischen 63% und 65% aller frei lebender Tiger sein. In diesem Fall fällt die Entscheidung leicht: Die Daten der Grafik stammen aus dem Jahr 2015 und sind damit wesentlich aktueller als die der Reportage, sodass du dich in deinem Text auf die neuesten Erkenntnisse beschränken kannst.

ÜBUNG

Ergänze nun im informierenden Sachtext die Angaben, die du dem Schreibplan (vgl. S. 131 f.) neu hinzugefügt hast, sodass dein Text beide Quellen berücksichtigt!

Musterlösung (vgl. S. 134):
Die veränderten Sätze, die Informationen aus der Grafik enthalten, sind wieder blau markiert.

MUSTER

Tiger – eine bedrohte Tierart

Der Tiger, über dessen Eigenheiten, seinen Lebensraum und seine Lebensweise im Folgenden informiert wird, zählt zu den unmittelbar vom Aussterben bedrohten Tierarten, obwohl eine Vielzahl von Initiativen versucht, die Bestände zu retten. Doch nicht alle dieser Strategien sind wirklich erfolgsversprechend.
Der Tiger, der von Wissenschaftlern als Panthera tigris bezeichnet wird und leicht am gestreiften Fell erkannt werden kann, gilt als größte der Großkatzen. Wie andere Katzen verfügt er über eine sehr gute Nachtsicht, über lange Krallen, die aber in seinem Fall bis zu 10 Zentimeter lang werden können, und über eine sehr große Sprungkraft. Außerdem ist er fähig, sich nahezu lautlos zu bewegen und Geschwindigkeiten von bis zu 55 Stundenkilometern erreichen. Das kräftige Tier kann, ohne Schwanz gemessen, über zwei Meter lang werden und mehr als 200 Kilogramm wiegen. Fünf verschiedene Arten von Tigern sind heute noch im asiatischen Raum verbreitet, in insgesamt 13 asiatischen Staaten, meist in Schutzgebieten. Fast zwei Drittel aller frei lebender Tiger gehören der Unterart der Bengal-Tiger an und sind in Indien beheimatet. Noch vor 100 Jahren gab es wilde Tiger in weiten Teilen Asiens. Seitdem hat sich der Bestand erheblich verringert: Schätzungen zufolge gab es im Jahr 2015 noch etwas mehr als 4000 Tiger, maximal dürften es knapp 4200 Tiger gewesen sein. Noch Anfang der 1980er-Jahre waren es fast doppelt so viele. Inzwischen ist der Tiger vom Aussterben bedroht. Verantwortlich dafür sind das Bevölkerungswachstum, das zu einer Verkleinerung seines Lebensraums geführt hat, die Wilderei und die fehlende Verknüpfung der Schutzgebiete, die seine Bewegungsfreiheit einschränkt. Weil es den Tigern erschwert wird, zwischen den Schutzgebieten umherzuwandern, ist der Genpool zu beschränkt. Trotz des hohen Spendenaufkommens kann der Tiger bisher nicht wirksam geschützt werden. Das liegt auch an der Vielzahl von Initiativen, die einander Konkurrenz machen, anstatt zusammenzuarbeiten. Umstritten ist die neue Strategie, Tiere aus Gebieten, in denen der Bestand groß ist, umzusiedeln, weil unklar ist, wie erfolgsversprechend sie ist. Wenig sinnvoll ist es Experten zufolge, dass viele Spenden dafür eingesetzt werden, einen für Tiger geeigneten Lebensraum zu schaffen, statt vorrangig dafür zu sorgen, dass der Bestand an Tigern nicht durch Wilderei verringert wird.
Die Informationen zum Tiger sind der Informationsgrafik *Verbreitungsgebiete des Tigers* der Umweltschutzorganisation WWF und Caroline Alexanders Reportage *Der Ruf des Tigers* entnommen, die in Heft 12 des Jahres 2011 in der Zeitschrift *National Geographic* publiziert worden ist. Beide Informationsquellen können auf den Internetseiten der jeweiligen Institutionen[40] abgerufen werden.

TIPP

Wie du siehst, ist auch das Berücksichtigen mehrerer Informationsquellen leicht, wenn man sorgfältig vorgeht und im Schreibplan die einzelnen Angaben zusammenträgt.

40 Institution: Einrichtung – Gemeint sind hier die Internetseiten des Magazins *National Geographic* und des WWF.

2 ARGUMENTIEREN UND ERÖRTERN

2.1 Begriffsklärung und Grundsätzliches

In einer Erörterung stellst du deine Meinung zu einem Thema plausibel und durchdacht vor. Das kann im Gespräch oder in einer schriftlichen Arbeit geschehen. Auf jeden Fall benötigst du gute Argumente. Um den Themenkomplex Argumentieren und Erörtern wird es in dem nun folgenden Kapitel gehen.

Das Verb „erörtern", das heute so viel heißt wie „diskutieren", „etwas umfassend und sachlich darlegen", ist mit dem mittelhochdeutschen Verb „örtern" verwandt. „Örtern" meinte „genau untersuchen". Das geschieht auch beim Erörtern: Du untersuchst etwas genau, um deine Auffassung zu einem Thema zu begründen und zu untermauern. In einer Erörterung argumentierst du, du legst also Argumente dar. Das Wort „argumentieren" kommt vom lateinischen „arguere" (dt. zeigen, darlegen, beweisen). Du stellst deine Meinung zu einem Thema vor und versuchst, deine Auffassung zu beweisen.
Du argumentierst ganz oft: Wenn du zum Beispiel mit deinen Eltern über die Höhe deines Taschengeldes verhandelst oder du ein neues Handy möchtest, dann weißt du aus Erfahrung, dass du nicht weit kommen wirst, wenn du einfach behauptest, dass du mehr Taschengeld oder ein Handy brauchst: Du wirst gute Argumente dafür finden müssen, um deine Eltern von deiner Auffassung zu überzeugen.

In diesem Kapitel lernst du drei Formen des Argumentierens kennen:

- Argumentieren im Rahmen einer **begründeten Stellungnahme** (z. B. in Form eines Briefes an einen konkreten Ansprechpartner oder in Form eines Leserbriefes),
- **einfache oder lineare Erörterung**,
- **Pro-Contra-Erörterung** – auch als antithetische Erörterung bezeichnet.

Bei allen Formen des Argumentierens geht es darum, **deine Auffassung** zu begründen und zu belegen. Manchmal werden dir sofort viele gute Argumente einfallen, manchmal wirst du etwas überlegen und recherchieren müssen. Der Begriff „Recherche" kommt aus dem Französischen und bedeutet „genaue Untersuchung". Wenn du andere durch eine Argumentation überzeugen möchtest, musst du dich vorab kundig machen. Du sammelst somit **Sachinformationen zu deinem Thema**, findest Argumente, Statistiken und Beispiele. Bei allen Formen des Argumentierens kann es sein, dass dein Lehrer dir einen Teil der Mühe abnimmt und dir Material zur Verfügung stellt, damit du es für deine Argumentation nutzt.

2.2 Das perfekte Argument

Das perfekte Argument gibt es nicht. Ob ein Argument überzeugend ist, hängt von vielen Details ab: ob du es überzeugend vorträgst beispielsweise oder ob das Argument für die gedachte Zielgruppe passend ist. Dennoch gibt es Leitlinien, an denen du dich beim Argumentieren orientieren kannst. Das zeigen wir dir nun.

Wie gesagt: Das perfekte Argument gibt es nicht. Ob ein Argument überzeugend ist, hängt von vielem ab, auch davon, ob es denjenigen anspricht, der deine Argumentation liest oder hört. Du kennst das: Wenn du deine Oma überzeugen willst, wirst du andere Argumente verwenden als bei einem Freund. Auch wenn du den Elternvertretern deiner Schule einen Brief schreibst, brauchst du möglicherweise andere Argumente als bei einem Schulleiter oder den Schülern einer anderen Schule.

TIPP

Auch wenn es das perfekte Argument nicht gibt, kann es doch eine Hilfe sein, sich an folgender Richtschnur zu orientieren: Ein überzeugendes Argument besteht aus einer **Behauptung, die durch mindestens eine Begründung und ein Beispiel bzw. einen Beleg gestützt wird**. (Noch besser ist es, wenn du gleich zwei Begründungen und Beispiele bzw. Belege pro Begründung liefern kannst.)

Ein Beispiel untermauert die Begründung, weil der Leser sich das Erläuterte besser vorstellen kann. Wenn du erklärst, dass ein Handy die Kommunikation im Alltag erleichtert, weil man immer erreichbar ist, kannst du dafür auch ein konkretes Beispiel geben: eine Situation, in der es hilfreich ist, erreichbar zu sein.
Auch ein Beleg dient dazu, die Begründung zu stützen. Als **Beleg** bezeichnet man Fakten (zum Beispiel aus Statistiken), die die Argumentation untermauern.

MUSTER

Der **Bauplan** für ein überzeugendes Argument sieht also folgendermaßen aus:

Grundform	Ausführliche Form
• Behauptung • Begründung • Beispiel oder Beleg	• Behauptung • Begründung 1, dazu Beispiel / Beleg 1 und Beispiel / Beleg 2 • Begründung 2, dazu Beispiel / Beleg 1 und Beispiel / Beleg 2

In der Schreibwirklichkeit ist es nicht leicht, ein Argument derart umfassend wie in dem Schema oben in der rechten Spalte auszuformulieren. Oft ist es schwierig, so viele Begründungen und Beispiele zu finden. Trotzdem solltest du dich an diesem Ideal orientieren. Bei so ausführlichen Argumenten kann es zusätzlich sinnvoll sein, zum Abschluss des Arguments noch einmal zur Behauptung zurückzuführen und auf sie Bezug zu nehmen, damit der Leser den Überblick bewahrt.

TIPP

Wenn du ein neues Argument beginnst, solltest du übrigens eine neue Zeile beginnen – der Leser behält dann in deinem Text sehr viel leichter den Überblick.

ÜBUNG

Formuliere ein Argument aus, das die Behauptung „Ein Handy erleichtert die Kommunikation" begründet und belegt.

- Behauptung: Ein Handy erleichtert die Kommunikation im Alltag, ...
- Begründung:
- Beispiel / Beleg:
- Rückführung zur Behauptung:

MUSTER

Musterlösung:
- **Behauptung:** Ein Handy erleichtert die Kommunikation im Alltag, ...
- **Begründung:** ... da ein Mobiltelefon es ermöglicht, nahezu überall und zu jeder Zeit zu telefonieren, SMS oder WhatsApp-Nachrichten zu verfassen und zu empfangen. Der Besitzer des Handys kann unkompliziert und relativ kostengünstig fast überall erreicht werden und auch selbst genauso unproblematisch Kontakt zu anderen aufnehmen.
- **Beispiel 1:**
  Durch ein Handy ist es zum Beispiel möglich, Bescheid zu geben, sobald sich die Ankunft zu Hause verzögert, was leicht nötig sein kann, wenn sich die öffentlichen Verkehrsmittel verspäten.

- **Beispiel 2:**
  Selbst wenn das vergessen wird, muss sich derjenige, der wartet, keine Sorgen machen, sondern kann im Falle einer Verspätung einfach anrufen und sich nach dem Grund dafür erkundigen.
- **Rückführung zur Behauptung:**
  Das Handy trägt also dazu bei, dass die Kommunikation erheblich erleichtert wird, gerade wenn der Alltag nicht ganz planmäßig verläuft.

Es kann durchaus vorkommen, dass es sinnvoll ist, von der strengen Reihenfolge von **Behauptung, Begründung und Beispiel** abzuweichen und sie abzuändern, damit es dem Leser nicht zu langweilig wird. Allerdings ist dies nicht ganz einfach und erfordert schon einiges an Übung, damit es gelingt. Auf jeden Fall ist das vorgestellte System gut zur Orientierung geeignet. Du solltest dir Mühe geben, ihm zu folgen. Wenn du es beherrschst, kannst du auch damit spielen und es variieren.

TIPP

Wichtig ist es hier – wie immer beim Argumentieren –, die Begrifflichkeiten genau zu definieren, also zu bestimmen!

Definition – Begriffsklärung
Wenn du dein Gegenüber von deinem Standpunkt überzeugen möchtest, ist es wichtig, dass du nicht an ihm vorbeiredest, weil er von zentralen Begriffen eine andere Vorstellung als du hat. Du solltest **die wichtigen Begriffe definieren**, also ihre Bedeutung bestimmen, um das Verständnis zu sichern. Die Definition muss deshalb nicht von einem Lexikon abgeschrieben sein, sondern sie entspringt deinem **Verständnis des zentralen Wortes**. Dennoch ist es oft hilfreich, im Duden nachzuschlagen, den du in höheren Jahrgangsstufen bei Schulaufgaben verwenden darfst. Dort findest du Definitionen zu vielen Begriffen. Zur Vorbereitung einer Schulaufgabe oder eines Übungsaufsatzes kann auch die Internetseite www.wikipedia.de hilfreich sein. Allerdings sind dort meist sehr ausführliche Definitionen zu finden, die für deine Zwecke zu umfangreich sind.
Der Begriff der Kommunikation ist dir bestimmt bekannt. Dennoch kann es auch bei bekannten Begriffen nützlich sein, sie nochmals nachzuschlagen, um sicherzugehen, dass alle **Begriffsbedeutungen** berücksichtigt werden.

Beispiel für eine Definition:
„Kommunikation"
Im Duden wird der Begriff „Kommunikation" folgendermaßen definiert: „Verständigung untereinander; zwischenmenschlicher Verkehr besonders mithilfe von Sprache, Zeichen".
Gemeint ist also mit dem Begriff der „Kommunikation" die Verständigung untereinander durch Sprache – schriftlich oder mündlich, aber auch durch den Klang der Sprache, die Körperhaltung, den Gesichtsausdruck usw. Ein Handy ist ein vielseitiges Kommunikationsmittel, das schriftliche und mündliche Kommunikation, sogar Kommunikation über Videos oder Bilder ermöglicht, aber im Alltag wird sicher die schriftliche (zum Beispiel

per SMS) oder mündliche Form der Verständigung am häufigsten eingesetzt.

Sprache und Stil
Deinen Ansprechpartner wirst du nur dann überzeugen können, wenn du Argumente auswählst, die für deinen **Ansprechpartner** (= Zielgruppe) wichtig sind. Du hast nicht das Ziel, ihn nur zu überreden. Wenn du deinen Gesprächspartner überredest, bringst du ihn irgendwie (notfalls auch, indem du ihn nervst) dazu, seine Haltung zu einer Sache aufzugeben und deine zu übernehmen.

Wenn du also deine Eltern dazu überredest, abends länger aufbleiben zu dürfen, dann kann es sein, dass sie sich darauf einlassen. Aber das muss nicht von Dauer sein, denn möglicherweise sind sie nicht überzeugt davon, sondern haben nur für den Moment nachgegeben. Sinnvoller ist es, deinen Gesprächspartner zu überzeugen. Wenn du ihn überzeugst, vermittelst du ihm die Gewissheit, dass deine Meinung begründet und sinnvoll ist.

So verschieden die Ansprechpartner sind, sie werden dir nur dann Glauben schenken, wenn du deine Argumente **nüchtern und sachlich** darstellst. Auch wenn du in einer Erörterung deine Meinung darlegst, schreibst du also grundsätzlich sachlich. Du suchst deshalb nach Begründungen und Beispielen, vielleicht sogar nach Statistiken oder anderen Fakten, die deine Einschätzung untermauern können.

TIPP

Vermeide Übertreibungen und Verallgemeinerungen!

Beispiele:
- Negativbeispiel für eine verallgemeinernde und übertriebene Formulierung:
  Niemand kommt heute mehr ohne Handy zurecht!
- Eine bessere Formulierung:
  Es ist heute schwer, noch ohne Handy zurechtzukommen.

Zu behaupten, niemand komme heute ohne Handy zurecht, ist sehr gewagt und wirkt übertrieben. Mit dieser Formulierung machst du dich angreifbar, weil jeder jemanden kennen dürfte, der kein Mobiltelefon besitzt. Bei der zweiten Formulierung wirst du dagegen keine Probleme haben: Du wirst in deiner Argumentation leicht an Situationen erinnern können, in denen es schwierig ist, ohne Handy zurechtzukommen.

ÜBUNG

Untersuche, welche Formulierungen dazu beitragen, dass das folgende Argument nicht übertrieben oder verallgemeinernd wirkt.

Argument	Anmerkungen
Ein Handy erleichtert die Kommunikation im Alltag, da ein Mobiltelefon es ermöglicht, nahezu überall und zu jeder Zeit zu telefonieren, SMS oder WhatsApp-Nachrichten zu verfassen und zu empfangen. Der Besitzer des Handys kann unkompliziert und relativ kostengünstig fast überall erreicht werden und auch selbst ebenso unproblematisch Kontakt zu anderen aufnehmen. Durch ein Handy ist es zum Beispiel möglich, Bescheid zu geben, sobald sich die Ankunft zu Hause verzögert, was leicht nötig sein kann, wenn sich die öffentlichen Verkehrsmittel verspäten. Selbst wenn das vergessen wird, muss sich derjenige, der wartet, keine Sorgen machen, sondern kann im Falle einer Verspätung einfach anrufen und sich nach dem Grund dafür erkundigen. Das Handy trägt also dazu bei, dass die Kommunikation erheblich erleichtert wird, gerade wenn der Alltag nicht ganz planmäßig verläuft.	

MUSTER

Musterlösung:

Argument	Anmerkungen
Ein Handy erleichtert die Kommunikation im Alltag, da ein Mobiltelefon es ermöglicht, nahezu überall und zu jeder Zeit zu telefonieren, SMS oder WhatsApp-Nachrichten zu verfassen und zu empfangen. Der Besitzer des Handys kann unkompliziert und relativ kostengünstig fast überall erreicht werden und auch selbst ebenso unproblematisch Kontakt zu anderen aufnehmen. Durch ein Handy ist es zum Beispiel möglich, Bescheid zu geben, sobald sich die Ankunft zu Hause verzögert, was leicht nötig sein kann, wenn sich die öffentlichen Verkehrsmittel verspäten. Selbst wenn das vergessen wird, muss sich derjenige, der wartet, keine Sorgen machen, sondern kann im Falle einer Verspätung einfach anrufen und sich nach dem Grund dafür erkundigen. Das Handy trägt also dazu bei, dass die Kommunikation erheblich erleichtert wird, gerade wenn der Alltag nicht ganz planmäßig verläuft.	Das Verb „erleichtern" beinhaltet eine Einschränkung: Es muss durch ein Handy also nicht immer leicht sein zu kommunizieren, weil natürlich trotzdem Probleme wie ein Funkloch auftreten können. Aber es ist leichter, mit Handy zu kommunizieren als ohne. Mehrere abschwächende Formulierungen weisen auf mögliche Ausnahmen hin: nahezu, fast, relativ. Das Modalverb „können" wird hier verwendet, um nicht zu verallgemeinern: Es ist nicht immer nötig, sich zu melden, aber es kann nötig sein. Das Handy sorgt nicht alleine dafür, dass die Kommunikation völlig reibungslos verläuft, es ist nur ein Beitrag dazu. Die Formulierung, es trage zu einer Erleichterung der Kommunikation bei, übertreibt nicht. Auch die Formulierung „nicht ganz planmäßig" vermeidet eine Übertreibung: Ein Handy ist nicht nur dann nützlich, wenn der Alltag überhaupt nicht mehr planmäßig verläuft, sondern auch in weniger dramatischen Situationen. Aber gerade durch die Vermeidung einer Übertreibung wird das Argument gestärkt: Wäre das Handy nur dann nützlich, wenn nichts mehr planmäßig verläuft, bräuchte man vielleicht doch keines. Schließlich ist das doch gar nicht so oft der Fall. Kleine Probleme im Alltag kennt dagegen jeder.

Vielleicht hast du schon gemerkt, dass die einzelnen Teile des oben ausgeführten Arguments ganz eng miteinander verknüpft sind. Verbindungen zwischen einzelnen Teilen von Argumenten sollen die **logischen oder zeitlichen Beziehungen** zwischen den Gedanken verdeutlichen. Besonders geeignet sind dafür Adverbien (deshalb, deswegen, außerdem …) und Konjunktionen (aber, denn …) oder Subjunktionen (weil, damit …).

ÜBUNG

Untersuche die Verknüpfung der einzelnen Gedanken in dem Argument. Markiere die Wendungen, die die einzelnen Teile des Arguments miteinander verbinden. In besonderer Weise tragen dazu die adverbialen Nebensätze (vgl. Kapitel 1, Seite 25) bei. Gib auch die Sinnrichtung der einzelnen adverbialen Nebensätze an.

Argument	Art der adverbialen Nebensätze
Ein Handy erleichtert die Kommunikation im Alltag, da ein Mobiltelefon es ermöglicht, nahezu überall und zu jeder Zeit zu telefonieren, SMS oder WhatsApp-Nachrichten zu verfassen und zu empfangen. Der Besitzer des Handys kann unkompliziert und relativ kostengünstig fast überall erreicht werden und auch selbst ebenso unproblematisch Kontakt zu anderen aufnehmen. Durch ein Handy ist es zum Beispiel möglich, Bescheid zu geben, sobald sich die Ankunft zu Hause verzögert, was leicht nötig sein kann, wenn sich die öffentlichen Verkehrsmittel verspäten. Selbst wenn das vergessen wird, muss sich derjenige, der wartet, keine Sorgen machen, sondern kann im Falle einer Verspätung einfach anrufen und sich nach dem Grund dafür erkundigen. Das Handy trägt also dazu bei, dass die Kommunikation erheblich erleichtert wird, gerade wenn der Alltag nicht ganz planmäßig verläuft.	

MUSTER

Musterlösung:

Argument	Art der adverbialen Nebensätze
Ein Handy erleichtert die Kommunikation im Alltag, da ein Mobiltelefon es ermöglicht, nahezu überall und zu jeder Zeit zu telefonieren, SMS oder WhatsApp-Nachrichten zu verfassen und zu empfangen.	Kausalsatz
Der Besitzer des Handys kann unkompliziert und relativ kostengünstig fast überall erreicht werden und auch selbst ebenso unproblematisch Kontakt zu anderen aufnehmen. Durch ein Handy ist es *zum Beispiel* möglich, Bescheid zu geben, sobald sich die Ankunft zu Hause verzögert, was leicht	Temporalsatz
nötig sein kann, wenn sich die öffentlichen Verkehrsmittel verspäten.	Konditionalsatz
Selbst wenn das vergessen wird, muss sich derjenige, der wartet, keine Sorgen machen,	Konditionalsatz
sondern kann im Falle einer Verspätung einfach anrufen und sich nach dem Grund dafür erkundigen.	sondern: nebenordnende Konjunktion, es folgt also ein Hauptsatz, kein Nebensatz
Das Handy trägt also dazu bei, dass die Kommunikation erheblich erleichtert wird, gerade wenn der Alltag nicht ganz planmäßig verläuft.	Konditionalsatz

Du siehst an diesem Beispiel, wie vielfältig die Teile eines Arguments miteinander verknüpft werden können. Neben adverbialen Nebensätzen dienen auch Adverbien (z. B. ebenso, also) der Verknüpfung. Auch die Wendung „*zum Beispiel*" verbindet zwei Gedanken miteinander und verdeutlicht, dass Behauptung und Begründung durch ein Beispiel untermauert werden.

Natürlich ist es sinnvoll, nicht nur die einzelnen Teile eines Arguments miteinander zu verknüpfen, sondern auch verschiedene Argumente. Man spricht dann von **Überleitungen zwischen den Argumenten** oder von einer Überleitung zwischen einem Teil eines Textes und dem nächsten. Adverbien und Konjunktionen können auch dabei sinnvoll sein. Welche anderen Möglichkeiten es noch gibt, werden wir dir am Beispiel eines Aufsatzes später noch zeigen.

Recherche – Stoffsammlung

Recherche kommt aus dem Französischen und bedeutet „genaue Untersuchung". Wenn du andere durch eine Argumentation überzeugen möchtest, musst du dich vorab kundig machen. Du sammelst somit **Sachinformationen zu deinem Thema,** findest Argumente, Statistiken, Beispiele. Du sammelst also Stoff für deine Argumentation.

In einer **Stoffsammlung** notierst du alle Einfälle, die du hast, alle Informationen, die du zusammengetragen hast. Aber du solltest diese Stoffsammlung danach natürlich auch **ordnen**, um einen Überblick zu gewinnen.

- Markiere deshalb die Punkte deiner Stoffsammlung, die zusammengehören. Welche Begründung gehört zu welcher Behauptung? Welche Behauptungen gehören so eng zusammen, dass es besser ist, sie zusammenzufassen? ...
- Überprüfe, ob deine Stoffsammlung vollständig ist! Kannst du deine Behauptungen mit Begründungen und Beispielen stützen? Vielleicht musst du noch Ergänzungen vornehmen?
- Möglicherweise stellst du fest, dass manche Punkte deiner Stoffsammlung gar nicht genau zum Thema passen. Dann solltest du sie streichen.
- Wenn du sehr viel mehr Argumente hast, als du eigentlich brauchst, dann entscheide dich für die, die deinen Ansprechpartner am ehesten überzeugen können.

Was machst du, wenn dir überhaupt keine Argumente einfallen?
Dann können dir die **W-Fragen** helfen: Wer? Was? Wann? Wo? Wie? Warum? Welche Folgen?
Durchdenke deine Position und überlege zum Beispiel, welche Folgen es haben kann, wenn man kein Handy besitzt. Wann nutzt du vor allem das Handy? Warum?

Schreibplan und Gliederung

Du kennst Schreibpläne schon von anderen Schreibformen, die du mit Hilfe dieses Buches kennengelernt hast. Ein Schreibplan ist – wie der Begriff es schon sagt – dein Plan vom **Aufbau deines Aufsatzes**. Beim Schreiben wirst du sicher auch an einzelnen Stellen von deinem ursprünglichen Plan abweichen. Das ist ganz normal und nicht weiter schlimm, solange du den Überblick behältst. Wenn du mit dem Schreiben fertig bist, wandelst du deinen Schreibplan in eine Gliederung um. Sie muss dann mit deiner Ausführung übereinstimmen. Die Gliederung ist letztlich eine Art Inhaltsverzeichnis für deinen Aufsatz. Wie du sie genau gestaltest, zeigen wir dir noch.

2.3 Argumentieren in Form einer begründeten Stellungnahme

2.3.1 Begriffsklärung und Grundsätzliches

In der Schule begegnet dir „die begründete Stellungnahme" als Aufgabenstellung: Dabei ist deine Meinung zu einem Thema gefragt und du begründest sie zum Beispiel in Form eines Briefes. Wie das geht, zeigen wir dir jetzt.

In einer begründeten Stellungnahme beziehst du – wie der Name schon sagt – begründet Position zu einem Thema. Das kann in einem **persönlichen Brief** geschehen, der sich an eine Person wendet, die du gut kennst. Wenn du deiner Oma zum Beispiel schreibst, warum du unbedingt ein neues Handy brauchst, dann ist das eine begründete Stellungnahme in einem persönlichen Brief. In der Schule werden dir vor allem zwei Formen der begründeten Stellungnahme begegnen: die Stellungnahme in einem **sachlichen Brief** oder in einem **Leserbrief**.

- Als **Leserbrief** bezeichnet man Briefe, die in einer Zeitung veröffentlicht werden und von deren Lesern stammen. Alle Zeitungen drucken eine Auswahl der Leserbriefe ab, die sie erhalten.
- Ein **sachlicher Brief** richtet sich immer an eine Person, mit der du nicht besonders vertraut bist. Diese Form bietet sich an, wenn du eine Bitte an jemanden hast, den du nicht sehr gut kennst, zum Beispiel eine Bitte an den Elternbeirat deiner Schule oder den Schulleiter.

Leserbriefe und sachliche Briefe schreibt man im Grunde nach demselben Prinzip, das wir im Folgenden genauer erklären.

2.3.2 Form und Aufbau eines sachlich argumentierenden Briefes

Sachliche Briefe folgen strengen Regeln. Damit sich der Leser möglichst schnell in dem Brief orientieren kann, stehen Absender, Empfänger und alle anderen Teile des Briefes an bestimmten Stellen. Diese Regeln sind ganz einfach einzuhalten. Wir stellen sie dir vor. In einer Schulaufgabe sind übrigens die Ansprechpartner und die jeweiligen Adressen genau angegeben.

Klasse 7c
Humboldt-Gymnasium
Schulstraße 7
97873 Kleinsendelbach

Der Absender dieses Briefes ist die Klasse 7c. Die Adresse des Absenders steht normalerweise links oben.

An den Schulleiter
Herrn Dr. Hering
Humboldt-Gymnasium
Schulstraße 7
97873 Kleinsendelbach

Darunter folgt die Adresse des Adressaten, also des Empfängers des Briefes.

Auf der rechten Seite wird das Datum notiert, also der Tag vermerkt, an dem der Brief geschrieben wurde.

17.03.2016

Die Betreffzeile gibt an, worum es in dem Brief geht. Sie ist normalerweise nicht als Satz formuliert, sondern im Nominalstil gehalten. Nomen informieren also ganz kurz, worum es geht.

Bitte um Genehmigung einer Lesenacht

Die sogenannte Anrede spricht den Adressaten des Briefes direkt an. Sachliche Briefe an Personen, die du nicht sonderlich gut kennst, beginnen immer mit der Anrede, die hier verwendet wird. Wenn du an mehrere dir nicht bekannte Personen schreibst, verwendest du die Anrede „Sehr geehrte Damen und Herren, …".

Sehr geehrter Herr Dr. Hering,

stellvertretend für die Klasse 7c bitten wir, die Klassensprecher der Klasse, Sie als Schulleiter, uns die Durchführung einer Lesenacht zu genehmigen.
Vielen Dank für Ihre Hilfe!

Nach der Anrede steht immer ein Komma, sodass du das erste Wort des eigentlichen Brieftextes, wenn es sich nicht um ein Nomen handelt, klein schreibst.
Dir ist bestimmt schon aufgefallen, dass dieser Brief sehr knapp gehalten ist. Der Schulleiter erhält weder genaue Informationen (z. B. zum Zeitpunkt der geplanten Lesenacht) noch erfährt er, welche Argumente für die Durchführung einer Lesenacht, sprechen. Der Brief muss also noch weiter ausgebaut werden – später wirst du eine verbesserte Version kennenlernen.

Mit freundlichen Grüßen

Ihre Klasse 7c
Ansprechpartner:
Irene Pfeiffer und Moritz Jung (Klassensprecher)

Die sogenannte Gruß- oder Schlussformel dient der Verabschiedung. In sachlichen Briefen wird heute meist die hier verwendete Schlussformel eingesetzt. Nicht angemessen sind Abkürzungen wie MfG. Sie wirken respektlos.

Unter der Schlussformel unterschreiben der Absender bzw. die konkreten Ansprechpartner.

Schreibplan

Ein Schreibplan hilft dir dabei, die Gedanken, die du in der Stoffsammlung notiert hast, zu ordnen. Im Schreibplan führst du die einzelnen **Bestandteile deines Textes** nacheinander auf, damit du dich bei der Ausführung daran orientieren kannst.
Zur Gliederung des Schreibplans verwenden wir das **Ziffernsystem** (numerisches System; vgl. S. 15). Es gibt auch die Möglichkeit, das Buchstaben-Ziffernsystem (A., B. I. ..., C.) zu verwenden, aber das reine Ziffernsystem ist übersichtlicher.

Der eigentliche **Text eines Briefes** besteht – wie du das schon von vielen Texten kennst – aus drei Teilen:
1 Einleitung,
2 Hauptteil,
3 Schluss.

1 Einleitung:

Hier musst du dein Gegenüber angemessen ansprechen. Überlege dir, wie du eine **positive Grundstimmung** erreichst. Das kann dir zum Beispiel durch ein Lob für die Arbeit des Elternbeirats oder einen Dank für eine frühere Unterstützung gelingen. Wenn du bisher keinen Kontakt zu dem Adressaten des Briefes hattest, dann solltest du nicht übertreiben, sondern einfach zur Sache kommen, denn ein Kompliment wirkt dann wenig glaubwürdig. In der Einleitung eines Briefes solltest du auf jeden Fall **dein Anliegen** benennen, damit dein Adressat weiß, worum es dir geht. Aber auf keinen Fall solltest du in der Einleitung bereits Argumente nennen. Das ist dem Hauptteil vorbehalten.

2 Hauptteil:

Im Hauptteil entwickelst du deine Gedanken. Dein Anliegen hast du bereits in der Einleitung genannt, aber am Anfang des Hauptteils solltest du deine **Ausgangsbehauptung** formulieren, zum Beispiel die Behauptung, dass die Durchführung einer Lesenacht viele Vorteile mit sich bringt. Um den Leser von dieser Behauptung zu überzeugen, solltest du sie **begründen**. Wie viele Argumente du ausführst, hängt vor allem von der Zeit ab, die dir in einer Schulaufgabe zur Verfügung steht. Aber meist werden **drei Argumente** erwartet. Am Schluss des Hauptteils ziehst du eine **Schlussfolgerung**, du nimmst also nochmals auf deine Ausgangsbehauptung Bezug.

3 Schluss:

Am Ende wiederholst du nochmals **dein Anliegen** und bedankst dich im Voraus für die mit der Bearbeitung deiner Anfrage verbundenen Bemühungen. Im Schluss solltest du nicht mehr argumentieren. Das hast du bereits im Hauptteil gemacht. Dem Leser sollte nun klar sein, welche Argumente ausschlaggebend sind.

Der **Hauptteil** bildet natürlich den größten Block. Deshalb ist es sinnvoll, ihn weiter zu untergliedern. So könnte ein Schreibplan, der bis auf Einleitung und Schluss noch nicht mit Inhalten gefüllt worden ist, aussehen:

Schreibplan eines sachlich argumentierenden Briefes (Ideal)

1 Positive Einstimmung auf das Anliegen und Äußerung des Anliegens

2 Ausgangsbehauptung
- 2.1 Argument 1: Behauptung 1
  - 2.1.1 Begründung 1
    - Erstes Beispiel zu Grund 1
    - Zweites Beispiel zu Grund 1
  - 2.1.2 Begründung 2
    - Erstes Beispiel zu Grund 2
    - Zweites Beispiel zu Grund 2
- 2.2 Argument 2: Behauptung 2
  - 2.2.1 Begründung 1
    - Erstes Beispiel zu Grund 1
    - Zweites Beispiel zu Grund 1
  - 2.2.2 Begründung 2
    - Erstes Beispiel zu Grund 2
    - Zweites Beispiel zu Grund 2
- 2.3 Argument 3: Behauptung 3
  - 2.3.1 Begründung 1
    - Erstes Beispiel zu Grund 1
    - Zweites Beispiel zu Grund 1
  - 2.3.2 Begründung 2
    - Erstes Beispiel zu Grund 2
    - Zweites Beispiel zu Grund 2
- 2.4 Schlussfolgerung

3 Wiederholung des Anliegens und Dank als Abschluss des Briefes

Auf den ersten Blick sieht das System vielleicht etwas kompliziert aus. Der Schreibplan (linke Seite) ist ein Ideal. Du kannst auch davon abweichen, weil dir wahrscheinlich nicht immer genau zwei Begründungen und zwei Beispiele einfallen werden.

Im Folgenden (Tabelle S. 150) steht in der ersten Spalte der **ideale Schreibplan**. Er entspricht einer Idealplanung, wie sie tatsächlich selten möglich ist. In der zweiten Spalte siehst du einen **reduzierten Schreibplan**. Das bedeutet, dass es nicht zu jeder Behauptung zwei Gründe gibt, sondern manchmal nur einen. Es gibt auch nicht für jede Begründung immer zwei Beispiele. In der dritten Spalte siehst du dann, wie die **Gliederung** des Schreibplans der zweiten Spalte aussieht.

Die **Gliederung** (Spalte 3), die eine Art Inhaltsverzeichnis für deinen Aufsatz ist, verfasst du erst **nach dem Schreiben** des eigentlichen Briefes, weil du möglicherweise von dem ursprünglichen Plan abweichst und das dann in der Gliederung berücksichtigen musst. Dennoch ist es wichtig, einen Schreibplan zu erstellen, damit du deine Gedanken ordnest.

Worauf solltest du bei der **Gliederung** besonders achten?

- Die Beispiele gibst du nie in der Gliederung an.
- Wenn du für eine Behauptung nur eine Begründung liefern kannst, dann nennst du sie nicht in der Gliederung. Das machst du nur dann, wenn du zwei Begründungen hast (vgl. Punkt 2.1 in der rechten Spalte). Du siehst in der dritten Spalte, dass Unterpunkte in der Gliederung nicht aufgeführt werden, wenn sie alleine stehen, wenn es also nur eine Begründung und nicht zwei gibt. Schau dir das genau an. Es klingt kompliziert, ist aber am Ende ganz einfach. Einfach ausgedrückt bedeutet das Prinzip: Wer A sagt, muss auch B sagen, wer 1 sagt, muss auch 2 sagen. Kannst du zu einem Oberpunkt nur A sagen, dann fällt das A weg.

Aufbau	Ideal eines Schreibplans	Normalfall eines Schreibplans	Gliederung des normalen Schreibplans
EINLEITUNG	1 Positive Einstimmung auf das Anliegen und Äußerung des Anliegens	1 Positive Einstimmung auf das Anliegen und Äußerung des Anliegens	1 Positive Einstimmung auf das Anliegen und Äußerung des Anliegens
HAUPTTEIL mit Argumenten	2 Ausgangsbehauptung 2.1 **Argument 1**: Behauptung 1	2 Ausgangsbehauptung 2.1 **Argument 1**: Behauptung 1	2 Ausgangsbehauptung 2.1 **Argument 1**: Behauptung 1
	2.1.1 **Begründung 1** Erstes Beispiel Zweites Beispiel	2.1.1 **Begründung 1** Erstes Beispiel	(Gibt es nur eine Begründung, wird sie in der Gliederung am Ende nicht aufgeführt.)
	2.1.2 **Begründung 2** Erstes Beispiel Zweites Beispiel		
	2.2 **Argument 2**: Behauptung 2	2.2 **Argument 2**: Behauptung 2	2.2 **Argument 2**: Behauptung 2
	2.2.1 **Begründung 1** Erstes Beispiel Zweites Beispiel	2.2.1 **Begründung 1** Erstes Beispiel	2.2.1 **Begründung 1** (Beispiele fallen in der Gliederung immer weg.)
	2.2.2 **Begründung 2** Erstes Beispiel Zweites Beispiel	2.2.2 **Begründung 2** Erstes Beispiel	2.2,2 **Begründung 2** (Beispiele fallen in der Gliederung immer weg.)
	2.3 **Argument 3**: Behauptung 3	2.3 **Argument 3**: Behauptung 3	2.3 **Argument 3**: Behauptung 3
	2.1.1 **Begründung 1** Erstes Beispiel Zweites Beispiel 2.1.2 **Begründung 2** Erstes Beispiel Zweites Beispiel	2.1.1 **Begründung 1** Erstes Beispiel Zweites Beispiel 2.1.2 **Begründung 2** Erstes Beispiel Zweites Beispiel	2.1.1 **Begründung 1** (Beispiele fallen in der Gliederung immer weg.) 2.1.2 **Begründung 2** (Beispiele fallen in der Gliederung immer weg.)
	2.4 Schlussfolgerung	2.4 Schlussfolgerung	2.4 Schlussfolgerung
SCHLUSS	3 Wiederholung des Anliegens und Dank als Abschluss des Briefes	3 Wiederholung des Anliegens und Dank als Abschluss des Briefes	3 Wiederholung des Anliegens und Dank als Abschluss des Briefes

Natürlich fehlt hier überall noch der Inhalt, doch den ergänzen wir später – zunächst geht es darum, dass du das Prinzip verstehst.

Betrachte die mittlere Spalte, den „normalen" Schreibplan. Du siehst, dass die Argumentation gegenüber dem Ideal erheblich verkürzt ist. Die Absicht des mittleren Schreibplans ist es, das dritte Argument genau auszugestalten. Damit bemüht sich der

Autor um eine **Steigerung seiner Gedanken**: Das beste Argument wird an den Schluss gestellt, weil es sich dem Leser am besten einprägt, und am weitesten ausgeführt.

TIPP

Selbst Lehrer finden die formalen Punkte abschreckend. Wenn du sie aber einmal beherrschst, dann kannst du auch mit den folgenden etwas schwierigeren Schreibformen umgehen. Denke daran, eine gute Planung und eine klare Gedankenführung kosten zwar viel Zeit in der Vorbereitung, tragen aber dann zur Folgerichtigkeit und Überzeugungskraft deines Aufsatzes bei.
Denke auch daran, dass du die Gliederungssysteme bei der Analyse von Literatur gut anwenden kannst. Es lohnt sich somit, die Grundprinzipien zu durchschauen. Vergleiche dazu die Analysebeispiele von Kapitel 1 (Texte zusammenfassen).

2.3.3 Musteraufsatz I: Brief an den Schulleiter – Bitte um Genehmigung einer Lesenacht

Der Brief an den Schulleiter auf Seite 146, in dem darum gebeten wird, eine Lesenacht zu genehmigen, hat dich sicherlich nicht sonderlich überzeugt. Im Folgenden siehst du ein Beispiel, das besser gelungen ist, weil es viel ausführlicher darlegt, welche Argumente für die Genehmigung der Lesenacht sprechen.

ÜBUNG

1. Lies den Brief genau durch und markiere Behauptungen, Begründungen und Beispiele mit unterschiedlichen Farben!
2. Untersuche außerdem, welche Überleitungen die einzelnen Elemente des Briefes miteinander verknüpfen! Markiere die Überleitungen farbig!
3. Unterstreiche die Stellen des Briefes, an denen der Adressat, also der Schulleiter, direkt angesprochen wird. Das direkte Ansprechen ist ganz wichtig, weil es immer wieder verdeutlicht, was von ihm erwartet wird. Außerdem ist es auf diese Weise möglich, seine Erfahrungen in die Argumentation einzubeziehen.
4. Erstelle dann eine **Gliederung** für diesen Brief mit Hilfe deiner Markierungen! Denk daran, dass du die Rohgliederung, die du kennengelernt hast, mit Inhalt füllen musst.

MUSTER

Musteraufsatz	Erläuterung
Klasse 7c Humboldt-Gymnasium Schulstraße 7 97873 Kleinsendelbach An den Schulleiter Herrn Dr. Hering Humboldt-Gymnasium Schulstraße 7 97873 Kleinsendelbach 17.03.2016 **Bitte um Genehmigung einer Lesenacht** Sehr geehrter Herr Dr. Hering, im letzten Schuljahr haben Sie es auf unsere Bitte hin ermöglicht, eine Klassenfahrt nach Weißenburg zu unternehmen, um dort das Römermuseum und die Rekonstruktion eines römischen Kastells zu besichtigen. Dafür möchten wir uns nochmals herzlich bedanken. Wir haben auf dieser Klassenfahrt viel gelernt und unsere Klassengemeinschaft wurde gestärkt. Uns ist bewusst, dass wir nicht jedes Jahr eine mehrtägige Klassenfahrt unternehmen können. Dennoch würden wir gerne auch in diesem Schuljahr eine besondere Veranstaltung durchführen: Wir möchten – nach Möglichkeit am Freitag, dem 24. Juni 2016 – nachmittags an unserer Klassenzeitung arbeiten, anschließend im Pausenhof grillen und nach einem Leseabend in der Schule übernachten. Frau Sendel, unsere Deutschlehrerin, und Herr Mronz, unser Geschichtslehrer, haben sich schon dazu bereit erklärt, die Aufsicht zu übernehmen. Deshalb bitten wir Sie um die Genehmigung der Lesenacht. Eine Lesenacht hätte sehr viele positive Auswirkungen. So ist eine Stärkung der Klassengemeinschaft zu erwarten. Bereits die Vorbereitung der Lesenacht hat dazu geführt, dass wir Qualitäten an den Mitschülerinnen und Mitschülern kennengelernt haben, die uns bisher verborgen geblieben sind, weil	

Musteraufsatz	Erläuterung
sie im Unterricht keine große Rolle spielen. Dadurch können aber gerade Schülerinnen und Schüler, die vielleicht im Unterricht nicht die besten Leistungen erbringen, ihre Stärken ausspielen. Bei der bisherigen Organisation der Lesenacht haben sich besonders Schüler engagiert, deren Fähigkeiten eher im praktischen Bereich zu finden sind. Sie haben zum Beispiel sofort nach Entstehung der Idee geklärt, ob Frau Sendel und Herr Mronz die Aufsicht übernehmen würden, und vorgeschlagen, auch die Nachbarn zu informieren, damit diese sich keine Sorgen machen, wenn nachts noch Licht in der Schule brennt. Andere Schüler wiederum haben sich in die Vorbereitung dieses Briefes eingebracht, so dass auch sie ihre Stärken eingesetzt haben, was von allen Mitgliedern der Klasse geschätzt wird. Außerdem ist zu erwarten, dass nicht nur die Vorbereitung, sondern auch die Lesenacht selbst zu einer Verbesserung der Klassengemeinschaft beiträgt, weil sich die Schülerinnen und Schüler in einer ungewöhnlichen Situation kennenlernen. Wir – und vielleicht auch Sie – haben bereits bei unserer Klassenfahrt im letzten Schuljahr nach Weißenburg bemerkt, wie sehr uns das intensive Zusammensein über mehrere Tage hinweg zusammengeschweißt hat. Eine ähnliche Entwicklung erhoffen wir uns von der Lesenacht, weil wir uns sicherlich immer daran erinnern werden, wie wir in der Schule übernachtet haben. Doch die Lesenacht wäre nicht nur für unsere Klassengemeinschaft förderlich, wir planen, den Nachmittag dafür zu nutzen, um an unserer Klassenzeitung zu arbeiten. Es würde die Arbeit sicher erleichtern, wenn es möglich wäre, an der Klassenzeitung zu arbeiten, ohne im Stundentakt – wie an einem normalen Schultag – unterbrochen zu werden. Durch die Unterbrechungen fällt sehr viel Zeit weg, weil stets alle Arbeitsmaterialien her- und wieder weggeräumt werden müssen. Dazu kommt, dass man viel Zeit braucht, um sich wieder in die Aufgabe hineinzudenken. Auch gehen wir davon aus, dass wir an diesem Nachmittag viele Arbeiten erledigen könnten, bei denen Absprachen unter uns zwingend nötig sind, die aber oft schwierig zu koordinieren sind. Da wir alle neben der Schule in unterschiedlichen Sportvereinen sind, Musikinstrumente erlernen oder sonstige Termine haben, ist es schwierig, am Nachmittag gemeinsame Termine zu finden. Den Nachmittag vor der Lesenacht haben wir uns alle schon reserviert, sodass hier alle Zeit haben.	

Musteraufsatz	Erläuterung
Neben der Nutzung des Nachmittags für die Arbeit an der Klassenzeitung erwarten wir uns durch die eigentliche Lesenacht eine größere Motivation zum Lesen, die doch die Voraussetzung für die Lesekompetenz ist, die wir in allen Fächern brauchen. Wir planen gemeinsame Leserunden, in denen sich Gruppen mit verschiedenen Leseinteressen treffen. Dort wird aus Büchern vorgelesen, die die jeweiligen Schülerinnen und Schüler gerade lesen. Dadurch besteht die Möglichkeit, neue Bücher kennenzulernen, die die jeweiligen Schüler tatsächlich interessieren, denn wir sind in einem Alter, in dem sich die Leseinteressen sehr stark unterscheiden. Während die einen Fantasyromane brennend interessieren, winken andere dabei nur ab und begeistern sich dagegen für Sachbücher oder für Krimis. Besonders wichtig ist uns aber, dass das Lesen in der Schule für uns durch die Durchführung der Lesenacht zu einer angenehmen Beschäftigung wird. Obwohl sich die Deutschlehrer wirklich Mühe geben, ist das Lesen in und für die Schule für uns, wie Sie sich wahrscheinlich denken können, doch nicht selten mit negativen Gefühlen verbunden: Es ist eine Pflichtaufgabe, die unter Druck durchgeführt werden muss. Das ist bei einer Lesenacht ganz anders. Insgesamt erwarten wir uns also viel von der Durchführung der Lesenacht, nämlich eine weitere Stärkung unseres Gemeinschaftsgefühls, die Möglichkeit, intensiv an unserer Klassenzeitung zu arbeiten, und eine Verbesserung unserer Lesemotivation und dadurch letztlich auch unserer Lesekompetenz. Wir bitten Sie deshalb, unseren Antrag wohlwollend zu prüfen und die Klassensprecher oder die Klassenleiterin über Ihre Haltung zu informieren. Wir würden uns sehr freuen, wenn Sie uns die Genehmigung erteilen, die Lesenacht durchzuführen. Schon im Voraus möchten wir uns für Ihre Mühen bedanken. Mit freundlichen Grüßen Ihre Klasse 7c Ansprechpartner Irene Pfeiffer und Moritz Jung (Klassensprecher) Frau Sendel (Klassenleiterin und Deutschlehrerin)	

Sicherlich ist dieser Brief überzeugender als das erste Beispiel. Du kannst dich natürlich fragen, ob der Brief derart ausführlich sein muss. Ein wenig kürzer hätte man den Brief schon fassen können, aber um jemanden zu überzeugen, wird es immer nötig sein, etwas auszuholen. Dadurch erkennt der Empfänger auch, dass sich die Klasse große Mühe gegeben hat. Er wird diese Mühe wertschätzen.

Um einen so ausführlichen Brief zu verfassen, brauchst du Materialien zur Vorbereitung. Häufig stellt dir dein Lehrer solche Materialien zur Verfügung, die du dann für deine Recherche nutzen kannst.

MUSTER

Bei dem nachfolgenden Brief sind nicht nur – wie das deine Aufgabe war – Behauptungen, Begründungen und Beispiele sowie die Überleitungen mit unterschiedlichen Farben markiert worden, sondern auch die weiteren Teile des Briefes kurz erläutert worden. Vergleiche deine Lösung mit dieser und lies dir auch die Erläuterungen genau durch!

Lösungsvorschlag für Arbeitsauftrag 1, 2 und 3:

	Musteraufsatz	Erläuterung
	Klasse 7c Humboldt-Gymnasium Schulstraße 7 97873 Kleinsendelbach	Briefkopf Absender
	An den Schulleiter Herrn Dr. Hering Humboldt-Gymnasium Schulstraße 7 97873 Kleinsendelbach	Empfänger und Ansprechpartner
	17.03.2016	Datum
	Bitte um Genehmigung einer Lesenacht	Betreffzeile: Anliegen – formuliert im Nominalstil, also mit Hilfe von Nomen und nicht als Satz
	Sehr geehrter Herr Dr. Hering,	Anrede

	Musteraufsatz	Erläuterung
EINLEITUNG	im letzten Schuljahr haben Sie es auf unsere Bitte hin ermöglicht, eine Klassenfahrt nach Weißenburg zu unternehmen, um dort das Römermuseum und die Rekonstruktion eines römischen Kastells zu besichtigen. Dafür möchten wir uns nochmals herzlich bedanken. Wir haben auf dieser Klassenfahrt viel gelernt und unsere Klassengemeinschaft wurde gestärkt. Uns ist bewusst, dass wir nicht jedes Jahr eine mehrtägige Klassenfahrt unternehmen können. Dennoch würden wir gerne auch in diesem Schuljahr eine besondere Veranstaltung durchführen: Wir möchten – nach Möglichkeit am Freitag, dem 24. Juni 2016 – nachmittags an unserer Klassenzeitung arbeiten, anschließend im Pausenhof grillen und nach einem Leseabend in der Schule übernachten. Frau Sendel, unsere Deutschlehrerin, und Herr Mronz, unser Geschichtslehrer, haben sich schon dazu bereit erklärt, die Aufsicht zu übernehmen. Deshalb bitten wir Sie um die Genehmigung der Lesenacht.	1 Dank für die Genehmigung einer Klassenfahrt im letzten Schuljahr kurzer Bericht über die Klassenfahrt; direktes Ansprechen des Schulleiters Überleitung zum gegenwärtigen Wunsch Vorstellung der Pläne (Hier wird also letztlich definiert, was die Klasse sich unter einer Lesenacht vorstellt.) direktes Ansprechen des Schulleiters: Bitte um die Genehmigung der Lesenacht
HAUPTTEIL	Eine Lesenacht hätte sehr viele positive Auswirkungen. So ist eine Stärkung der Klassengemeinschaft zu erwarten. Bereits die Vorbereitung der Lesenacht hat dazu geführt, dass wir Qualitäten an den Mitschülerinnen und Mitschülern kennengelernt haben, die uns bisher verborgen geblieben sind, weil sie im Unterricht keine große Rolle spielen. Dadurch können aber gerade Schülerinnen und Schüler, die vielleicht im Unterricht nicht die besten Leistungen erbringen, ihre Stärken ausspielen. Bei der bisherigen Organisation der Lesenacht haben sich besonders Schüler engagiert, deren Fähigkeiten eher im praktischen Bereich zu finden sind. Sie haben zum Beispiel sofort nach Entstehung der Idee geklärt, ob Frau Sendel und Herr Mronz die Aufsicht übernehmen würden, und vorgeschlagen, auch die Nachbarn zu informieren, damit diese sich keine Sorgen machen, wenn nachts noch Licht in der Schule brennt. Andere Schüler wiederum haben sich in die Vorbereitung dieses Briefes eingebracht, so dass auch sie ihre Stärken eingesetzt haben, was von allen Mitgliedern der Klasse geschätzt wird.	2 Ausgangsbehauptung: vielfältige Vorteile einer Lesenacht *2.1 Behauptung 1: Stärkung der Klassengemeinschaft* 2.1.1 Begründung 1 zu Behauptung 1: Kennenlernen von nicht unterrichtsrelevanten Stärken bei der Vorbereitung Beispiel 1: Suche nach Aufsichten (gleichzeitig Entkräftung eines Gegenarguments) Beispiel 2: Information der Nachbarn (gleichzeitig Entkräftung eines Gegenarguments) Beispiel 3: Verfassen des Briefes

	Musteraufsatz	Erläuterung
HAUPTTEIL	Außerdem ist zu erwarten, dass nicht nur die Vorbereitung, sondern auch die Lesenacht selbst zu einer Verbesserung der Klassengemeinschaft beiträgt, weil sich die Schülerinnen und Schüler in einer ungewöhnlichen Situation kennenlernen. Wir – und vielleicht auch Sie – haben bereits bei unserer Klassenfahrt im letzten Schuljahr nach Weißenburg bemerkt, wie sehr uns das intensive Zusammensein über mehrere Tage hinweg zusammengeschweißt hat. Eine ähnliche Entwicklung erhoffen wir uns von der Lesenacht, weil wir uns sicherlich immer daran erinnern werden, wie wir in der Schule übernachtet haben.	Überleitung 2.1.2 Begründung 2 zu Behauptung 1: Kennenlernen in außerunterrichtlicher Situation Beispiel: Erinnerung an die Erfahrungen der Klassenfahrt direktes Ansprechen des Schulleiters: Einbeziehen seiner Erfahrungen
	Doch die Lesenacht wäre nicht nur für unsere Klassengemeinschaft förderlich, wir planen, den Nachmittag dafür zu nutzen, um an unserer Klassenzeitung zu arbeiten. Es würde die Arbeit sicher erleichtern, wenn es möglich wäre, an der Klassenzeitung zu arbeiten, ohne im Stundentakt – wie an einem normalen Schultag – unterbrochen zu werden. Durch die Unterbrechungen fällt sehr viel Zeit weg, weil stets alle Arbeitsmaterialien her- und wieder weggeräumt werden müssen. Dazu kommt, dass man viel Zeit braucht, um sich wieder in die Aufgabe hineinzudenken. Auch gehen wir davon aus, dass wir an diesem Nachmittag viele Arbeiten erledigen könnten, bei denen Absprachen unter uns zwingend nötig sind, die aber oft schwierig zu koordinieren sind. Da wir alle neben der Schule in unterschiedlichen Sportvereinen sind, Musikinstrumente erlernen oder sonstige Termine haben, ist es schwierig, am Nachmittag gemeinsame Termine zu finden. Den Nachmittag vor der Lesenacht haben wir uns alle schon reserviert, sodass hier alle Zeit haben.	Überleitung *2.2 Behauptung 2: Intensive Arbeit an der Klassenzeitung* 2.2.1 Begründung 1 zu Behauptung 2: Arbeit über längere Zeit hinweg möglich Beispiel 1: kein Zeitverlust durch Her- und Wegraumen der Materialien Beispiel 2: kein Zeitverlust durch Hineindenken nach jeder Unterbrechung Überleitung 2.2.2 Begründung 2 zu Behauptung 2: Absprachetermin nötig, aber schwierig zu koordinieren Beispiel: sonstige Verpflichtungen

	Musteraufsatz	Erläuterung
HAUPTTEIL	Neben der Nutzung des Nachmittags für die Arbeit an der Klassenzeitung erwarten wir uns durch die eigentliche Lesenacht eine größere Motivation zum Lesen, die doch die Voraussetzung für die Lesekompetenz ist, die wir in allen Fächern brauchen. Wir planen gemeinsame Leserunden, in denen sich Gruppen mit verschiedenen Leseinteressen treffen. Dort wird aus Büchern vorgelesen, die die jeweiligen Schülerinnen und Schüler gerade lesen. Dadurch besteht die Möglichkeit, neue Bücher kennenzulernen, die die jeweiligen Schüler tatsächlich interessieren, denn wir sind in einem Alter, in dem sich die Leseinteressen sehr stark unterscheiden. Während die einen Fantasyromane brennend interessieren, winken andere dabei nur ab und begeistern sich dagegen für Sachbücher oder für Krimis.	Überleitung *2.3 Behauptung 3: Verbesserung der Lesemotivation* 2.3.1 Begründung 1 zu Behauptung 3: Kennenlernen neuer Bücher in Leserunden Beispiel: unterschiedliche Vorlieben
	Besonders wichtig ist uns aber, dass das Lesen in der Schule für uns durch die Durchführung der Lesenacht zu einer angenehmen Beschäftigung wird. Obwohl sich die Deutschlehrer wirklich Mühe geben, ist das Lesen in und für die Schule für uns, wie Sie sich wahrscheinlich denken können, doch nicht selten mit negativen Gefühlen verbunden: Es ist eine Pflichtaufgabe, die unter Druck durchgeführt werden muss. Das ist bei einer Lesenacht ganz anders. Insgesamt erwarten wir uns also viel von der Durchführung der Lesenacht, nämlich eine weitere Stärkung unseres Gemeinschaftsgefühls, die Möglichkeit, intensiv an unserer Klassenzeitung zu arbeiten und eine Verbesserung unserer Lesemotivation und dadurch letztlich auch unserer Lesekompetenz.	Überleitung 2.3.2 Begründung 2 zu Behauptung 3: Lesen als angenehme Beschäftigung Beispiel: Gegenüberstellung des Lesens in und für die Schule und der Lesenacht direktes Ansprechen des Schulleiters: Einbeziehung seiner Erfahrungen Überleitung 2.4 Zusammenfassung und Bezugnahme auf die Ausgangsbehauptung: Erwartungen an die Lesenacht

	Musteraufsatz	Erläuterung
SCHLUSS	Wir bitten Sie deshalb, unseren Antrag wohlwollend zu prüfen und die Klassensprecher oder die Klassenleiterin über Ihre Haltung zu informieren. Wir würden uns sehr freuen, wenn Sie uns die Genehmigung erteilen, die Lesenacht durchzuführen. Schon im Voraus möchten wir uns für Ihre Mühen bedanken.	Überleitung 3 Wiederholung und Dank, Bitte um Information der Ansprechpartner; direktes Ansprechen des Schulleiters: Verdeutlichung der Erwartungen und Dank
	Mit freundlichen Grüßen Ihre Klasse 7c Ansprechpartner Irene Pfeiffer und Moritz Jung (Klassensprecher) Frau Sendel (Klassenleiterin und Deutschlehrerin)	Schlussformel alle Ansprechpartner

MUSTER **Lösung für Arbeitsauftrag 4:**

Gliederung

1 Dank für die Genehmigung einer Klassenfahrt im letzten Schuljahr und Bitte um die Genehmigung der Lesenacht

2 Vielfältige Vorteile einer Lesenacht
- 2.1 Stärkung der Klassengemeinschaft
  - 2.1.1 Kennenlernen der nicht unterrichtsrelevanten Stärken der Schüler bei der Vorbereitung
  - 2.1.2 Kennenlernen von Schülern und Lehrern in außerunterrichtlicher Situation
- 2.2 Möglichkeit zur Arbeit an der Klassenzeitung
  - 2.2.1 Arbeit ohne Unterbrechungen
  - 2.2.2 Gemeinsamer Termin
- 2.3 Verbesserung der Lesemotivation
  - 2.3.1 Kennenlernen neuer Bücher
  - 2.3.2 Lesen als angenehme Beschäftigung
- 2.4 Erwartungen an die Lesenacht

3 Wiederholung der Bitte um eine Genehmigung der Lesenacht und um die Information der Ansprechpartner

2.3.4 Überleitungen im Brief

Beachte die grün markierten Textstellen im Musterbrief (S. 155 ff.). In der Fachsprache nennt man sie Überleitungen. Eine Überleitung verbindet das vorangehende Argument mit dem folgenden oder verknüpft andere Teile des Textes miteinander. Wenn du die markierten Überleitungen genauer ansiehst, wirst du feststellen, dass du verschiedene Arten von Überleitungen unterscheiden kannst:

- **reihende Überleitungen**: Überleitungen, die zwei Gedanken miteinander reihend verknüpfen,
- **steigernde Überleitungen**: Überleitungen, die eine Verbindung zwischen sich steigernden Gedanken herstellen,
- **Überleitungen zur Betonung von Gegensätzen**,
- **schlussfolgernde Überleitungen**.

ÜBUNG

Ordne die Überleitungen des Textes den oben aufgezählten Arten von Überleitungen zu. Ergänze dann weitere Überleitungen, die dir selbst einfallen!

MUSTER

Lösung:

- **reihende Überleitungen**: Überleitungen, die zwei Gedanken miteinander reihend verknüpfen
  - Überleitungen aus dem Musterbrief:
    außerdem; neben …; auch
  - weitere Überleitungen:
    zudem, im Übrigen, ferner, ebenso, abgesehen von …
    Erwähnenswert ist auch …
    Zu beachten ist auch …
    Außerdem lässt sich anführen, dass …
    Im Übrigen sollte man nicht vergessen, dass …
    Eine wichtige Rolle spielt …
    Ein weiterer / wichtiger Gesichtspunkt ist …
    Eng damit verknüpft …

- **steigernde Überleitungen**: Überleitungen, die eine Verbindung zwischen sich steigernden Gedanken herstellen
  - Überleitungen aus dem Musterbrief:
    Besonders wichtig ist aber, dass …; nicht nur …, sondern auch …
  - weitere Überleitungen:
    Darüber hinaus
    Als Erstes ist zu beachten / nennen …
    Dazu kommt, dass …
    Am wichtigsten erscheint …
    Besonders schwerwiegend erscheint / ist …

- **Überleitungen zur Betonung von Gegensätzen**
  - Überleitungen aus dem Musterbrief:
    dennoch, doch, aber
  - weitere Überleitungen:
    dagegen, jedoch, …
    Vorteilhaft / Nachteilig ist, dass …
    Von Vorteil / Von Nachteil ist, dass …
    Man muss einwenden, dass …
    Wie man jedoch einräumen muss, …

- **schlussfolgernde Überleitungen**
  - Überleitungen aus dem Musterbrief:
    insgesamt, also, deshalb
  - weitere Überleitungen:
    Damit wird deutlich, dass …
    Zusammenfassend ist zu sagen, dass …

2.3.5 Kurz gefasst: Wie schreibe ich eine begründete Stellungnahme?

Schritt 1: Lies die Aufgabenstellung genau durch!
Es ist wichtig, ganz genau zu erfassen, wozu du Stellung nehmen sollst.
Diese Fragen können dir dabei helfen:

- Mit welchem **Thema** sollst du dich beschäftigen? Ist die **Position** vorgegeben oder kannst du selbst entscheiden, ob du dich für oder gegen etwas aussprichst?
- Verstehst du alle Begrifflichkeiten? Geh sicher, dass du den **Schlüsselbegriff der Themastellung** definieren kannst!
- In der Aufgabenstellung ist die **Schreibform**, also der Rahmen deiner begründeten Stellungnahme vorgegeben: Sollst du einen persönlichen Brief schreiben? Oder einen sachlichen Brief? Oder einen Leserbrief? …
- Gibt es Informationen zum **Adressaten** deines Textes?
- Weist die Aufgabenstellung auf **Materialien** hin, die du nutzen sollst? Erfährst du Genaueres dazu, wie und zu welchem Zweck du die Materialien nutzen sollst?

TIPP

Nimm dir für Schritt 1 Zeit, sonst schreibst du vielleicht am Thema vorbei.

Schritt 2: Hast du Materialien zur Verfügung?
Falls ja: Untersuche sie genau und überlege, wie du sie für deine Argumentation nutzen kannst! Wenn Materialien zur Aufgabenstellung gehören, musst du sie übrigens verwenden. Du kannst sie nicht einfach außen vor lassen.

Schritt 3: Lege eine Stoffsammlung an!
Sammle Argumente, die für deine Position sprechen. In der Stoffsammlung kannst du Behauptungen, Begründungen und Beispiele bzw. Belege notieren, die dir einfallen.

Was machst du, wenn dir nichts einfällt?
Hier können dir die **W-Fragen** helfen: Wer? Was ? Wann? Wo? Wie? Warum? Welche Folgen?
Durchdenke deine Position und überlege zum Beispiel, welche Folgen es haben kann, wenn man kein Handy besitzt.

Schritt 4: Ordne deine Stoffsammlung!
Markiere die Punkte deiner Stoffsammlung, die zusammengehören! Welche Begründung gehört zu welcher Behauptung? Welche Behauptungen gehören so eng zusammen, dass es besser ist, sie zusammenzufassen?
Überprüfe, ob deine Stoffsammlung vollständig ist! Kannst du deine Behauptungen mit Begründungen und Beispielen bzw. Belegen stützen? Nimm Ergänzungen vor!
Lies dir nochmals das Thema durch und streiche die Punkte deiner Stoffsammlung, die nicht exakt zum Thema passen!

Schritt 5: Suche die Argumente (Behauptung, Begründung, Beispiel / Beleg) aus der geordneten Stoffsammlung aus, die am überzeugendsten und am wichtigsten erscheinen! Lege die **Reihenfolge** deiner Argumente fest!
Wichtig:
Denk dabei an den Adressaten deiner begründeten Stellungnahme! Die Argumente müssen für ihn überzeugend sein!

TIPP

Führe das überzeugendste Argument am Schluss auf, weil sich der Leser am besten an dieses Argument erinnern wird.

Schritt 6: Erstelle einen Schreibplan für deine begründete Stellungnahme!
Denke hier und auch später beim Schreiben nochmals an den Rahmen deiner begründeten Stellungnahme (→ Schritt 1)! Überlege dir, wie du in der Einleitung zum Thema hinführen könntest und was du zum Abschluss schreiben könntest.

Schritt 7: Erst jetzt geht es ans Schreiben!

Schritt 8: Arbeite deinen Schreibplan zu einer Gliederung um!

Schritt 9: Geschafft – fast:
Nach dem Schreiben solltest du **Rechtschreibung und Zeichensetzung** kontrollieren, aber auch deine Argumentation nochmals kritisch **prüfen**! Nimm dir Zeit dafür! Noch kannst du Veränderungen vornehmen!

2.3.6 Musteraufsatz II mit Übung: Brief an den Schulleiter – Bitte um die Beibehaltung der Sport- und Gesundheitstage

ÜBUNG

Verfasse einen sachlichen Brief, der sich an den Schulleiter des Humboldt-Gymnasiums Herrn Dr. Hering richtet. Versuche, ihn von den Sport- und Gesundheitstagen zu überzeugen, die seit zwei Schuljahren in der siebten Jahrgangsstufe durchgeführt werden, damit diese nicht – wie geplant – abgeschafft werden. Nutze die Materialien für deine Argumentation!
Geh dabei Schritt für Schritt vor (vgl. S. 161 f.) und vergleiche deine Lösung immer wieder mit dem hier abgedruckten Lösungsvorschlag!

Material 1:
In der Schülerzeitung des Humboldt-Gymnasiums liest du folgende Notiz:

Sport- und Gesundheitstage – Werden sie abgeschafft?
Erst vor zwei Jahren wurden sie eingeführt, jetzt sollen sie Gerüchten zufolge schon wieder abgeschafft werden: die Sport- und Gesundheitstage im Rahmen einer dreitägigen Fahrt der siebten Klassen des Humboldt-Gymnasiums.

Material 2:

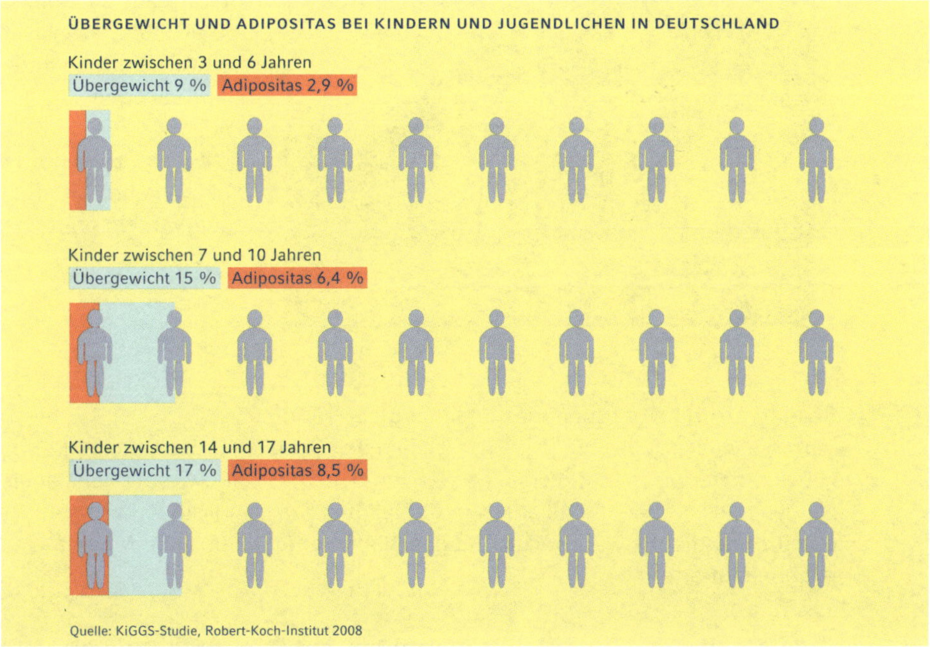

Material 3: Humboldt-Gymnasium
Schulstraße 7
97873 Kleinsendelbach

Material 4:
„Der Kampf gegen Fettleibigkeit bei Kindern kommt weltweit nur sehr schleppend voran: Die Zahl der übergewichtigen Kinder ist in den vergangenen 30 Jahren drastisch angestiegen – selbst in jenen Ländern, in denen viele Kinder unterernährt sind. Das stellt ein internationales Team von Wissenschaftlern in einer Serie von Studien fest [...].“[41]

Material 5:

Programm der Sport- und Gesundheitstage – dreitägige Klassenfahrt für die Schüler der siebten Jahrgangsstufe:
- Vorbereitung aller Mahlzeiten durch Kleingruppen von Schülern unter Anleitung einer Ernährungswissenschaftlerin: Frühstück, Mittagessen, Abendessen
- Einkauf der notwendigen Lebensmittel durch eine Schülergruppe und die Lehrer kurz vor der Fahrt

Programm:
- Wanderungen, Sport- und Spielprogramm unter Beteiligung der Tutoren (z. B. Gesundheitsquiz, das von den Tutoren vorbereitet wurde)
- Brotbacken unter Anleitung der Ernährungswissenschaftlerin
- Informationen durch die Ernährungswissenschaftlerin über die Grundsätze einer gesunden Ernährung

Übernachtungsort:
Kreativzentrum Sachsenmühle in der Fränkischen Schweiz – mitten in der Natur gelegen

Kosten: 90 Euro pro Person (inkl. Anfahrt mit öffentlichen Verkehrsmitteln von der Schule aus)[42]

MUSTER

Lösung für Schritt 1 (genaues Lesen; vgl. S. 161):
Verfasse einen sachlichen Brief, der sich an den Schulleiter des Humboldt-Gymnasiums Herrn Dr. Hering richtet. Versuche, ihn von den Sport- und Gesundheitstagen zu überzeugen, die seit zwei Schuljahren in der siebten Jahrgangsstufe durchgeführt werden, damit diese nicht – wie geplant – abgeschafft werden. Nutze die Materialien für deine Argumentation!

---

41 Quelle: Spiegel online Kindergesundheit: Fettleibigkeitsepidemie lässt sich kaum stoppen. http://www.spiegel.de/gesundheit/ernaehrung/uebergewicht-bei-kindern-und-jugendlichen-nimmt-weltweit-weiter-zu-a-1019140.html (Artikel vom 15.02.2015; abgerufen am 01.01.2016).
42 http://www.gruppenfreizeiten.de/kreativzentrum-sachsenmuehle-goessweinstein (abgerufen am 01.01.2016).

- Schreibform: sachlicher Brief
- Adressat: Schulleiter des Humboldt-Gymnasiums Herr Dr. Hering (Adresse: Humboldt-Gymnasium, Schulstraße 7, 97873 Kleinsendelbach, vgl. Material 3)
- Thema und Position: gegen die geplante Abschaffung der Sport- und Gesundheitstage in der 7. Jahrgangsstufe
- Definition des Schlüsselbegriffs: Sport- und Gesundheitstage
  Vgl. Material 5: Programm – dreitägige Klassenfahrt für die Schüler der 7. Jahrgangsstufe, deren Programm zum Treiben von Sport und zu gesunder Ernährung bewegen soll und das nötige Wissen vermitteln will
- Materialien: 5 Materialien, die genutzt werden müssen!

Lösung für Schritt 2 (Materialien):

Art der Materialien und Inhalt	Nutzungsmöglichkeit
Material 1: Notiz der Schülerzeitung, die über den Plan informiert, die Sport- und Gesundheitstage abzuschaffen	Anlass des Schreibens – Einleitung
Material 2: Statistik zu Übergewicht bei Kindern und Jugendlichen in Deutschland	Nutzung für die Argumentation: Sport- und Gesundheitstage zur Vorbeugung wichtig
Material 3: Adresse der Schule	Briefkopf
Material 4: Online-Artikel – weltweit Anstieg der Zahl der übergewichtigen Kinder in den letzten 30 Jahren	Nutzung für die Argumentation: Sport- und Gesundheitstage zur Vorbeugung wichtig
Material 5: Programm der Sport- und Gesundheitstage	Nutzung für die Argumentation: • umfangreiches Programm → viel mehr Lernzeit als im Biologieunterricht • Vorbereitung aller Mahlzeiten durch Schüler unter Anleitung einer Ernährungswissenschaftlerin → Vermittlung von Wissen bei der praktischen Arbeit, Stärkung der Klassengemeinschaft durch die gemeinsame Tätigkeit, Kennenlernen der nicht unterrichtsrelevanten Stärken der Schüler • Einkauf der notwendigen Lebensmittel durch eine Schülergruppe und die Lehrer kurz vor der Fahrt → Stärkung der Klassengemeinschaft und der Beziehung zu Lehrern durch die gemeinsame Tätigkeit; Kennenlernen von Schülern und Lehrern in außerunterrichtlicher Situation; Kennenlernen der nicht unterrichtsrelevanten Stärken der Schüler • Wanderungen, Sport- und Spielprogramm unter Beteiligung der Tutoren → Stärkung der Klassengemeinschaft und der Beziehung zu Lehrern

Art der Materialien und Inhalt	Nutzungsmöglichkeit
	• gemeinsame sportliche Betätigung, die Freude macht → Gesundheitsförderung • Gesundheitsquiz der Tutoren → spielerisches Lernen • Brotbacken unter Anleitung der Ernährungswissenschaftlerin → Experteninformationen und Vermittlung von Wissen bei der praktischen Arbeit; Stärkung der Klassengemeinschaft durch die gemeinsame Tätigkeit, Kennenlernen der nicht unterrichtsrelevanten Stärken der Schüler • Informationen durch die Ernährungswissenschaftlerin über die Grundsätze einer gesunden Ernährung → Experteninformationen

MUSTER

Lösung für Schritt 6 (Schreibplan)[43]:

Schreibplan: Brief an den Schulleiter (Abschaffung der Sport- u. Gesundheitstage)

1 Einleitung
Dank für die Genehmigung der Lesenacht – Überleitung zum Anliegen: Bitte, die Sport- und Gesundheitstage nicht abzuschaffen – Anlass des Briefes: Nachricht in der Schülerzeitung (Bezug auf Material 1)

2 Ausgangsbehauptung: große Bedeutung der Sport- und Gesundheitstage für die Entwicklung der Schüler

2.1 Behauptung 1: Stärkung der Klassengemeinschaft und Verbesserung des Lehrer-Schüler-Verhältnisses

Begründung 1 zu Behauptung 1: enge Zusammenarbeit unter den Schülern
Begründung 2 zu Behauptung 1: enge Zusammenarbeit mit den Lehrern
Beispiel 1 für Begründung 1 und 2: Suche nach Rezepten (Bezug auf Material 5)
Beispiel 2 für Begründung 1 und 2: Einkauf der Lebensmittel (Bezug auf Material 5)
Begründung 3 zu Behauptung 1: Kennenlernen in außerunterrichtlicher Situation
Beispiel: gemeinsame Erfahrung des Brotbackens (Bezug auf Material 5)

2.2 Behauptung 2: Notwendigkeit zur Beschäftigung mit Gesundheitsfragen

Begründung zu Behauptung 2: Zunahme von übergewichtigen Kindern und Jugendlichen
Beleg 1: weltweit Zunahme der Zahl übergewichtiger Kinder (Bezug auf Material 4)
Beleg 2: Ergebnisse einer Studie zum Anteil der übergewichtigen Kinder und Jugendlichen in Deutschland (Bezug auf Material 2)

2.3 Behauptung 3: Freude an der gemeinsamen Bewegung

Begründung zu Behauptung 3: keine Noten, gemeinsame Bewegung
Beispiel: Wanderungen

---

43 Die Schritte 3–5 (vgl. S. 161) sind hier nicht separat aufgeführt. Du kannst sie an den nächsten Schritten ableiten.

Schreibplan: Brief an den Schulleiter (Abschaffung der Sport- u. Gesundheitstage)
2.4 Behauptung 4: Möglichkeit zum intensiven Lernen Begründung 1 zu Behauptung 4: mehr Zeit Beleg: Vergleich der Stundenzahlen des Biologieunterrichts mit der Dauer der Klassenfahrt Begründung 2 zu Behauptung 4: spielerische und praktische Beschäftigung mit Gesundheitsfragen Beispiel 1: Gesundheitsquiz (Bezug zu Material 5) Beispiel 2: Kochkurs, gesundes frisches Essen (Bezug zu Material 5) 2.5 Zusammenfassung und Bezugnahme auf die Ausgangsbehauptung: große Bedeutung der Sport- und Gesundheitstage für die Entwicklung der Schüler **3 Wiederholung des Anliegens und Dank**

MUSTER

Lösung für Schritt 7 (Schreiben):

- Lies nun den nachfolgenden Musteraufsatz und denke ihn durch.
- Achte dabei genau auf die markierten Behauptungen, Begründungen und Beispiele bzw. Belege und Überleitungen. Die unterstrichenen Stellen sprechen den Adressaten direkt an.
- Erstelle dann eine Gliederung für diesen Brief mit Hilfe der Markierungen!

Musterbrief	Erläuterung
Klasse 7c Humboldt-Gymnasium Schulstraße 7 97873 Kleinsendelbach	Briefkopf Absender
An den Schulleiter Herrn Dr. Hering Humboldt-Gymnasium Schulstraße 7 97873 Kleinsendelbach	Empfänger und Ansprechpartner
20.04.2016	Datum
Bitte um Beibehaltung der Sport- und Gesundheitstage	Betreffzeile: Anliegen – formuliert im Nominalstil, also mit Hilfe von Nomen und nicht als Satz
Sehr geehrter Herr Dr. Hering,	Anrede
wir möchten uns im Auftrag der Klasse 7c nochmals herzlich für Ihre Genehmigung unserer Lesenacht bedanken. Wir freuen uns sehr darauf und werden sie sicher lange in Erinnerung behalten. Da wir in diesem Schuljahr auch in den Genuss der Sport- und Gesundheitstage gekommen sind, wenden wir uns	1 Dank für die Genehmigung der Lesenacht; direktes Ansprechen des Schulleiters – Überleitung zum Anliegen, direktes Ansprechen

Musterbrief	Erläuterung
mit diesem Brief an Sie. Wir haben in der Schülerzeitung gelesen, dass geplant ist, die Sport- und Gesundheitstage wieder abzuschaffen. Wir bitten Sie im Sinne der uns nachfolgenden Jahrgänge sehr, diese Entscheidung zu überdenken und die siebten Klassen weiter diese Klassenfahrt unternehmen zu lassen.	des Schulleiters: Bitte darum, die Sport- und Gesundheitstage nicht abzuschaffen – Anlass des Briefes: Nachricht in der Schülerzeitung (Bezug auf Material 1)
Die Sport- und Gesundheitstage sind ganz wesentlich für die Entwicklung der Schülerinnen und Schüler am Humboldt-Gymnasium. Wie jede Klassenfahrt wirken sich die Sport- und Gesundheitstage natürlich sehr positiv auf die Klassengemeinschaft aus. Schon die Vorbereitung der Klassenfahrt, in die wir von unseren Lehrern mit einbezogen worden sind, hat dazu geführt, dass wir sehr eng untereinander, aber auch mit den Lehrern zusammengearbeitet haben. Dadurch, dass wir uns in der Sachsenmühle, wo wir wohnten, selbst versorgen mussten, haben wir uns im Deutsch- und im Biologieunterricht sehr intensiv mit Sachtexten zum Thema Ernährung beschäftigt, um Rezepte und Lebensmittel auszusuchen, die sich auch förderlich auf unsere Gesundheit auswirken. Wir haben dann auf dieser Basis Rezepte ausgesucht und kurz vor der Fahrt gemeinsam mit unseren Lehrern, Frau Stark und Herrn Meier, Lebensmittel eingekauft. Die positiven Effekte haben sich aber nicht nur auf den Zeitraum der Vorbereitung beschränkt, sondern auch die Sport- und Gesundheitstage selbst haben zu einer Verbesserung der Klassengemeinschaft und des Verhältnisses zwischen Lehrern und Schülern beigetragen, weil sich alle Beteiligten in Situationen neu kennenlernten, die sich in der Schule nicht ergeben. Wir erinnern uns noch häufig daran, wie wir mit dem zähen Brotteig gekämpft haben, bis wir es endlich geschafft haben, ihn ausreichend zu kneten, so dass er sich formen ließ. Sowohl Schüler wie auch Lehrer hatten noch nie vorher Brot gebacken. Wir alle waren sehr stolz, als wir unser selbstgebackenes Brot anschneiden durften, und hatten alle Mühen und die Tatsache, dass wir über und über mit Mehl besudelt waren, vergessen.	2 Ausgangsbehauptung: große Bedeutung der Sport- und Gesundheitstage für die Entwicklung der Schüler *2.1 Behauptung 1: Stärkung der Klassengemeinschaft und Verbesserung des Lehrer-Schüler-Verhältnisses* 2.1.1 Begründung 1 zu Behauptung 1: enge Zusammenarbeit unter den Schülern 2.1.2 Begründung 2 zu Behauptung 1: enge Zusammenarbeit mit den Lehrern Beispiel 1 für Begründung 1 und 2: Suche nach Rezepten Beispiel 2: Einkauf der Lebensmittel (Bezug auf Material 5 bei beiden Beispielen) Überleitung mit Wiederholung der Behauptung 1 2.1.3 Begründung 3 zu Behauptung 1: Kennenlernen in außerunterrichtlicher Situation Beispiel: gemeinsame Erfahrung des Brotbackens (Bezug auf Material 5)

Musterbrief	Erläuterung
Natürlich tragen auch andere Klassenfahrten und andere Aktivitäten zu einer Stärkung der Klassengemeinschaft und einer Verbesserung des Verhältnisses zwischen Lehrern und Schülern bei. Doch angesichts der gesellschaftlichen Entwicklung erscheint es uns unbedingt nötig, sich auch in der Schule intensiv mit Gesundheitsfragen zu beschäftigen. Im Deutschunterricht haben wir uns vor den Sport- und Gesundheitstagen mit verschiedenen Sachtexten zum Thema Ernährung beschäftigt. Dabei konnten wir feststellen, dass in den letzten dreißig Jahren weltweit die Zahl der übergewichtigen Kinder angestiegen ist. Auch Deutschland ist hier keine Ausnahme. Einer Studie des Robert-Koch-Instituts aus dem Jahre 2008 zufolge sind in Deutschland 15% der Kinder zwischen 7 und 10 Jahren übergewichtig, 6,4% leiden sogar unter Adipositas, also unter besonders starkem und krankhaftem Übergewicht. Obwohl diese Zahlen schon erschreckend sind, steigt das Gewicht offenbar in den Folgejahren im Durchschnitt weiter an. Jedenfalls sind 17% der Jugendlichen zwischen 14 und 17 Jahren übergewichtig und sogar 8,5% der Jugendlichen dieser Altersgruppe leiden unter Adipositas.	Überleitung *2.2 Behauptung 2: Notwendigkeit zur Beschäftigung mit Gesundheitsfragen* Begründung zu Behauptung 2: Zunahme von übergewichtigen Kindern und Jugendlichen Beispiel 1: weltweit Zunahme der Zahl übergewichtiger Kinder (M4)[44] Beispiel 2: Ergebnisse einer Studie zum Anteil der übergewichtigen Kinder und Jugendlichen in Deutschland (M2)
Gerade deshalb erscheint es uns wichtig, sich sportlich zu betätigen, um dabei Freude an der Bewegung entwickeln zu können. Natürlich dient dem auch der Sportunterricht, aber das Programm der Sport- und Gesundheitstage hat uns ermöglicht, ganz ohne an Noten zu denken, einfach durch die gemeinsame Betätigung Freude an der Bewegung zu entwickeln. So haben wir viele Wanderungen unternommen, die zum Teil wirklich anstrengend waren. Doch wir haben gemerkt, wie viel Freude es macht, sich gemeinsam im Freien zu bewegen. Die Sport- und Gesundheitstage ermöglichen es, sich in einer entspannten Atmosphäre mit den für unser weiteres Leben wichtigen Fragen um Gesundheit und die Rolle des Sports auseinanderzusetzen. Bei dieser Klassenfahrt ist es möglich, das Thema viel intensiver zu behandeln als im Unterricht. Natürlich haben wir uns auch im Biologie- und Sportunterricht mit Ernährung und der Bedeutung des Sports für unser Leben beschäftigt, aber aufgrund der geringen Zeit, die – <u>wie Sie sicher wissen</u> – zur Verfügung steht, konnten wir das nicht vertiefen. Was im Biologieunterricht in wenigen Stunden abgehandelt sein musste, hat uns auf der Klassenfahrt drei Tage und die vielen Stunden beschäftigt, die wir in unserer Freizeit zur Vorbereitung aufgewandt haben.	Überleitung *2.3 Behauptung 3: Freude an der Bewegung* Begründung zu Behauptung 3: keine Noten, gemeinsame Bewegung Beispiel: Wanderungen Überleitung *2.4 Behauptung 4: Möglichkeit zum intensiven Lernen* 2.4.1 Begründung 1 zu Behauptung 4: mehr Zeit <u>direktes Ansprechen des Schulleiters: Einbeziehen seiner Erfahrungen</u> Beispiel 1: Vergleich der Stundenzahlen

---

44 M4 bedeutet im Folgenden Material 4, analog die anderen Materialien.

Musterbrief	Erläuterung
Noch wichtiger als die zur Verfügung stehende Zeit ist aber, dass uns bei der Klassenfahrt ganz andere Möglichkeiten zur Verfügung standen, als es in der Schule der Fall ist. Dadurch konnten wir uns spielerisch und ganz praktisch mit dem Thema beschäftigen. Dazu haben auch die Spiele beigetragen. Wir haben zum Beispiel ein Gesundheitsquiz gespielt, das die Tutoren mit unserer Biologie- und Deutschlehrerin vorbereitet hatten, Darin wurden viele Inhalte abgefragt, die wir bereits im Unterricht kennengelernt hatten. Durch die Wiederholung prägen sie sich uns sicher besser ein. Besonders vorteilhaft ist aber aus unserer Sicht die praktische Erfahrung, die wir gewinnen konnten. Kaum einer von uns hat vor der Klassenfahrt schon selbst gekocht, sodass wir ganz neue Erfahrungen machen konnten. Wie wichtig es für die Gesundheit ist, selbst zu kochen, haben wir von der Ernährungswissenschaftlerin, die uns begleitet hat, Frau Kranzler, erfahren, denn das von uns frisch gekochte Essen enthält keine ungesunden Konservierungsstoffe und viel weniger Fett als Fertiggerichte. Überrascht haben viele von uns festgestellt, dass es eigentlich gar nicht so schwierig ist, wie wir angenommen hatten. Sicher hat es uns in erster Linie Freude bereitet, selbst Brot zu backen. Aber wir haben von Frau Kranzler, der Ernährungswissenschaftlerin, die uns begleitet hat, dabei auch sehr viel über verschiedene Brotsorten und deren Gehalt an Ballaststoffen, Vitaminen und Kalorien gelernt. Einige von uns haben sogar ihre Eltern schon dazu überredet, auch selbst mal Brot zu backen, statt ungesunden Toast zu essen.	Überleitung 2.4.2 Begründung 2 zu Behauptung 4: spielerische und praktische Beschäftigung mit Gesundheitsfragen Beispiel: Gesundheitsquiz (Bezug zu Material 5) Wiederholung der Begründung 2: praktische Beschäftigung mit Gesundheitsfragen Beispiel 2: Kochkurs, gesundes frisches Essen (Bezug zu Material 5)
Wie Sie sicher bemerkt haben, sprechen aus unserer Sicht viele Argumente für die Sport- und Gesundheitstage, weil diese einen wichtigen Beitrag zur Förderung der Schülerinnen und Schüler des Humboldt-Gymnasiums sind, die sich nicht nur auf unsere schulischen Leistungen beziehen sollte. Wir bitten Sie deshalb, davon abzusehen, die Sport- und Gesundheitstage abzuschaffen. Wir würden uns sehr für die nächsten siebten Klassen freuen, wenn auch sie in den Genuss dieser Klassenfahrt kommen könnten. Sehr gerne stehen wir Ihnen zur Verfügung, wenn sich weitere Fragen zu unseren Erfahrungen ergeben sollten. Vielen Dank für Ihre Mühe.	Überleitung, direktes Ansprechen des Schulleiters 2.5 Zusammenfassung und Bezugnahme auf die Ausgangsbehauptung Überleitung, direktes Ansprechen des Schulleiters 3 Wiederholung des Anliegens und Dank

Musterbrief	Erläuterung
Mit freundlichen Grüßen Ihre Klasse 7c Ansprechpartner: Irene Pfeiffer und Moritz Jung (Klassensprecher)	Schlussformel Absender bzw. Ansprechpartner

MUSTER **Lösung für Schritt 8 (Gliederung):**

Gliederung
1 Dank für die Genehmigung der Lesenacht und Bitte um Beibehaltung der Sport- und Gesundheitstage 2 Bedeutung der Sport- und Gesundheitstage für die Entwicklung der Schüler 2.1 Verbesserung des Verhältnisses unter den Schülern und zwischen Schülern und Lehrern 2.1.1 Enge Zusammenarbeit unter Schülern 2.1.2 Enge Zusammenarbeit mit Lehrern 2.1.3 Kennenlernen in außerunterrichtlicher Situation 2.2 Notwendigkeit zur Beschäftigung mit Gesundheitsfragen 2.3 Entwicklung von Freude am Sport 2.4 Möglichkeit zum intensiven Lernen 2.4.1 Lernzeit 2.4.2 Spielerische und praktische Beschäftigung mit Gesundheitsfragen 2.5 Bedeutung der Sport- und Gesundheitstage für die Entwicklung der Schüler 3 Wiederholung der Bitte um die Beibehaltung der Sport- und Gesundheitstage

2.3.7 Leserbrief

Du hast nun gelernt, wie du einen sachlich argumentierenden Brief an eine einzelne Person verfasst, um den Adressaten von deinem Anliegen zu überzeugen (vgl. Kapitel 2.3.2 –2.3.6). Sehr vieles von dem, was du über den sachlichen Brief gelernt hast, kannst du auch beim **Leserbrief** anwenden.

Formen des Leserbriefs

Leserbriefe stammen von den Lesern einer Zeitung oder einer Zeitschrift. Sie **richten sich an die Redaktion** einer Zeitung, also die Abteilung, die den Inhalt der Zeitung gestaltet, **aber vor allem an deren Leser**. Alle Zeitungen veröffentlichen nämlich einen Teil der Leserbriefe, die sie erhalten.
Du unterscheidest also zwischen zwei Arten von Leserbriefen:

- **freier Leserbrief**
  In dem Leserbrief legst du deine Meinung zu einem Thema dar. Möglicherweise greifst du dabei auch einen Zeitungsartikel auf, aber im Zentrum steht deine Meinung. Falls du überhaupt auf einen Zeitungsartikel Bezug nimmst, ist er nur ein Aufhänger.

- **textgebundener Leserbrief**
  Du kannst auch zu einem Zeitungsartikel oder einem anderen Leserbrief Stellung nehmen. Dann setzt du dich **mit Aussagen dieses Textes** auseinander. Wenn auch dieser Text eine klare Meinung vertritt, dann untersuchst du zum Beispiel die Argumentation. Du kannst dem Verfasser eindeutig zustimmen oder ihm widersprechen. Natürlich kannst du auch einen Teil seiner Aussagen für gut befinden, aber einen anderen Teil ablehnen.

TIPP

Meistens ist es ergiebiger, eine andere Meinung zu vertreten als der zu erörternde Text. Wenn du eine andere Meinung vertrittst, kannst du leichter eigene Gedanken entfalten, als wenn du dem Text immer zustimmst. Wenn du immer mit dem Autor einer Meinung bist, fragt sich der Leser, warum du die Mühe des Schreibens überhaupt auf dich genommen hast.

Die beiden Formen von Leserbriefen solltest du sicher unterscheiden können:

ÜBUNG

Untersuche die nachfolgenden Aufgabenstellungen! Welche Form des Leserbriefs wird hier jeweils verlangt?

Arbeitsauftrag A	Arbeitsauftrag B
Der Buchautor und Journalist Armin Himmelrath hält Hausaufgaben für unsinnig, wie er in einem Interview mit der Zeitung „Der Tagesspiegel" darlegt. Verfasse einen sachlichen Leserbrief, in dem du deinen Standpunkt zu diesem Thema begründest. Nutze die angegebenen Materialien für deine Argumentation!	Verfasse einen sachlichen Leserbrief, der Stellung zu dem Interview „Hausaufgaben sind pädagogischer Unsinn" mit dem Journalisten und Buchautor Armin Himmelrath nimmt. Nutze die angegebenen Materialien für deine Argumentation!

MUSTER

Lösung:
Bei **Arbeitsauftrag A** bildet der Zeitungsartikel nur den Aufhänger (= freier Leserbrief). Er dient dir nur als Anlass, um deine eigene Meinung zu Hausaufgaben darzulegen.

Arbeitsauftrag B fordert dich dazu auf, das Interview zu erörtern. Du sollst dich also mit den Aussagen Armin Himmelraths auseinandersetzen und ihnen deine eigene Meinung gegenüberstellen (= textgebundener Leserbrief).

Sprache und Stil des Leserbriefs
Erinnere dich an den sachlichen Brief! Der **sachliche Brief** richtet sich an eine Person, die du überhaupt nicht oder nur sehr entfernt kennst. Du musst dich gewählt ausdrü-

cken, weil du nicht einschätzen kannst, wie diese Person auf flapsige oder unsachliche Bemerkungen reagiert.

Beim **Leserbrief** ist das ein wenig anders. Du schreibst nicht an einen Leser, sondern an sehr viele. Du schreibst an die Redaktion einer Zeitung und an deren Leser. Als Verfasser eines Leserbriefs musst du dir also überlegen, wie du möglichst viele der Leser von deiner Meinung überzeugen kannst. Es gibt auch aggressive oder witzige Leserbriefe – wenig ist wirklich ausgeschlossen. (In der Schule solltest du allerdings genau auf die Aufgabenstellung achten: Sie ist meistens – wie die beiden Aufgabenstellungen oben auch – so formuliert, dass sie eine sachliche Auseinandersetzung fordert.)
Allerdings gibt es auch im wirklichen Leben Grenzen: Die Zeitung wird den Leserbrief nicht veröffentlichen, wenn jemand beleidigt wird oder Unwahrheiten verbreitet werden. Aber es ist auch die Frage, ob unsachliche Leserbriefe überhaupt sonderlich viele Leser überzeugen könnten. Wir denken, dass das eher nicht der Fall sein wird.

Auch wenn du grundsätzlich sachlich argumentierst, darfst du dich im Leserbrief darum bemühen, den Leser durch eine **geschickte sprachliche Darstellung** für deine Meinung einzunehmen. Du kannst ihn zum Beispiel überraschen, indem du einzelne (!) sprachliche Mittel wie Wiederholungen, bildhafte Wendungen oder anschauliche Vergleiche einsetzt oder ihn direkt ansprichst. Du weckst damit das **Interesse des Lesers**. Die Zeitung wird deinen Leserbrief dann auch eher veröffentlichen bzw. in geringerem Umfang kürzen.

Die Leserbriefe werden nämlich normalerweise gekürzt wiedergegeben, weil der Platz in der Zeitung begrenzt ist. Vielleicht ist dir selbst schon aufgefallen, dass die Länge der abgedruckten Leserbriefe sehr unterschiedlich ist. Manchmal umfassen die Leserbriefe oder zumindest die in der Zeitung abgedruckten Teile nur wenige Sätze, manchmal mehrere hundert Wörter. Das hängt natürlich auch von der Qualität der Leserbriefe ab, ist aber auch von Zeitung zu Zeitung unterschiedlich. Fast immer wird nur der **Hauptteil des Briefes** abgedruckt, Anrede und Einleitung also weggelassen, um den Leser nicht damit zu langweilen.

Weil der Raum in einem Leserbrief so begrenzt ist, solltest du dich möglichst **genau und knapp** ausdrücken. Manche Zeitungen geben auch eine Obergrenze an Wörtern vor. In diesem Fall ist es natürlich besonders wichtig, knapp und genau zu formulieren. Dann ist es – anders als in Briefen an konkrete Ansprechpartner – nicht sehr sinnvoll, gleich mehrere Begründungen und Beispiele zur Untermauerung einer Behauptung anzuführen. Konzentriere dich besser auf **die beste Begründung und das beste Beispiel**.

Du darfst im Leserbrief sogar an einzelnen Stellen die übliche Argumentationskette aus Behauptung, Begründung und Beispiel oder Beleg verkürzen. Aber hier ist Vorsicht geboten: Die einzelnen Teile eines Arguments sind dazu da, es zu untermauern. Du musst dir also sehr sicher sein, dass deine Argumentation auch dann überzeugt, wenn du das Beispiel oder den Beleg weglässt. In einzelnen Fällen kann das aber sinnvoll sein, um den Leser zum Nachdenken anzuregen.

Aufbau und Form eines Leserbriefs
Die Form des Leserbriefs entspricht der **Form des sachlichen Briefs**, die du schon kennst. Auch der Aufbau des Briefs und der einzelnen Argumente ist nicht anders als bei anderen Formen der begründeten Stellungnahme.

Trotzdem gibt es natürlich einige Unterschiede: Du schreibst den Leserbrief schließlich nicht an eine einzelne Person und hast kein konkretes Anliegen, um dessen Verwirklichung du bittest wie meist beim sachlichen Brief an einen einzigen Adressaten. Wir erklären dir im Folgenden, welche Auswirkungen das für die einzelnen Teile des Briefs besitzt.

1 Einleitung des Leserbriefs:
In einem Leserbrief musst du verdeutlichen, **auf welchen Artikel der Zeitung** du dich beziehst. Folgende Angaben sind nötig:
- Titel des Zeitungsartikels,
- Erscheinungsdatum,
- Autor.

Den Namen der Zeitung brauchst du nicht anzugeben, weil du an diese schreibst. Für Leser, die sich nicht mehr genau an den Inhalt des Textes erinnern, solltest du eine **sehr kurze Zusammenfassung** der Position des Autors oder des Inhalts liefern, wie du es im Grunde vom **Basissatz der Inhaltsangabe** (vgl. Kapitel 1.3.2) kennst. Dem stellst du deine **eigene Position** gegenüber. Auch diese muss in der Einleitung benannt werden. Wenn du dich mit dem Thema besonders gut auskennst, weil du selbst betroffen bist oder du dich schon lange damit beschäftigt hast, dann ist es sinnvoll, darauf hinzuweisen. Der Leser wird dir dann eher Glauben schenken.

2 Hauptteil des Leserbriefs:
Wie im sachlichen Brief, der sich an einen konkreten Ansprechpartner richtet, entwickelst du im Hauptteil deine **Argumentation**.
Wenn du einen freien Leserbrief schreibst, kannst du alle Materialien als „Steinbruch" verwenden und ihnen Behauptungen, Begründungen oder Beispiele entnehmen, die du gebrauchen kannst.
Etwas anders ist es, wenn du in deinem Leserbrief zu einem Zeitungsartikel Stellung nehmen sollst (= textgebunden). Damit der Leser dir folgen kann, musst du auf einzelne Argumente des Zeitungsartikels hinweisen und ihnen deine eigene Position gegenüberstellen. Diese begründest und belegst du, wie du das gewohnt bist.
In beiden Fällen ziehst du am Schluss des Hauptteils eine **Schlussfolgerung**: Du nimmst also nochmals auf deine Ausgangsbehauptung Bezug.

TIPP

Bei der textgebundenen Variante des Leserbriefs, in der du auf einen Zeitungsartikel antwortest und dich damit auseinandersetzt, wirst du häufig die indirekte Rede brauchen, um die Aussagen des Zeitungsartikels wiedergeben zu können. Wenn du dich nicht mehr an die Regeln der indirekten Rede erinnerst, kannst du sie in Kapitel 1.2.3 (S. 27) nachschlagen.

3 Schluss des Leserbriefs:
Auch wenn du eine andere Position als der Autor eines Zeitungsartikels vertrittst, solltest du am Ende **versöhnliche Töne** anschlagen. Außerdem kannst du im Schluss auch um eine Veröffentlichung deines Leserbriefs in der Zeitung bitten.

2.3.8 Musteraufsatz III mit Übung: Leserbrief zum Interview „Hausaufgaben sind pädagogischer Unsinn"

Wir zeigen dir nun, wie du auf einen Zeitungsartikel in einem Leserbrief antwortest. Bei dieser textgebundenen Form des Leserbriefs ist die **genaue Untersuchung des Zeitungsartikels** sehr wichtig, weil du dich mit den Argumenten, die dort genannt werden, auseinandersetzen musst. Die weiteren Materialien liefern dir oft Hilfen für das Verständnis des Zeitungsartikels oder auch Gegenargumente zu der dort geäußerten Meinung. Deshalb solltest du den Zeitungsartikel mindestens einmal vor und einmal nach dem Lesen der weiteren Materialien untersuchen, um nichts zu übersehen. Ansonsten gehst du wieder wie gewohnt vor. Wenn du dich nicht mehr erinnerst, kannst du auf Seite 161 nachschlagen.

ÜBUNG

Verfasse einen Leserbrief, der Stellung zu dem Interview „Hausaufgaben sind pädagogischer Unsinn" mit dem Journalisten und Buchautor Armin Himmelrath nimmt. Nutze die angegebenen Materialien für deine Argumentation!

Material 1:
„Hausaufgaben sind pädagogischer Unsinn"
Sie verleitet Kinder zum Lügen und setzt Eltern unter Druck: Autor Armin Himmelrath lässt kein gutes Haar an der Heimarbeit. Ein Interview von Sylvia Vogt.

Herr Himmelrath, was regt Sie eigentlich so an Hausaufgaben auf?
Sie bringen Unfrieden in die Familien, zwingen Kinder zum Lügen und haben keinen pädagogischen[45] Nutzen. Ich habe drei Kinder, und das Thema begleitet uns, seit das erste Kind in die Schule gekommen ist. Zusammen sind das jetzt 32 Jahre Hausaufgabenerfahrung. [...]

Die die Kinder zum Lügen zwingt?
Ja, und zwar gegenüber den Eltern und den Lehrern. Zu Hause sagen sie, dass sie nichts aufhaben, und in der Schule erfinden sie Ausreden, warum sie keine Hausaufgaben machen konnten. Manchmal machen sogar die Eltern die Hausaufgaben für die Schüler. Schon bei Zweitklässlern kommt das vor, sagte mir eine Grundschullehrerin. Auch dann müssen die Kinder in der Schule lügen.

---

45 pädagogisch: erzieherisch

Sie schreiben, dass das Thema bereits seit Jahrhunderten diskutiert wird.
Das hat mich auch überrascht. Schon in Schulordnungen aus dem 15. Jahrhundert geht es um Hausaufgaben. Seit 1880 gab es immer wieder wissenschaftliche Untersuchungen zu Hausaufgaben. Und nirgendwo habe ich einen Beleg dafür gefunden, dass sie etwas bringen. Im besten Fall schaden sie nicht. Meist sind sie einfach Unsinn.

Worin besteht der Unsinn?
Es kostet wertvolle Unterrichtszeit, die Aufgaben zu besprechen, zu vergeben und ihnen hinterherzujagen. Es ist ja auch meistens gar nicht möglich, die Hausaufgaben ausführlich zu besprechen oder jedem ein individuelles Feedback zu geben. Wenn's hochkommt, setzt der Lehrer hinter jede Aufgabe ein Häkchen. In einer Stunde kommen vielleicht zwei oder drei Schüler mit den Hausaufgaben dran. Die anderen lernen dadurch, dass ihre Arbeit eigentlich egal war. Jedenfalls nicht wichtig für den Unterricht.

Sie schreiben zudem, dass Hausaufgaben sozial ungerecht seien. Das bemängelt beispielsweise auch die Soziologin[46] Jutta Allmendinger.
Bei Hausaufgaben kommt es entscheidend auf die Eltern an. Der Lehrer schiebt die Verantwortung auf diese ab. Und zwar egal, ob es sich um ungelernte Arbeiter oder eine Professorenfamilie handelt. Das sind doch ganz unterschiedliche Ausgangsbedingungen! [...][47]

Was ist mit der These, dass sich der Lernstoff nur durch Wiederholung festigen kann?
Am besten lernen Schüler, wenn sie eine hohe Motivation haben. Meine Kinder können besser Englisch als ich, weil sie das über ein Computerspiel gelernt haben, das sie brennend interessiert. Wenn man Vokabeln nur lernt, weil man Angst vor einer Strafe oder schlechten Note hat, läuft es verkehrt und es bringt auch langfristig nicht so viel. [...]

Material 2:

Verlag Der Tagesspiegel GmbH
Redaktion: Leserbriefe
Askanischer Platz 3
10963 Berlin

Was sagen eigentlich Ihre Kinder zu dem Buch?
Die sind natürlich begeistert. Aber sonst muss ich mich ziemlich oft rechtfertigen, besonders bei Lehrern. Das Thema piekst etwas an, bei dem alle wissen, dass es nicht rund läuft. Da muss man mit Widerstand rechnen.

Das Gespräch führte Sylvia Vogt.
Armin Himmelrath, 48, ist Bildungs- und Wissenschaftsjournalist. Sein Buch „Hausaufgaben, Nein danke!" ist im Hep-Verlag erschienen.

---

46 Jutta Allmendinger ist Soziologin, sie ist also eine Wissenschaftlerin, die die Gesellschaft untersucht und sich zum Beispiel Gedanken darüber macht, wie sich unsere Lebensverhältnisse unterscheiden.
47 Armin Himmelrath, der hier interviewt wird, meint damit, dass manche Eltern ihren Kindern bei den Hausaufgaben helfen können, andere nicht. Er findet Hausaufgaben ungerecht, weil Kinder ohne Elternhilfe benachteiligt seien.

Armin Himmelrath im Interview mit Sylvia Vogt: „Hausaufgaben sind pädagogischer Unsinn". http://www.tagesspiegel.de/berlin/schule/lernen-nach-dem-unterricht-hausaufgaben-sind-paedagogischer-unsinn/12659376-all.html (Artikel vom 04.12.2015; abgerufen am 05.03.2016).

Material 3:[48]
§ 52 Schulordnung für die Gymnasien in Bayern: Hausaufgaben
[1] Um den Lehrstoff einzuüben und die Schülerinnen und Schüler zu eigener Tätigkeit anzuregen, werden Hausaufgaben gestellt, die von Schülerinnen und Schülern mit durchschnittlichem Leistungsvermögen in angemessener Zeit erledigt werden können.
[2] Schriftliche Hausaufgaben werden nicht bewertet [...].
[4] Sonntage, Feiertage und Ferien sind von Hausaufgaben freizuhalten.

MUSTER

Lösung für Schritt 1 (Aufgabenstellung; vgl. S. 161):
Verfasse einen Leserbrief, der Stellung zu dem Interview „Hausaufgaben sind pädagogischer Unsinn" mit dem Journalisten und Buchautor Armin Himmelrath nimmt. Nutze die angegebenen Materialien für deine Argumentation!

- Schreibform: Leserbrief, der sich mit dem Zeitungsartikel auseinandersetzt (= textgebundener Leserbrief)
- Adressat: Redaktion der Zeitung „Der Tagesspiegel" (Adresse: Verlag Der Tagesspiegel GmbH, Redaktion: Leserbriefe, Askanischer Platz 3, 10963 Berlin, vgl. Material 2)
- Thema und Position: Stellungnahme zu dem Interview „Hausaufgaben sind pädagogischer Unsinn"
  Du kannst also Armin Himmelrath entweder eindeutig zustimmen oder widersprechen. Du kannst ihm aber auch teilweise zustimmen und teilweise widersprechen.

TIPP

Mehr Möglichkeiten, eigene Gedanken zu entwickeln, hast du normalerweise, wenn du zumindest teilweise widersprichst.

- Definition des Schlüsselbegriffs: Hausaufgaben
  Aufgaben für die Schule bzw. einzelne Fächer, die zu Hause erledigt werden sollen.
- Materialien: Interview, auf das zu antworten ist, und weitere Materialien, die genutzt werden müssen!

MUSTER

Lösung für Schritt 2 (Materialien):
Du weißt, dass es im Falle eines Leserbriefs ganz besonders wichtig ist, sich sehr genau mit dem Text, auf den du antworten sollst, auseinanderzusetzen. Du solltest das Interview zwischen Sylvia Vogt und Armin Himmelrath (S. 175) deshalb genau untersuchen und aufschreiben, welche Argumente er einsetzt. Dann kannst du überlegen, welche der Argumente dich überzeugen und welche du für falsch hältst.

---

48 Stand Juli 2016.

	TEXT/Material	Untersuchung des Textes	Nutzungsmöglichkeit
Material 1	**„Hausaufgaben sind pädagogischer Unsinn“** Sie verleitet Kinder zum Lügen und setzt Eltern unter Druck: Autor Armin Himmelrath lässt kein gutes Haar an der Heimarbeit. Ein Interview von Sylvia Vogt.	Titel	Erwähnung des Titels, der Namen des Interviewten und der Interviewerin in der Einleitung
	Herr Himmelrath, was regt Sie eigentlich so an Hausaufgaben auf? Sie bringen Unfrieden in die Familien, zwingen Kinder zum Lügen und haben keinen pädagogischen Nutzen. Ich habe drei Kinder, und das Thema begleitet uns, seit das erste Kind in die Schule gekommen ist. Zusammen sind das jetzt 32 Jahre Hausaufgabenerfahrung. […]	**Behauptungen 1, 2 und 3:** 1 Hausaufgaben führen zu Streit 2 zwingen zum Lügen 3 haben keinen Nutzen	
	Die die Kinder zum Lügen zwingt? Ja, und zwar gegenüber den Eltern und den Lehrern. Zu Hause sagen sie, dass sie nichts aufhaben, und in der Schule erfinden sie Ausreden, warum sie keine Hausaufgaben machen konnten. Manchmal machen sogar die Eltern die Hausaufgaben für die Schüler. Schon bei Zweitklässlern kommt das vor, sagte mir eine Grundschullehrerin. Auch dann müssen die Kinder in der Schule lügen.	**Begründung und Beispiel zu Behauptung 2:** Lügen, um Hausaufgaben zu vermeiden oder um Mithilfe der Eltern zu verschleiern	**Gegenargument:** Man sollte lernen, dass man nicht lügen sollte, aber Lügen können nicht dadurch vermieden werden, dass man alle Gelegenheiten, bei denen man lügen könnte, aus dem Weg räumt. Eltern, die die Hausaufgaben ihrer Kinder erledigen, sind verantwortungslos. Dieses Problem sollte man nicht den Hausaufgaben anlasten.
	Sie schreiben, dass das Thema bereits seit Jahrhunderten diskutiert wird. Das hat mich auch überrascht. Schon in Schulordnungen aus dem 15. Jahrhundert geht es um Hausaufgaben. Seit 1880 gab es immer wieder wissenschaftliche Untersuchungen zu Hausaufgaben. Und nirgendwo habe ich einen Beleg dafür gefunden, dass sie etwas bringen. Im besten Fall schaden sie nicht. Meist sind sie einfach Unsinn.	**1. Begründung und Beleg zu Behauptung 3:** keine wissenschaftlichen Belege für den Nutzen von Hausaufgaben	**Gegenargument:** eigene Erfahrung

WICHTIG: Du musst nicht zu allen Argumenten Stellung nehmen, wenn dir kein Gegenargument oder keine Begründung zur Bestärkung einfällt. Du wirst dich in deinem Leserbrief sowieso auf einige besonders gute Argumente beschränken müssen.

	TEXT/Material	Untersuchung des Textes	Nutzungsmöglichkeit
Material 1	***Worin besteht der Unsinn?*** Es kostet wertvolle Unterrichtszeit, die Aufgaben zu besprechen, zu vergeben und ihnen hinterherzujagen. Es ist ja auch meistens gar nicht möglich, die Hausaufgaben ausführlich zu besprechen oder jedem ein individuelles Feedback zu geben. Wenn's hoch kommt, setzt der Lehrer hinter jede Aufgabe ein Häkchen. In einer Stunde kommen vielleicht zwei oder drei Schüler mit den Hausaufgaben dran. Die anderen lernen dadurch, dass ihre Arbeit eigentlich egal war. Jedenfalls nicht wichtig für den Unterricht.	**2. Begründung und Beispiel zu Behauptung 3:** Verschwendung von Unterrichtszeit durch die Besprechung und die mit den Hausaufgaben verbundene Organisation (Aufschreiben, Nachfragen), geringer Lerneffekt	
	Sie schreiben zudem, dass Hausaufgaben sozial ungerecht seien. Das bemängelt beispielsweise auch die Soziologin Jutta Allmendinger. Bei Hausaufgaben kommt es entscheidend auf die Eltern an. Der Lehrer schiebt die Verantwortung auf diese ab. Und zwar egal, ob es sich um ungelernte Arbeiter oder eine Professorenfamilie handelt. Das sind doch ganz unterschiedliche Ausgangsbedingungen! […]	**Behauptung 4:** Ungerechtigkeit der Hausaufgaben **Begründung und Beispiel:** nicht alle Eltern können gleichermaßen helfen	**Gegenargument:** Man wird Eltern nie verbieten können, ihren Kindern zu helfen, auch wenn es keine Hausaufgaben gibt.
	Was ist mit der These, dass sich der Lernstoff nur durch Wiederholung festigen kann? Am besten lernen Schüler, wenn sie eine hohe Motivation haben. Meine Kinder können besser Englisch als ich, weil sie das über ein Computerspiel gelernt haben, das sie brennend interessiert. Wenn man Vokabeln nur lernt, weil man Angst vor einer Strafe oder schlechten Note hat, läuft es verkehrt und es bringt auch langfristig nicht so viel. […]	Aufgreifen eines **Arguments für die Hausaufgaben durch die Interviewerin:** Festigung des Stoffs durch die Wiederholung **Behauptung 5**: besserer Lerneffekt durch motiviertes Lernen als durch Hausaufgaben, **Beispiel:** Englisch durch Computerspiel	**Gegenargument:** Das mag in manchen Fällen funktionieren, aber in der Schule wird es immer auch Inhalte geben, die den einen oder anderen Schüler eben nicht „brennend" interessieren, aber trotzdem wichtig sind.

	TEXT/Material	Untersuchung des Textes	Nutzungsmöglichkeit
Material 1	***Was sagen eigentlich Ihre Kinder zu dem Buch?*** Die sind natürlich begeistert. Aber sonst muss ich mich ziemlich oft rechtfertigen, besonders bei Lehrern. Das Thema piekst etwas an, bei dem alle wissen, dass es nicht rund läuft. Da muss man mit Widerstand rechnen.	Hinweis auf die vielen verschiedenen Meinungen zum Thema	Gegenargument: eigene Erfahrungen
	Das Gespräch führte Sylvia Vogt. Armin Himmelrath, 48, ist Bildungs- und Wissenschaftsjournalist. Sein Buch „Hausaufgaben, Nein danke!" ist im Hep-Verlag erschienen.		Erwähnung der Namen des Interviewten und der Interviewerin in der Einleitung
	Armin Himmelrath im Interview mit Sylvia Vogt: „Hausaufgaben sind pädagogischer Unsinn" (http://www.tagesspiegel.de/berlin/schule/lernen-nach-dem-unterricht-hausaufgaben-sind-paedagogischer-unsinn/12659376-all.html?; Artikel vom 04.12.2015; abgerufen am 05.03.2016).		Erwähnung des Erscheinungsdatums in der Einleitung: 04.12.2015
Material 2	Verlag Der Tagesspiegel GmbH Redaktion: Leserbriefe Askanischer Platz 3 10963 Berlin	Adresse der Redaktion der Zeitung „Der Tagesspiegel"	Briefkopf
Material 3	§ 52 der Schulordnung für die Gymnasien in Bayern (GSO)		Nutzung für die Argumentation: • Ziel der Hausaufgaben: Übung, selbstständiges Arbeiten der Schüler (vgl. im Unterschied dazu Behauptung 2 und die Begründung von Behauptung 1 Himmelraths)

MUSTER **Lösung für Schritt 6 (Schreibplan)**[49]**:**

Schreibplan: Leserbrief zu Interview „Hausaufgaben sind pädagogischer Unsinn“

1 Einleitung
Gegenstand der Argumentation: Interview „Hausaufgaben sind pädagogischer Unsinn“ mit dem Journalisten Armin Himmelrath, erschienen am 04.12.2015 – Position Himmelraths, wie der Titel des Interviews schon sagt, Ablehnung von Hausaufgaben (Bezug auf Material 1) – kein Einverständnis mit seinen Positionen

2 Kritische Stellungnahme zu dem Interview „Hausaufgaben sind pädagogischer Unsinn“

2.1 Widerspruch zur Möglichkeit der Verringerung der Elternhilfe durch die Abschaffung der Hausaufgaben
- Behauptung Himmelraths: soziale Ungerechtigkeit von Hausaufgaben
- Gegenposition: Behauptung: keine Änderung durch Abschaffung der Hausaufgaben möglich
  - Begründung: Elternhilfe auch bei Wegfall der Hausaufgaben
  - Beispiel: –

2.2 Widerspruch zur Behauptung eines fehlenden Lerneffekts
- Behauptung Himmelraths: Fehlender Nutzen von Hausaufgaben
- Gegenposition: Behauptung: Lerneffekt durch intensive Beschäftigung
  - Begründung: Entwicklung von Routine als Voraussetzung für das Beherrschen eines Themas
    - Beispiel: Vergleich mit dem Spielen eines Instruments
    - Beleg: Zweck der Hausaufgaben laut GSO (Material 3)

2.3 Teilweise Zustimmung zur Behauptung eines Lerneffekts bei einer freiwilligen Beschäftigung mit Themen
- Behauptung Himmelraths: größerer Effekt bei motiviertem Lernen als bei erzwungenem
- Eigene Position – Teil 1: Behauptung: Zustimmung
  - Begründung: intensive und ausdauernde Beschäftigung
    - Beispiel: PC-Spiel der Kinder Himmelraths
- Eigene Position – Teil 2: Behauptung: Freiwilligkeit keine Lösung – vgl. unbeliebte Inhalte
  - Begründung: Schutz der Schüler nötig
    - Beispiel 1: eigene Erfahrung – kein mathematisches Interesse
    - Beispiel 2: Pflichtbewusstsein in allen Lebensbereichen nötig
    - Beispiel 3: Vergleich der Schule mit einem Bundesligaverein – Training nicht freiwillig

49 Die Schritte 3–5 (vgl. S. 161) sind hier nicht separat aufgeführt. Du kannst sie an den nächsten Schritten ableiten.

Schreibplan: Leserbrief zu Interview „Hausaufgaben sind pädagogischer Unsinn"
2.4 Widerspruch zur Behauptung eines Zwangs zum Lügen Behauptung Himmelraths: Zwang zum Lügen durch Hausaufgaben Gegenposition: Behauptung: Fragwürdigkeit der Annahme eines Zwangs zum Lügen Begründung 1: fehlende Glaubwürdigkeit Beispiel: Schüler – bewusste Verweigerung eines Beispiels, Eltern – Beispiel: Hausaufgabenheft als Kontrollmöglichkeit für Eltern, Lehrer – Beispiel: Gespräch während der Hausaufgabenverbesserung als Kontrollmöglichkeit des Lehrers Begründung 2: fehlende Eignung als Argument Beispiel: Vergleich der Forderung nach einer Abschaffung der Hausaufgaben mit einem Verbot von Schokolade, weil diese auch übergewichtig machen kann 2.5 Fazit: oberflächliche Auseinandersetzung mit der Thematik
3 Bitte um Veröffentlichung des Leserbriefs

ÜBUNG

- Lies nun den folgenden Musteraufsatz und denke ihn durch. Er ist sicherlich recht lang und ausführlich. Eine Zeitung würde ihn kürzen, aber da die Aufgabenstellung keine Wörterbegrenzung umfasst hat, ist das nicht weiter schlimm. Dir kann die ausführliche Darstellung dabei helfen, alle möglichen **Typen von Argumenten und sprachlichen Mitteln** zu entdecken.
- Du kannst auch selbst überlegen, an welchen Stellen du als zuständiger Redakteur kürzen würdest, um den Leserbrief noch in der Zeitung unterzubringen.
- Achte außerdem beim Lesen genau auf die markierten Behauptungen, Begründungen und Beispiele bzw. Belege und Überleitungen. Pink markiert sind die Stellen des Briefes, die Himmelraths Position wiedergeben. Rot sind die Stellen, die Himmelraths Meinung bewerten.
- Erstelle dann eine Gliederung für diesen Leserbrief mit Hilfe der Markierungen!

MUSTER

Musterbrief	Erläuterung
Martha Meier Hauptstraße 21 97873 Kleinsendelbach	Briefkopf Absender
Verlag Der Tagesspiegel GmbH Redaktion: Leserbriefe Askanischer Platz 3 10963 Berlin	Empfänger und Ansprechpartner
07.12.2015	Datum

Musterbrief	Erläuterung
Leserbrief zum Interview mit Armin Himmelrath vom 04.12.2015 unter dem Titel „Hausaufgaben sind pädagogischer Unsinn“	Betreffzeile: Anliegen – formuliert im Nominalstil, also mit Hilfe von Nomen und nicht als Satz
Sehr geehrte Damen und Herren,	Anrede
mit einiger Verwunderung habe ich das in Ihrem Blatt am 04.12.2015 erschienene Interview Sylvia Vogts mit dem Autor Armin Himmelrath gelesen. Wie der Titel des Interviews „Hausaufgaben sind pädagogischer Unsinn“ schon deutlich macht, tritt Herr Himmelrath für die Abschaffung von Hausaufgaben ein, weil er sie für unsinnig hält. Da ich Schülerin der achten Klasse eines bayerischen Gymnasiums bin und natürlich auch selbst vom Thema betroffen bin, möchte ich Stellung zu Herrn Himmelraths Aussagen nehmen, die ich nicht teile.	1 Anlass des Briefs: Interview mit Armin Himmelrath – kurze Darstellung der Position Himmelraths – eigene Betroffenheit und Position zum Thema
Obwohl sich Armin Himmelrath zwar für sein Buch „Hausaufgaben. Nein danke!“ mit der Thematik beschäftigt haben müsste, überzeugen seine Ausführungen nicht. Er fordert eine Abschaffung der Hausaufgaben, weil er sie für sozial ungerecht hält. In der Tat können Eltern ihren Kindern in unterschiedlichem Maße helfen, aber eine Abschaffung der Hausaufgaben wird daran nichts ändern. Schüler, deren Eltern sich gut mit dem Schulstoff auskennen, verfügen über Vorteile. Das ist ungerecht, zweifellos. Aber glaubt Herr Himmelrath tatsächlich, man könne Eltern durch das Wegfallen der Hausaufgaben davon abhalten, ihren Kindern zu helfen?	2 Kritische Stellungnahme zu dem Interview „Hausaufgaben sind pädagogischer Unsinn“: Ausgangsbehauptung: keine Überzeugungskraft 2.1 Widerspruch zur Möglichkeit der Verringerung der Elternhilfe durch die Abschaffung der Hausaufgaben Verweis auf das Interview: Behauptung einer sozialen Ungerechtigkeit von Hausaufgaben Eigene Position: richtig, aber nicht durch eine Abschaffung der Hausaufgaben zu ändern Begründung: Hilfe der Eltern möglich und auch durch Wegfall der Hausaufgaben nicht zu vermeiden Hier wurde bewusst auf einen Beleg verzichtet. Die Begründung schließt mit einer rhetorischen Frage an den Leser, die alles Weitere überflüssig macht.

Musterbrief	Erläuterung
Im weiteren Verlauf des Textes stellt Herr Himmelrath außerdem die Behauptung auf, Hausaufgaben besäßen keinen Nutzen. Obwohl das Thema bereits seit langer Zeit erforscht würde, sei keinerlei Nutzen nachweisbar. Dem widersprechen meine eigenen Erfahrungen ganz und gar. Durch die Hausaufgabe stellt sich sehr wohl ein Lerneffekt ein. Hausaufgaben ermöglichen es, das im Unterricht Erlernte in Ruhe zu wiederholen, zu üben und dadurch Routine zu entwickeln. Nur durch intensive Beschäftigung mit einem Thema beherrscht man es wirklich und kann auch schwierigere Aufgaben lösen. Niemand käme auf die Idee, ein Instrument zu erlernen, ohne das Spielen darauf immer wieder zu üben. Auch die Schulordnung der Gymnasien weist auf diesen Zweck von Hausaufgaben hin: Hausaufgaben werden erteilt, um „den Lehrstoff einzuüben“.	2.2 Widerspruch zur Behauptung eines fehlenden Lerneffekts; Überleitung Verweis auf das Interview: fehlender Nutzen von Hausaufgaben Gegenposition: Behauptung: Lerneffekt durch intensive Beschäftigung Begründung: intensive Beschäftigung und Entwicklung von Routine als Voraussetzung für das Beherrschen eines Themas Beispiel: Vergleich mit dem Spielen eines Instruments; Überleitung Beispiel: Zweck der Hausaufgaben laut GSO (Material 3)
Sogar die Interviewerin fragt Armin Himmelrath danach, ob Hausaufgaben nicht nötig seien, um Routine zu entwickeln. Der Interviewte geht darauf aber gar nicht ein. Er weist nur darauf hin, dass seiner Meinung nach ein größerer Effekt zu erzielen ist, wenn jemand aus großem Interesse motiviert lernt. Seinen eigenen Kindern sei es gelungen, Englisch durch ein Computerspiel zu erlernen. Zugegebenermaßen mag dies funktionieren. Natürlich wird es einen Lerneffekt geben, wenn sich jemand sehr intensiv und ausdauernd mit einer Thematik, auch mit einem Computerspiel, beschäftigt. Aber es wird immer auch Inhalte geben, die den einen oder anderen Schüler eben nicht „brennend“ interessieren, aber trotzdem wichtig sind. Natürlich könnte es sich die Schule leicht machen und es uns Schülern selbst überlassen, mit welchen Inhalten wir uns über den Unterricht hinaus beschäftigen möchten, wie es Herr Himmelrath letztlich vorschlägt. Natürlich wäre mir das auch gelegentlich lieber. Ich persönlich hätte allerdings sicher schon vor Jahren damit aufgehört, mich mit Mathematik zu beschäftigen, sondern meine Zeit lieber für Angenehmeres und Interessanteres verwendet. Ob das tatsächlich gut für mich wäre? Muss die Schule mich nicht auch davor schützen, unbedachte Entscheidungen zu treffen, die mir noch zum Verhängnis werden können, weil sich	2.3 Teilweise Zustimmung zur Behauptung eines Lerneffekts bei freiwilligen Beschäftigung mit Themen; Überleitung Verweis auf das Interview: Untersuchung von Himmelraths Taktik beim Beantworten einer Frage Behauptung Himmelraths: größerer Effekt bei motiviertem Lernen als bei erzwungenem Eigene Position: Zustimmung Begründung: intensive und ausdauernde Beschäftigung Beleg: PC-Spiel der Kinder Himmelraths Ergänzung der eigenen Position: Freiwilligkeit keine Lösung – vgl. unbeliebte Inhalte; Verweis auf das Interview: etwas unsachliche Wiedergabe der Aussage Himmelraths Beispiel: eigene Erfahrung – kein mathematisches Interesse Begründung der Behauptung, Freiwilligkeit sei keine Lösung: Schutz der Schüler nötig

Musterbrief	Erläuterung
meine Interessen noch ändern oder weil ich nicht bedacht habe, dass Mathematikkenntnisse für viele Ausbildungen und Studiengänge wichtig sind? Auch wenn es mir im ersten Moment angenehmer wäre, keine Pflichten zu besitzen, ist es aus meiner Sicht doch wichtig zu lernen, dass es immer Aufgaben gibt, die nicht angenehm, aber trotzdem notwendig sind. Pflichtbewusstsein ist in allen Lebensbereichen nötig. Es wäre undenkbar, dass ein Bundesligaverein seinen Fußballspielern die Entscheidung überlässt, ob sie trainieren möchten. Soll der Verein hoffen, dass sich die Spieler selbst zum wichtigen, aber unangenehmen Konditionstraining aufraffen? Die Schule muss auch an die Einstellung heranführen, solche ungeliebten, aber notwendigen Aufgaben zu erfüllen.	Beleg 1: Pflichtbewusstsein in allen Lebensbereichen nötig Beleg 2 : Vergleich der Schule mit einem Fußballverein, der das Training auch nicht freiwillig ansetzen kann Rückführung zur Behauptung
Direkt zu Beginn des Interviews findet sich aber die fragwürdigste Äußerung: die Behauptung, Hausaufgaben seien abzulehnen, weil sie zum Lügen zwängen. Schüler lögen ihre Eltern an, um sie in dem Glauben zu lassen, sie hätten keine Hausaufgaben zu erledigen. Eltern und Schüler lögen gemeinsam die Lehrer an, um die Mithilfe der Eltern bei den Hausaufgaben zu verschleiern. Mir scheinen diese Annahmen doch recht unglaubwürdig. Was für ein Bild hat Herr Himmelrath von Schülern, Lehrern und Eltern? Wir Schüler als Opfer der Umstände, gezwungen zu ständiger Lüge? Ich erspare mir jedes weitere Argument, so unverfroren finde ich diese Darstellung. Im Übrigen sind mir weder Eltern noch Lehrer bekannt, die sich so leicht veralbern lassen. Es ist doch unsinnig zu glauben, Eltern wüssten nicht, dass sie nur im Hausaufgabenheft nachschlagen müssen, um Bescheid zu wissen. Und die Lehrer? Die Lehrer wissen sehr genau, was los ist, wenn jemand den Lösungsweg einer Aufgabe in Mathematik nicht erklären kann. Zudem sind diese Aussagen doch kaum als Argument gegen Hausaufgaben geeignet. Wem ist denn damit gedient, dass der Anlass einer Lüge, die Hausaufgabe, aus der Welt geschafft wird? Das ist ungefähr so sinnvoll wie Schokolade zu verbieten, weil es Menschen gibt, die davon übergewichtig geworden sind.	2.4 Widerspruch zur Behauptung eines Zwangs zum Lügen; Überleitung Eigene Position: Fragwürdige Position Himmelraths Verweis auf das Interview: Zwang zum Lügen durch Hausaufgaben Gegenposition: Behauptung: fehlende Glaubwürdigkeit der Annahme eines Zwangs zum Lügen Begründung 1: fehlende Glaubwürdigkeit; Überleitung Schüler – bewusste Verweigerung eines Beispiels Eltern – Beispiel: Hausaufgabenheft als Kontrollmöglichkeit für Eltern Lehrer – Beispiel: Gespräch während der Hausaufgabenverbesserung als Kontrollmöglichkeit des Lehrers Begründung 2: fehlende Eignung als Argument Beispiel: Vergleich der Forderung nach einer Abschaffung der Hausaufgaben mit einem Verbot von Schokolade, weil sie auch übergewichtig machen kann

Musterbrief	Erläuterung
Insgesamt erweckt das Interview nicht den Eindruck, als habe sich Herr Himmelrath sonderlich intensiv mit der Thematik auseinandergesetzt. Mir jedenfalls leuchtet seine Argumentation nicht ein. Auch wenn jeder Schüler sicherlich in Versuchung gerät, sich der lästigen Pflicht der Hausaufgaben das eine oder andere Mal zu entziehen, ist sie doch wichtig für die Entwicklungen unserer Kenntnisse, Fähigkeiten und Persönlichkeiten.	2.5 Fazit: oberflächliche Auseinandersetzung mit der Thematik Zusammenfassung und Bezugnahme auf die Ausgangsbehauptung: geringe Überzeugungskraft, Fazit zur eigenen Position
Ich hoffe, dass ich mit meinen Argumenten auch Herrn Himmelrath zum Nachdenken anregen kann. Natürlich wäre ich dankbar, wenn Sie den Leserbrief veröffentlichen könnten.	3 Bitte um Veröffentlichung des Leserbriefs
Mit freundlichen Grüßen	Schlussformel
Martha Meier	Absender

MUSTER

Lösung für Schritt 8 (Gliederung):

Gliederung
1 Verweis auf das am 04.12.2015 erschienene Interview Sylvia Vogts mit Armin Himmelrath mit dem Titel „Hausaufgaben sind pädagogischer Unsinn"
2 Kritische Stellungnahme zu dem Interview „Hausaufgaben sind pädagogischer Unsinn" 2.1 Widerspruch zur Möglichkeit der Verringerung der Elternhilfe durch die Abschaffung der Hausaufgaben 2.2 Widerspruch zur Behauptung eines fehlenden Lerneffekts 2.3 Teilweise Zustimmung zur Behauptung eines Lerneffekts bei einer freiwilligen Beschäftigung mit Themen 2.3.1 Lerneffekt durch die intensive Beschäftigung 2.3.2 Freiwilligkeit keine Lösung 2.4 Widerspruch zur Behauptung eines Zwangs zum Lügen 2.4.1 Fehlende Glaubwürdigkeit der Behauptung 2.4.2 Fehlende Eignung als Argument 2.5 Fazit: oberflächliche Auseinandersetzung mit der Thematik
3 Bitte um Veröffentlichung des Leserbriefs

Schau dir noch eines der Argumente genauer an, um auch aus der **sprachlichen Gestaltung** zu lernen. Viele der hier verwendeten sprachlichen Mittel kannst du ganz leicht nachahmen:

Leserbrief	sprachliche Mittel
Direkt zu Beginn des Interviews findet sich aber die fragwürdigste Äußerung: die Behauptung, Hausaufgaben seien abzulehnen, weil sie zum Lügen zwängen.	Ankündigung des Höhepunkts und Verzögerung durch den Doppelpunkt: Spannungssteigerung; durch den unvollständigen Satz nach dem Doppelpunkt („Behauptung" statt „Es wird behauptet, …") Betonung der Tatsache, dass es sich eben nur um eine Behauptung handelt, die den Verfasser des Leserbriefs nicht überzeugt hat
Schüler lögen ihre Eltern an, um sie in dem Glauben zu lassen, sie hätten keine Hausaufgaben zu erledigen. Eltern und Schüler lögen gemeinsam die Lehrer an, um die Mithilfe der Eltern bei den Hausaufgaben zu verschleiern. Mir scheinen diese Annahmen doch recht unglaubwürdig.	paralleler Satzbau zur Betonung der parallelen Betroffenheit vom Lügen: Dadurch wird indirekt deutlich gemacht, wie unglaubwürdig es ist, dass so viele Lügen nicht auffliegen.
Was für ein Bild hat Herr Himmelrath von Schülern, Lehrern und Eltern?	Frage, um den Leser zum Nachdenken anzuregen
Wir Schüler als Opfer der Umstände, gezwungen zu ständiger Lüge?	sofortige Beantwortung der Frage mit einem unvollständigen Fragesatz (kein Prädikat), der bewusst lächerlich wirkt, um zu verdeutlichen, wie unsinnig der Vorwurf ist
Ich erspare mir jedes weitere Argument, so unverfroren finde ich diese Darstellung. Im Übrigen sind mir weder Eltern noch Lehrer bekannt, die sich so leicht veralbern lassen. Es ist doch unsinnig zu glauben, Eltern wüssten nicht, dass sie nur im Hausaufgabenheft nachschlagen müssen, um Bescheid zu wissen.	bewusste Verweigerung einer weiteren Begründung oder eines Belegs: Dem Leser wird dadurch vor Augen geführt, dass der Vorwurf so unsinnig ist, dass man sich eigentlich gar nicht damit auseinandersetzen muss
Und die Lehrer? Die Lehrer wissen sehr genau, was los ist, wenn jemand den Lösungsweg einer Aufgabe in Mathematik nicht erklären kann.	Wiederholung von „die Lehrer": Spannungssteigerung unvollständiger Satz (ohne Prädikat): Erhöhung der Spannung
Zudem sind diese Aussagen doch kaum als Argument gegen Hausaufgaben geeignet. Wem ist denn damit gedient, dass der Anlass einer Lüge, die Hausaufgabe, aus der Welt geschafft wird?	rhetorische Frage, die der Leser selbst beantworten muss: Selbstverständlich ist überhaupt niemandem gedient, wenn der Anlass einer Lüge aus der Welt geschafft wird, das Verhalten verbessert sich ja im Grunde nur deshalb, weil man nicht in Versuchung kommt, nicht weil man eingesehen hätte, dass es besser ist, nicht zu lügen
Das ist ungefähr so sinnvoll wie Schokolade zu verbieten, weil es Menschen gibt, die davon übergewichtig geworden sind.	witzig wirkendes Beispiel, das dennoch passend ist – dadurch wird dem Leser vor Augen geführt, wie unsinnig Himmelraths Forderung ist

2.4 Einfache / Lineare Erörterung

Von der begründeten Stellungnahme (Kapitel 2.3) ist es nicht weit zur einfachen Erörterung. Der Unterschied liegt vor allem beim Adressaten: Während sich der Leserbrief an die Leser einer Zeitung richtet, legst du in der Erörterung deine Auffassung zu einem Thema dar, ohne an einen ganz konkreten Leser zu denken. Du setzt dich in erster Linie mit dem Thema auseinander.

2.4.1 Begriffsklärung und Grundsätzliches

„Einfach" oder „linear" wird die hier erklärte Form der Erörterung genannt, um sie von der Pro-Contra-Erörterung (vgl. Kapitel 2.5) abzugrenzen.

- Bei der **einfachen oder linearen Erörterung** beschäftigst du dich **nur mit einer Seite**: Du trittst also entweder dafür ein, dass Hausaufgaben sinnvoll sind, oder dafür, dass Hausaufgaben eben nicht sinnvoll sind. Manchmal kannst du selbst entscheiden, für welche Position du dich entscheidest. Manchmal ist – vor allem in Schulaufgaben – auch schon in der Aufgabenstellung vorgegeben, welche Position du vertreten sollst.
- Die **Pro-Contra-Erörterung** beschäftigt sich mit dem **Für und Wider** eines Themas. Eine Pro-Contra-Erörterung zum Sinn von Hausaufgaben wird also darlegen, welche Argumente für Hausaufgaben sprechen und welche dagegen. Die lateinischen Begriffe „pro" – „für" und „contra" – „gegen" sagen das schon. Wie du eine Pro-Contra-Erörterung schreibst, erfährst du auf Seite 201.

Zitieren aus Materialien

Etwas mehr Sorgfalt als bei der begründeten Stellungnahme musst du – wie du schon gesehen hast – beim Zitieren in der Erörterung walten lassen. Während es bei der begründeten Stellungnahme ausreicht, wenn der Leser erkennen kann, woher du eine Information hast, indem du zum Beispiel allgemein auf einen Zeitungsartikel verweist, solltest du dich in der Erörterung an die **Regeln des Zitierens** halten:

Damit du deutlich machen kannst, welche Inhalte du dem Zeitungsartikel oder auch anderen Materialien entnommen hast, musst du zitieren. Das Verb „zitieren" kommt aus dem Lateinischen: „citare" heißt eigentlich „herbeirufen; vorladen; sich auf jemandes Zeugenaussage berufen". Wenn du zitierst, berufst du dich also auf die Aussagen eines anderen. Das Zitieren ist eigentlich nicht schwer. Es gibt zwei Formen des Zitierens, die du beide verwenden kannst:

- **wörtliches oder direktes Zitat**
  Wenn du eine Formulierung ganz genau übernimmst, setzt du sie einfach wie bei der direkten Rede in Anführungszeichen. Der Leser weiß dann, dass du sie übernommen hast. Damit er das auch überprüfen kann, gibst du direkt im Anschluss an das Zitat an, woher du es hast.
  Beispiel: Hausaufgaben „bringen Unfrieden in die Familien" (M1, Seite 175).
  Wichtig ist, dass du die **Formulierungen nicht veränderst**, sondern genauso übernimmst, wie sie eben sind. Du darfst aber kürzen. Vielleicht ist dir aufgefallen, dass wir das auch bei mehreren Texten so gemacht haben, die wir in diesem Buch abgedruckt haben. Die Stelle, an der du Text gekürzt hast, markierst du mit eckigen Klammern:
  Beispiel: Hausaufgaben „bringen Unfrieden in die Familien […] und haben keinen […] Nutzen" (M1, Seite 175).

- **indirektes Zitat**
  Wenn du indirekt zitierst, gibst du eine Textstelle nicht wörtlich wieder, sondern du fasst sie **in deinen eigenen Worten** zusammen. Hier machst du keine Anführungszeichen wie beim wörtlichen Zitat, aber du gibst dennoch in Klammern an, wo der Leser genau nachlesen kann. Die Abkürzung „vgl.", die in der Klammer steht, meint „vergleiche": Der Leser wird also dazu aufgefordert, deine Wiedergabe mit der ursprünglichen Textstelle zu vergleichen.
  Beispiel: Hausaufgaben sorgen für Streit innerhalb der Familien (vgl. M1, Seite 175).

2.4.2 Sprache und Stil: Vergleich von Leserbrief und Erörterung

Weil die Erörterung nicht auf konkrete Leser ausgerichtet ist, ergibt es natürlich auch wenig Sinn, den Leser direkt anzusprechen. In der Erörterung drückst du dich **nüchtern, sachlich und sehr gewählt** aus.

Das, was du über den Aufbau eines Arguments, die Reihenfolge deiner Argumente und ihre Verknüpfung im Zusammenhang mit der begründeten Stellungnahme gelernt hast (vgl. Kapitel 2.3.2), gilt natürlich auch bei der Erörterung. Sie ist sogar strenger als die begründete Stellungnahme.
Beim Leserbrief durftest du die Argumentation verkürzen, wenn es dir sinnvoll erschien, den Leser dadurch selbst zum Nachdenken anzuregen. Bei der Erörterung geht dies nicht. Du hast keinen konkreten Leser vor Augen, deshalb ist es unbedingt nötig, dass du die **gesamte Argumentationskette** einhältst, weil du so die größten Chancen hast zu überzeugen.

ÜBUNG

Vergleiche die folgenden Auszüge aus einem Leserbrief und einer linearen Erörterung. Beide Texte stellen die Behauptung auf, dass Hausaufgaben sinnvoll sind, weil sie das Pflichtbewusstsein fördern. Untersuche die sprachlichen Unterschiede und Gemeinsamkeiten!

Begründete Stellungnahme im Leserbrief	Lineare Erörterung
Hausaufgaben fördern das Pflichtbewusstsein. Natürlich wäre es oberflächlich gesehen angenehmer, keine Pflichten zu besitzen. Natürlich würde ich lieber das tun, worauf ich Lust habe, statt Hausaufgaben zu machen. Aber muss nicht jeder lernen, dass es Aufgaben gibt, die nicht angenehm sind, aber trotzdem notwendig? Muss nicht jeder lernen, den inneren Schweinehund zu überwinden? Selbstverständlich könnte es sich die Schule leicht machen und es uns Schülern selbst überlassen, mit welchen Inhalten wir uns beschäftigen möchten. So weist der Autor Armin Himmelrath darauf hin, dass man leichter lernt, wenn einen etwas „brennend interessiert". Das klingt zunächst einleuchtend. Aber: Es wäre undenkbar, dass ein Bundesligaverein seinen Fußballspielern die Entscheidung überlässt, ob sie trainieren möchten. Auch die Schule hat die Verpflichtung, dafür zu sorgen, dass niemand abgehängt wird, weil er aus Unlust, Unwissenheit oder wegen seines noch fehlenden Pflichtbewusstseins die falschen Entscheidungen trifft.	Die Notwendigkeit zur Erledigung von Hausaufgaben fördert das Pflichtbewusstsein der Schülerinnen und Schüler. Das gelingt, weil ihre Erledigung kontrolliert wird und die Beschäftigung mit dem Unterrichtsstoff nicht der Lust der Schüler überlassen wird. Es wäre eine Überforderung, von Schülern zu verlangen, dass sie von Anfang an selbst entscheiden können, wie mit Pflichten umzugehen ist. Pflichtbewusstsein, also die Fähigkeit, sich auch mit Aufgaben zu beschäftigen, auf die man keine Lust hat, ist für jedes Studium, jeden Beruf und auch jedes Hobby wichtig. Überall wird man gelegentlich auch mit Aufgaben zu tun haben, auf die man keine Lust hat. Selbstverständlich könnte es sich die Schule leicht machen und es den Schülern selbst überlassen, mit welchen Inhalten sie sich über den Unterricht hinaus beschäftigen möchten. So weist der Autor Armin Himmelrath darauf hin, dass man leichter lernt, wenn einen etwas „brennend interessiert" (M1). Das klingt zunächst einleuchtend. Aber die Schule hat die Verpflichtung, dafür zu sorgen, dass niemand abgehängt wird, weil er aus Unlust, Unwissenheit oder wegen seines noch fehlenden Pflichtbewusstseins die falschen Entscheidungen trifft. Kaum jemand wird in der achten Klasse wissen, welchen Beruf er ergreifen wird, welcher Schulabschluss und welche Schulfächer bzw. Kenntnisse dafür letztlich wichtig sind. Die Schule muss an die Einstellung heranführen, auch gegenwärtig ungeliebte, aber notwendige Aufgaben zu erfüllen.

MUSTER **Lösung:**

Gemeinsamkeiten:
In beiden Texten geht es um dasselbe Argument: die Vermittlung von Pflichtbewusstsein. Der Leserbrief ist wie die Erörterung sachlich formuliert. Viele adverbiale Nebensätze verdeutlichen die Zusammenhänge.

Unterschiede:
Die Argumentation des Leserbriefs fällt knapper aus. Die Argumentation ist nicht vollständig entfaltet wie in der Erörterung. Der Leser soll hier in viel höherem Maße zum Nachdenken gebracht werden, weil er sich Zusammenhänge oder Folgerungen selbst erschließen muss.

Der Leserbrief ist persönlicher formuliert. Das sieht man an Wendungen wie „uns Schülern". Die Erörterung dagegen spricht zum Beispiel ganz neutral von „den Schülern". Es ist auch in der Erörterung nicht ausgeschlossen, von den eigenen Erfahrungen zu sprechen, aber das geschieht auf jeden Fall sehr viel seltener und zurückhaltender als im Leserbrief.

Im Leserbrief wird der Leser direkt angesprochen, in der Erörterung nicht. Im Leserbrief werden dem Leser Fragen gestellt, deren Antwort auf der Hand liegen. Man nennt solche Fragen „rhetorische Fragen", weil es unnötig ist, sie zu beantworten. Sie sind ein Mittel, um den Leser zum Nachdenken zu bewegen.

Im Leserbrief werden mehr sprachliche Mittel eingesetzt, die dazu beitragen sollen, den Leser für die eigene Position einzunehmen. Die Erörterung ist da viel nüchterner und beschränkt sich auf die inhaltlichen Argumente. Die zweimalige Verwendung des Satzanfangs „Natürlich" im Leserbrief führt den Leser zum Beispiel zunächst in die Irre und erregt deshalb seine Aufmerksamkeit. Der Leser muss vermuten, dass der Verfasser einlenkt, aber gerade das tut er im Folgenden nicht, sondern er entkräftet das Argument.

Obwohl beide Texte anspruchsvoll formuliert sind, erlaubt sich der Leserbrief größere sprachliche Freiheiten. Der Vergleich mit einem Bundesligaverein wirkt zunächst überraschend, ist aber doch stichhaltig und weckt dadurch das Interesse des Lesers. Zu der nüchternen Erörterung passt er nicht. Ähnlich ist es auch bei dem Bild des inneren Schweinehunds, der zu überwinden ist. In der Erörterung ist diese Stelle ganz nüchtern und sachlich formuliert. Weil der Rest des Leserbrieftextes sehr gewählt formuliert ist, wirken diese Wendungen nicht unpassend, sondern wecken das Interesse des Lesers, da sie herausstechen. Diese Wirkung wird nur dann erzielt, wenn nicht der gesamte Text so formuliert ist, sondern sich die Wendung vom Rest des Textes abhebt.
Der Leserbrief zitiert etwas ungenauer. Zwar wird Armin Himmelrath richtig zitiert, aber die Erörterung gibt die genaue Quelle regelgerecht in Klammern an. Der Leserbrief hat hier mehr Freiheiten. Dort reicht es, wenn der Leser sich erschließen kann, woher die Information stammt.

2.4.3 Erörterung: Einleitung und Schluss

Beim Verfassen eines Briefes hast du schon gelernt, dass es nicht sinnvoll ist, mit der Tür ins Haus zu fallen. Deshalb hast du in der Einleitung des Briefes langsam zum Thema und zu deinem Anliegen hingeführt.

Ähnlich machst du das auch bei der Erörterung. Ihre **Einleitung** dient dazu, **zum Thema und zu deiner Position** hinzuführen. Das kann auf ganz unterschiedlichen Wegen geschehen. Du kannst einen konkreten Anlass aufgreifen, wie das gelesene Interview. Oft helfen dir die Materialien dabei, einen Aufhänger zu finden. Als Einleitungsgedanke eignet sich häufig Folgendes:

- **aktuelles Ereignis**
  Beispiel: Kürzlich war in der Tageszeitung „Der Tagesspiegel" ein Interview zu lesen, in dem der Sinn von Hausaufgaben bezweifelt wurde.
- **bekannte Tatsache**
  Beispiel: Hausaufgaben gehören für Schüler zum Alltag und sind kaum wegzudenken.
- **Begriffsklärung**
- **Redensart**, die etwas mit dem Thema zu tun hat
  Beispiel: Was du heute kannst besorgen, das verschiebe nicht auf morgen. Das gilt für viele Schüler nicht in Bezug auf Hausaufgaben.
- …

Grundsätzlich gibt es hier eine Vielzahl von Möglichkeiten. Wichtig ist vor allem Folgendes: **Deine Einleitung** …

- … führt zum Thema hin.
- … nennt das Thema.
- … zeigt, warum das Thema interessant ist.
- … nimmt keine Argumente vorweg.

ÜBUNG

Vergleiche diese beiden Einleitungen:
- Wo liegen die Gemeinsamkeiten,
- wo die Unterschiede?

Begründe, warum die eine viel besser gelungen ist.

Beispiel 1: Einleitung	Beispiel 2: Einleitung	Erläuterung
Diese Erörterung beschäftigt sich mit dem interessanten Thema, welche Chancen mit Hausaufgaben verbunden sind.	Hausaufgaben gehören zum Alltag eines Schülers. Kaum ein Schultag vergeht, ohne dass Hausaufgaben anzufertigen sind. Dennoch sind sie seit jeher umstritten. Erst jüngst wurde in der Zeitung „Der	

Beispiel 1: Einleitung	Beispiel 2: Einleitung	Erläuterung
	Tagesspiegel" ein Interview mit dem Journalisten Armin Himmelrath anlässlich der Veröffentlichung seines Buches abgedruckt, das den Sinn von Hausaufgaben in Zweifel zieht. Während Himmelrath Hausaufgaben für völlig sinnlos hält, ist aus meiner Sicht als Betroffener doch festzuhalten, dass sehr viel für Hausaufgaben spricht.	

MUSTER **Lösung**

Beispiel 1: Einleitung	Beispiel 2: Einleitung	Erläuterung
Diese Erörterung beschäftigt sich mit dem interessanten Thema, welche Chancen mit Hausaufgaben verbunden sind.	Hausaufgaben gehören zum Alltag eines Schülers. Kaum ein Schultag vergeht, ohne dass Hausaufgaben anzufertigen sind. Dennoch sind sie seit jeher umstritten. Erst jüngst wurde in der Zeitung „Der Tagesspiegel" ein Interview mit dem Journalisten Armin Himmelrath anlässlich der Veröffentlichung seines Buches abgedruckt, das den Sinn von Hausaufgaben in Zweifel zieht. Während Himmelrath Hausaufgaben für völlig sinnlos hält, ist aus meiner Sicht als Betroffener doch festzuhalten, dass sehr viel für Hausaufgaben spricht.	Beide Einleitungen benennen das Thema. Doch die Hinführungen zum Thema fallen unterschiedlich aus. **Beispiel 1** fällt mit der Tür ins Haus: Das Thema der Erörterung wird sofort genannt. Es gibt keinerlei Hinweis, warum dieses Thema interessant sein sollte. Es wird nur behauptet. Die ganze Einleitung wirkt bis auf die Nennung des Themas austauschbar. Der Satz könnte zu jedem Thema hinführen und spricht den Leser deshalb nicht an. Beispiel 1 ist keine überzeugende Einleitung. **Beispiel 2** leitet zum Thema hin, indem zunächst auf die Tatsache hingewiesen wird, dass Hausaufgaben zum Alltag von Schülern gehören und gleichzeitig häufig kritisiert werden. Zusätzlich zu dieser bekannten Tatsache wird noch ein konkreter Anlass für die Erörterung angeführt, ein aktuelles Interview. Davon ausgehend wird dann das Thema benannt.

Während die Einleitung den Leser an die Thematik heranführen sollte, dient der **Schluss** der **Abrundung der Erörterung**. Im Schluss solltest du keine neuen Argumente nennen. Ein Fazit deiner Argumentation ziehst du schon am Ende des Hauptteils, der Schluss soll den Aufsatz sinnvoll abschließen. Dabei musst du den Leser mitnehmen und nicht einfach in den Schluss „hineinstolpern". Du solltest also für eine Überleitung vom Hauptteil zum Schluss sorgen: Schau dir die Beispielaufsätze (S. 196 ff. und 207 ff.) an. Sie geben dir Hinweise, wie das gelingt. Oft reichen schon Adverbien wie „jedoch", „deshalb" oder Formulierungen wie „Es dürfte deutlich geworden sein, dass ...", um eine Verbindung zu schaffen.

Im Schluss kannst du zum Beispiel den **Einleitungsgedanken** wieder aufgreifen oder einen weiterführenden Gedanken entwickeln. Du kannst also auch
- Folgen oder ungelöste Probleme aufzeigen,
- dem Leser seine Verantwortung im Zusammenhang mit dem Thema verdeutlichen oder
- die Erfolgsaussichten eines Vorschlags erläutern.

Beispiel eines Schlusses:
Wahrscheinlich werden Hausaufgaben jedoch so lange umstritten bleiben, wie es sie gibt. Denn auch wenn Schüler und Eltern ihren Sinn grundsätzlich einsehen, so ärgert sich jeder Betroffene doch oft über eine Hausaufgabe, weil es trotz der grundsätzlichen Einsicht einfacher und erfreulicher wäre, sich nicht mit den Hausaufgaben abgeben zu müssen, sondern die eigene Zeit nach Lust und Laune zu verbringen.

2.4.4 Musteraufsatz mit Übung: Lineare Erörterung „Chancen von Hausaufgaben"

Du hast dich schon ausführlich mit dem Thema Hausaufgaben beschäftigt. Versuche deshalb nun selbst, eine einfache Erörterung über dieses Thema zu schreiben. Du gehst dabei vom Prinzip her genauso vor, wie du das schon von der begründeten Stellungnahme kennst. Wenn du die einzelnen Schritte nicht mehr im Kopf hast, schlag auf Seite 161 nach.

ÜBUNG

Immer wieder wird der Sinn von Hausaufgaben in Zweifel gezogen, wie das auch in dem Interview „Hausaufgaben sind pädagogischer Unsinn" mit dem Autor Armin Himmelrath geschieht (vgl. S. 175). Verfasse eine lineare Erörterung, in der du deinen eigenen Standpunkt darlegst und Partei für oder gegen Hausaufgaben ergreifst. Nutze die angegebenen Materialien für deine Argumentation!

Die Materialien kennst du schon: Du findest sie auf den Seiten 175 ff.
Vergleiche deine Notizen nach jedem Schritt mit der Beispiellösung!

MUSTER

Lösung für Schritt 1 (Aufgabenstellung):

- Schreibform: lineare Erörterung
- Thema und Position: für oder gegen Hausaufgaben
- Definition des Schlüsselbegriffs: Hausaufgaben
  Aufgaben für die Schule bzw. einzelne Fächer, die zu Hause erledigt werden sollen
- Materialien: Materialien, die genutzt werden müssen (!)

Lösung für Schritt 2 (Materialien):
Schlag auf Seite 178 nach.

Lösung für Schritt 6 (Schreibplan):
Du kannst dir aussuchen, welche Position du einnimmst. Unser Musteraufsatz tritt **für Hausaufgaben** ein:

Schreibplan – Lineare Erörterung: Chancen von Hausaufgaben

1 Einleitung
Anlass der Erörterung: Interview „Hausaufgaben sind pädagogischer Unsinn" mit dem Journalisten Armin Himmelrath, erschienen am 04.12.2015 – Position Himmelraths: Ablehnung von Hausaufgaben (Bezug auf M1) → Umstrittenheit von Hausaufgaben, Thema und Position: Chancen von Hausaufgaben

2 Ausgangsbehauptung: Chancen von Hausaufgaben

2.1 Behauptung 1: Förderung der Selbstständigkeit durch Hausaufgaben ohne Überforderung
Begründung 1 zu Behauptung 1: Zeiteinteilung bei Hausaufgaben
Beispiel für Begründung 1: Hausaufgaben über mehrere Tage

Begründung 2 zu Behauptung 1: Eigenständige Beschäftigung mit dem Unterrichtsstoff
Beispiel für Begründung 2: Entwicklung von Lösungsideen in Mathematik
Beleg für Begründung 2: Zweck von Hausaufgaben laut GSO (vgl. M3)

2.2 Behauptung 2: Notwendigkeit zur Förderung des Pflichtbewusstseins
Begründung: Notwendigkeit zur Heranführung an Pflichten ohne Überforderung
Beleg: Pflichtbewusstsein in allen Bereichen nötig (Schule, Hobby, Beruf)

Ablehnung der Position Himmelraths: Beschäftigung nach Lust und Laune
Begründung: Verhindern einer vorschnellen Entscheidung
Beispiel: Unklarheit in der Schulzeit, welcher Schulabschluss und welche Kenntnisse tatsächlich im späteren Leben nötig sind

2.3 Behauptung 3: Rückmeldung des Leistungsstands
Begründung 1 zu Behauptung 3: Beurteilung der Fähigkeiten und Kenntnisse durch die Schüler selbst bei Aufgaben mit eindeutiger Lösung
Beispiel: Hausaufgaben mit eindeutiger Lösung
Begründung 2 zu Behauptung 3: Rückmeldung durch Lehrer bei Aufgaben mit unterschiedlichen Lösungsmöglichkeiten
Beispiel: Übungsaufsätze in Deutsch

Schreibplan – Lineare Erörterung: Chancen von Hausaufgaben
2.4 Behauptung 4: zusätzliche Lernzeit zur Entwicklung von Routine Begründung: Wiederholung und Übung wichtig zur Entwicklung von Routine und zur Beherrschung eines Themas Beleg: Zweck der Hausaufgaben laut GSO (vgl. M3) Beispiel 1: Vergleich mit dem Erlernen eines Instruments (Übung nötig) Beispiel 2: Übungsaufsätze in Deutsch (Suche nach Formulierungen fällt leichter, je mehr Übungsaufsätze schon geschrieben wurden) Beispiel 3: Lateinübersetzungen (Lateinübersetzungen kaum möglich, wenn viele Vokabeln nachzuschlagen sind, weil man sie nicht gelernt hat 2.5 Fazit: Wichtigkeit sinnvoller und maßvoller Hausaufgaben
3 Dauerstreit: Sinn von Hausaufgaben

ÜBUNG

- Lies nun den folgenden Musteraufsatz und denke ihn durch. Er ist relativ ausführlich, weil du auf diese Weise viele Möglichkeiten des Argumentierens kennenlernen kannst. Meist wirst du nicht genügend Zeit haben, um einen so umfassenden Aufsatz selbst zu schreiben. Das ist auch nicht weiter problematisch.
- Achte beim Lesen besonders auf die markierten Behauptungen, Begründungen und Beispiele bzw. Belege und Überleitungen.
- Erstelle dann eine Gliederung für diese Erörterung mit Hilfe der Markierungen!

MUSTER

Musteraufsatz	Erläuterung
Lineare Erörterung: Chancen von Hausaufgaben	Schreibform und Thema
Hausaufgaben gehören zum Alltag eines Schülers. Kaum ein Schultag vergeht, ohne dass Hausaufgaben anzufertigen sind. Dennoch sind sie seit jeher umstritten. Erst jüngst wurde in der Zeitung „Der Tagesspiegel" ein Interview mit dem Journalisten Armin Himmelrath anlässlich der Veröffentlichung seines Buches abgedruckt, das den Sinn von Hausaufgaben in Zweifel zieht. Während Himmelrath Hausaufgaben für völlig sinnlos hält, ist aus meiner Sicht als Betroffener doch festzuhalten, dass sehr viel für Hausaufgaben spricht.	1 Einleitung: Hinführung zum Thema – Aufgreifen des Zeitungsartikels als Anlass für die Erörterung des Themas; eigene Betroffenheit, die in gewisser Weise zum Experten macht; Nennung der Ausgangsbehauptung: Hausaufgaben mit vielen positiven Seiten
Dazu gehört, dass Hausaufgaben auf lange Sicht die Selbstständigkeit der Schülerinnen und Schüler fördern. Jeder Schüler ist nämlich dazu gezwungen, sich seine Hausaufgaben selbst einzuteilen und daran zu denken, wann welche Hausaufgabe zu erledigen ist.	*2 Chancen von Hausaufgaben* *2.1 Förderung der Selbstständigkeit durch Hausaufgaben ohne Überforderung* *Behauptung 1: Förderung der Selbstständigkeit* Begründung 1 zu *Behauptung 1*: Förderung der Selbstständigkeit durch die Einteilung der Hausaufgaben

Musteraufsatz	Erläuterung
Häufig werden Hausaufgaben nicht von einem Tag auf den anderen aufgegeben. In den höheren Jahrgangsstufen fallen oft Hausaufgaben an, die umfangreich sind und für deren Erledigung deshalb mehrere Tage Zeit sind. Dazu kommt, dass ohnehin nicht jeden Tag alle Fächer unterrichtet werden, zum Beispiel hat man in der achten Jahrgangsstufe nur drei Stunden regulären Mathematikunterricht und meist zusätzlich eine verpflichtende Mathematik-Intensivierung, sodass automatisch mindestens ein Tag zwischen manchen Unterrichtsstunden liegt.	Beispiel 1: Hausaufgaben über mehrere Tage Überleitung
Schüler müssen sich deshalb daran gewöhnen, ihre Hausaufgaben zu planen und jeden Tag einen Teil einer umfangreichen Hausaufgabe erledigen, um nicht am letzten Tag die ganze Hausaufgabe in Eile machen zu müssen. Werden sie erst in letzter Sekunde erledigt, dann ist es aufgrund ihres Umfangs schwer, sie fertigzustellen. Die Schüler müssen also lernen, rechtzeitig an die Hausaufgaben zu denken und den Umfang der insgesamt aufgegebenen Hausaufgaben zu beurteilen und langfristig zu planen.	nochmaliges Aufgreifen der Begründung 1 zu *Behauptung 1*
Das gelingt vielleicht nicht immer, aber muss geübt werden, denn es ist wichtig für das Leben, diese Selbstständigkeit zu entwickeln.	Einräumen eines Gegenarguments und Entkräftung
Während Übungen im Unterricht immer durch den Lehrer beaufsichtigt werden und er unterstützend eingreifen kann, ermöglichen es Hausaufgaben, sich selbstständig mit einem Problem zu beschäftigen. Dadurch merken Schüler manchmal erst, wo noch Wissenslücken sind. Im Unterricht fällt gar nicht immer auf, dass man selbst nicht in der Lage gewesen wäre, eine Aufgabe zu lösen, weil ein anderer schneller war und die Lösung einleuchtend wirkt.	Begründung 2 zu *Behauptung 1*: eigenständige Beschäftigung mit dem Unterrichtsstoff
Gerade in Mathematik kommen einem die Lösungswege manchmal ganz logisch vor, wenn jemand die zündende Idee hatte.	Beispiel: Mathematik – Lösungsidee selbst entwickeln
Aber es ist auch wichtig, dass man sich selbst in eine Aufgabe vertieft und nach einer Lösung sucht, obwohl sie am Anfang nicht lösbar erscheint. Wenn sie letztlich unlösbar bleibt, dann kann das auch ein Warnschuss sein, der deutlich macht, dass es nötig ist, sich intensiver mit dem Stoff zu beschäftigen, um nicht ins Hintertreffen zu geraten.	nochmaliges Aufgreifen der Begründung 2
Auch dies dient letztlich der Selbstständigkeit, wenn Schüler sich dessen bewusst werden und Konsequenzen ziehen.	Rückführung zur Behauptung 1
Dies ist auch der eigentliche Zweck von Hausaufgaben laut der Schulordnung der Gymnasien: Hausaufgaben werden erteilt, um „die Schülerinnen und Schüler zu eigener Tätigkeit anzuregen“ (§52, Absatz 1 GSO).	Beleg: Zweck der Hausaufgaben laut GSO (Material 3)

Musteraufsatz	Erläuterung
Darüber hinaus fördert die Notwendigkeit zur Erledigung von Hausaufgaben das Pflichtbewusstsein der Schülerinnen und Schüler. Das gelingt, weil ihre Erledigung kontrolliert wird und die Beschäftigung mit dem Unterrichtsstoff nicht der Lust der Schüler überlassen wird. Es wäre eine Überforderung, von Schülern zu verlangen, dass sie von Anfang an selbst entscheiden können, wie mit Pflichten umzugehen ist. Pflichtbewusstsein, also die Fähigkeit, sich auch mit Aufgaben zu beschäftigen, auf die man keine Lust hat, ist für jedes Studium, jeden Beruf und auch jedes Hobby wichtig. Überall wird man gelegentlich auch mit Aufgaben oder Themen zu tun haben, auf die man keine Lust hat. Selbstverständlich könnte es sich die Schule leicht machen und es den Schülern selbst überlassen, mit welchen Inhalten sie sich über den Unterricht hinaus beschäftigen möchten. So weist der Autor Armin Himmelrath darauf hin, dass man leichter lernt, wenn einen etwas „brennend interessiert“ (M1). Das klingt zunächst einleuchtend, aber die Schule hat die Verpflichtung, dafür zu sorgen, dass niemand abgehängt wird, weil er aus Unlust, Unwissenheit oder wegen seines noch fehlenden Pflichtbewusstseins die falschen Entscheidungen trifft. Kaum jemand wird in der achten Klasse wissen, welchen Beruf er ergreifen wird und welcher Schulabschluss und welche Schulfächer bzw. Kenntnisse dafür letztlich wichtig sind. Die Schule muss an die Einstellung heranführen, auch gegenwärtig ungeliebte, aber notwendige Aufgaben zu erfüllen.	2.2 Förderung des Pflichtbewusstseins Überleitung *Behauptung 2: Förderung des Pflichtbewusstseins* Begründung 2 zu *Behauptung 2*: langsame Heranführung an Pflichten Beispiel: Pflichtbewusstsein überall wichtig Aufgreifen eines Gegenarguments und Entkräftung: Verhindern einer vorschnellen Entscheidung Beispiel: Unklarheit von Schülern über beruflichen Werdegang und wichtige Kenntnisse Rückführung zur Behauptung
Ein weiterer Vorteil von Hausaufgaben ist es, dass sie in der Regel alleine angefertigt werden. Dadurch haben Schüler die Chance, eine individuelle Rückmeldung zu ihren Kenntnissen und Fähigkeiten zu erhalten. Entgegen der Kritik, die häufig geäußert wird, ist es nicht so, dass in der Regel nur die Hausaufgaben weniger Schüler vorgelesen werden und deshalb nur ein kleiner Teil der Schüler eine Rückmeldung erhält (vgl. M1). Man muss zwischen verschiedenen Arten von Hausaufgaben unterscheiden. Es gibt Hausaufgaben, bei denen nur eine einzige Lösung oder maxi-	2.3 Rückmeldung des Leistungsstands Überleitung *Behauptung 3: Rückmeldung* *Aufgreifen eines Gegenarguments* Erklärung: Unterscheidung zwischen verschiedenen Typen von Hausaufgaben Beispiel 1: Hausaufgaben mit eindeutiger Lösung

Musteraufsatz	Erläuterung
mal zwei Lösungen korrekt sind wie zum Beispiel bei Übungen zur Rechtschreibung oder auch bei vielen Mathematikaufgaben. Bei diesen Aufgaben ist es für die Schüler leicht, aus der Zahl der richtigen Lösungen Schlüsse zu ziehen. Wer kaum eine richtige Lösung hat, der wird sich schlecht vormachen können, dass er alles verstanden hat. In diesem Fall reicht es völlig aus, wenn wenige Schüler ihre Lösung vorstellen, weil die vorgestellten Lösungen die einzig richtigen sind. Davon sind die Aufgaben zu unterscheiden, bei denen es unterschiedliche Lösungsmöglichkeiten gibt. In diesen Fällen ermöglichen die Hausaufgaben aber, dass Lehrer jedem Schüler eine individuelle Rückmeldung geben. Vor jeder Schulaufgabe im Fach Deutsch schreiben die Schüler Übungsaufsätze, die der Deutschlehrer korrigiert. Am Rand und unter dem Aufsatz notiert er ganz individuelle Tipps, was bereits gut gelingt und woran der jeweilige Schüler weiter arbeiten müsste. Jeder Schüler erhält also eine ganz persönliche Rückmeldung, die sich auf die Stärken und Schwächen seines Aufsatzes bezieht und die Weiterarbeit ermöglicht.	Begründung 1 zu *Behauptung 3*: Beurteilung der Fähigkeiten und Kenntnisse durch die Schüler selbst bei Aufgaben mit eindeutiger Lösung Beispiel 2: Hausaufgaben mit unterschiedlichen Lösungsmöglichkeiten Begründung 2 zu *Behauptung 3*: individuelle Rückmeldung zu nicht standardisierbaren Aufgaben Konkretisierung von Beispiel 2: Deutschaufsätze
Sicher wäre es auch möglich, Übungsaufsätze im Unterricht schreiben zu lassen und dort auch andere Übungen anfertigen zu lassen. Häufig wird dies auch gemacht, aber gerade das Schreiben von Übungsaufsätzen bedarf einiger Zeit und auch Ruhe, sodass die reine Unterrichtszeit nicht ausreicht. Hausaufgaben sind dringend nötig, weil sie zusätzliche Lernzeit mit sich bringen. Nur durch das Wiederholen des im Unterricht Erlernten und durch dessen Übung entsteht Routine. Sie aber ist die Voraussetzung, um Themengebiete wirklich zu beherrschen und auch schwierigere Aufgaben lösen zu können. Auch die Schulordnung weist auf diesen Zweck von Hausaufgaben hin: Hausaufgaben werden erteilt, um „den Lehrstoff einzuüben" (§52, Absatz 1 GSO). Niemand käme auf die Idee, ein Instrument zu erlernen, ohne das Spielen darauf immer wieder zu üben. Genauso verhält es sich auch mit den Hausaufgaben: Gerade bei neuen Aufsatzarten ist es anfangs oft schwierig, die richtigen Formulierungen zu finden. Das Verfassen	Überleitung und gleichzeitig Einräumen eines Gegenarguments sowie dessen Entkräftung Aufgreifen der Ausgangsbehauptung von Block 2 *Behauptung 4: Entwicklung von Routine* Begründung zu *Behauptung 4*: Wiederholung und Übung dafür wichtig Beleg: Zweck der Hausaufgaben laut GSO (M3) Beispiel 1: Vergleich mit dem Erlernen eines Instruments Beispiel 2: Übungsaufsätze in Deutsch

Musteraufsatz	Erläuterung
des Aufsatzes dauert lange und ist mühsam. Doch je häufiger man Aufsätze schreibt, desto leichter wird es, weil man nicht mehr angestrengt um jedes Wort ringen muss. Auch in Latein ist es ähnlich: Wer bei einer Übersetzung jedes zweite Wort nachschlagen muss, dem wird es schwerfallen, einen schlüssigen Text als Übersetzung zu formulieren. Wer dagegen die Vokabeln, die als Hausaufgabe zu lernen sind, beherrscht, dem wird die Übersetzung relativ leicht fallen. Doch auch das reicht nicht, sondern es ist auch immer wieder zu üben, wie bei der Übersetzung eines Satzes grundsätzlich vorzugehen ist. Nur wer routinemäßig immer zunächst das Prädikat sucht, dann das Subjekt, bevor die anderen Satzglieder aufgelöst werden, wird eine korrekte Übersetzung zustande bringen. Die Übung in der Hausaufgabe ist also ganz wichtig, um eine Routine zu entwickeln.	Beispiel 3: Lateinübersetzungen Rückführung zur *Behauptung 4*
Es dürfte deutlich geworden sein, wie wichtig Hausaufgaben sind und wie viele Argumente für ihre Beibehaltung sprechen. Ihr Wert für die Weiterentwicklung der Kenntnisse, der Fähigkeiten und der Persönlichkeit der Schülerinnen und Schüler ist groß. Es versteht sich gleichzeitig von selbst, dass dazu Hausaufgaben nötig sind, die sinnvoll und maßvoll sind, weil es wenig Erfolg bringen dürfte, wenn Schüler durch die Hausaufgaben so sehr beansprucht werden würden, dass sie keine Freizeit mehr hätten.	2.5 Fazit: Wichtigkeit sinnvoller und maßvoller Hausaufgaben Überleitung Fazit: Erwähnung der Gegenargumente und Betonung der Pro-Argumente Mahnung als Versöhnung mit der Gegenposition: sinnvolle und maßvolle Hausaufgaben nötig
Wahrscheinlich werden Hausaufgaben jedoch so lange umstritten bleiben, wie es sie gibt. Denn auch wenn Schüler und Eltern ihren Sinn grundsätzlich einsehen, so ärgert sich jeder Betroffene doch oft über eine Hausaufgabe, weil es trotz der grundsätzlichen Einsicht einfacher und erfreulicher wäre, sich nicht mit den Hausaufgaben abgeben zu müssen, sondern die eigene Zeit nach Lust und Laune zu verbringen.	3 Schluss: Dauerstreit um den Sinn von Hausaufgaben Aufgreifen des Einleitungsgedankens Abrundung durch eine Erklärung dafür, dass Hausaufgaben so umstritten sind

MUSTER

Lösung für Schritt 8 (Gliederung):

Gliederung
1 Umstrittenheit von Hausaufgaben
2 Chancen von Hausaufgaben 2.1 Förderung der Selbstständigkeit 2.1.1 Einteilung der Hausaufgaben 2.1.2 Eigenständige Beschäftigung mit dem Unterrichtsstoff 2.2 Vermittlung von Pflichtbewusstsein 2.3 Rückmeldung des Leistungsstands 2.3.1 Beurteilung der Fähigkeiten und Kenntnisse durch die Schüler selbst bei Aufgaben mit eindeutiger Lösung 2.3.2 Rückmeldung durch Lehrer bei Aufgaben mit unterschiedlichen Lösungsmöglichkeiten 2.4 Zusätzliche Lernzeit zur Entwicklung von Routine 2.5 Fazit: Wichtigkeit sinnvoller und maßvoller Hausaufgaben
3 Dauerstreit um den Sinn von Hausaufgaben

2.5 Pro-Contra-Erörterung (antithetische Erörterung)

Die lateinischen Begriffe „pro" – „für" und „contra" – „gegen" sagen schon, was Aufgabe einer Pro-Contra-Erörterung ist. Sie beleuchtet ein Thema nicht nur von einer Seite aus, sondern sie zeigt beide Seiten. Die Pro-Contra-Erörterung (antithetische Erörterung) beschäftigt sich also mit dem Für und Wider[50] eines Themas. Eine Pro-Contra-Erörterung zum Sinn von Hausaufgaben wird erläutern, welche Argumente für Hausaufgaben sprechen und welche dagegen.

2.5.1 Pro-Contra-Erörterung: Aufbau

Im Groben ist die Pro-Contra-Erörterung aufgebaut wie die lineare Erörterung:

Einleitung
In der Einleitung weckst du das **Interesse des Lesers** und führst zum Thema hin.

Hauptteil
Im Hauptteil legst du dar, was für eine Position spricht und was dagegen.

50 „Wider" ist ein sehr altes Wort, das hier für „gegen" steht. Gemeint ist also, dass erörtert werden soll, was für und gegen Hausaufgaben spricht.

Es gibt verschiedene Systeme, wie man die Argumente im Hauptteil anordnet. Für den Anfang am besten geeignet ist das **Sanduhr-Prinzip**. Du überlegst dir zuerst, welche Meinung du letztlich vertrittst. Überzeugen dich eher die Pro-Argumente oder eher die Contra-Argumente? Die Gruppe von Argumenten, die deiner Sicht widersprechen, behandelst du am Anfang. Dann folgen die Argumente, die deiner Sicht entsprechen. Der Leser wird sich nämlich die letzten Argumente besser merken. Innerhalb der beiden Gruppen ordnest du die Argumente ebenfalls sinnvoll an: Das stärkste Argument des ersten Blockes steht am Anfang, das stärkste des zweiten Blockes steht ganz am Schluss.

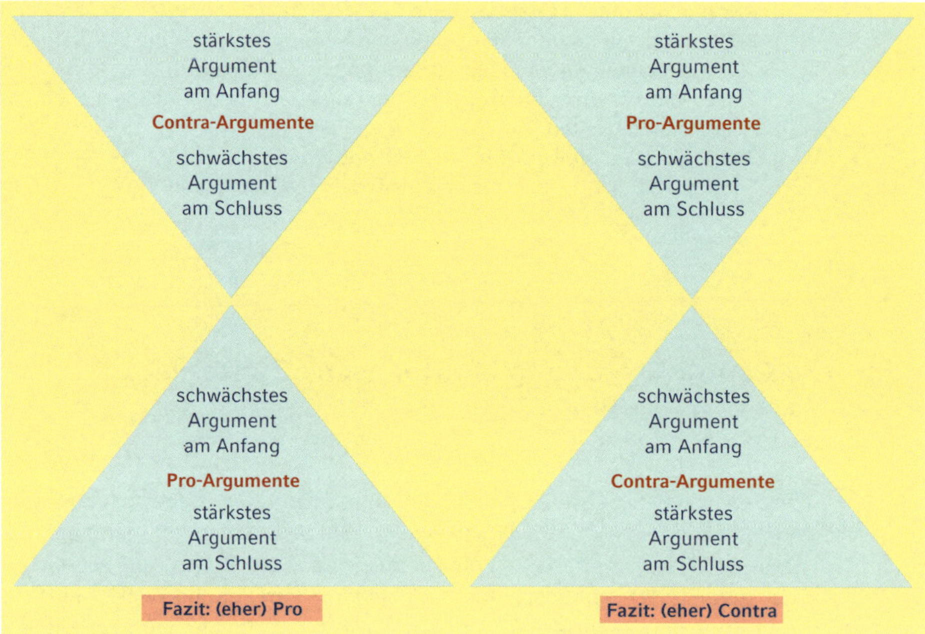

Das Sanduhr-Prinzip beim Argumentieren

Du siehst: Die Hälfte der Pro-Contra-Erörterung hast du eigentlich schon geschrieben. Eine Pro-Contra-Erörterung, die nach dem Sanduhr-Prinzip aufgebaut ist, besteht nämlich eigentlich aus zwei einfachen Erörterungen.

Am Ende des Hauptteils kommst du dann zu einem **Fazit**: Wenn du ein Fazit ziehst, legst du kurz dar, welche Argumente für dich besonders wichtig sind und welche Meinung du deshalb vertrittst. Keinesfalls lieferst du im Fazit neue Argumente. Das machst du im Kern des Hauptteils.

Schluss

Wie bei der linearen Erörterung rundet der Schluss den Aufsatz ab.

2.5.2 Übung: Vergleich von Einleitungen

Obwohl die Einleitung bei der linearen Erörterung und der Pro-Contra-Erörterung dieselben Aufgaben besitzen, müssen sie doch unterschiedlich aussehen, weil sie zu unterschiedlichen Positionen hinführen müssen.

ÜBUNG

Untersuche die beiden folgenden Einleitungen: Markiere Unterschiede farbig und überlege, welchen Zweck sie besitzen.

Einleitung einer linearen Erörterung	Einleitung einer Pro-Contra-Erörterung	Erläuterung
Hausaufgaben gehören zum Alltag eines Schülers. Kaum ein Schultag vergeht, ohne dass Hausaufgaben anzufertigen sind. Dennoch sind sie seit jeher umstritten. Erst jüngst wurde in der Zeitung „Der Tagesspiegel" ein Interview mit dem Journalisten Armin Himmelrath anlässlich der Veröffentlichung seines Buches abgedruckt, das den Sinn von Hausaufgaben in Zweifel zieht. Während Himmelrath Hausaufgaben für völlig sinnlos hält, ist aus meiner Sicht als Betroffener doch festzuhalten, dass sehr viel für Hausaufgaben spricht.	Hausaufgaben gehören zum Alltag eines Schülers. Kaum ein Schultag vergeht, ohne dass Hausaufgaben anzufertigen sind. Obwohl sie kaum aus der Schule wegzudenken sind, sind Hausaufgaben nicht unumstritten. Erst jüngst wurde in der Zeitung „Der Tagesspiegel" ein Interview mit dem Journalisten Armin Himmelrath anlässlich der Veröffentlichung seines Buches abgedruckt, das den Sinn von Hausaufgaben in Zweifel zieht. Während Himmelrath Hausaufgaben für völlig sinnlos hält, ist aus meiner Sicht als Betroffener doch die Frage, was letztlich für und was gegen Hausaufgaben spricht.	

MUSTER **Lösung:**

Einleitung einer linearen Erörterung	Einleitung einer Pro-Contra-Erörterung	Erläuterung
Hausaufgaben gehören zum Alltag eines Schülers. Kaum ein Schultag vergeht, ohne dass Hausaufgaben anzufertigen sind. Dennoch sind sie seit jeher umstritten. Erst jüngst wurde in der Zeitung „Der Tagesspiegel" ein Interview mit dem Journalisten Armin Himmelrath anlässlich der Veröffentlichung seines Buches abgedruckt, das den Sinn von Hausaufgaben in Zweifel zieht. Während Himmelrath Hausaufgaben für völlig sinnlos hält, ist aus meiner Sicht als Betroffener doch festzuhalten, dass sehr viel für Hausaufgaben spricht.	Hausaufgaben gehören zum Alltag eines Schülers. Kaum ein Schultag vergeht, ohne dass Hausaufgaben anzufertigen sind. Obwohl sie kaum aus der Schule wegzudenken sind, sind Hausaufgaben nicht unumstritten. Erst jüngst wurde in der Zeitung „Der Tagesspiegel" ein Interview mit dem Journalisten Armin Himmelrath anlässlich der Veröffentlichung seines Buches abgedruckt, das den Sinn von Hausaufgaben in Zweifel zieht. Während Himmelrath Hausaufgaben für völlig sinnlos hält, ist aus meiner Sicht als Betroffener doch die Frage, was letztlich für und was gegen Hausaufgaben spricht.	Die Idee hervorzuheben, dass der Alltag von Schülern durch Hausaufgaben geprägt ist, lässt sich auf beide Einleitungen anwenden. In beiden Fällen wird außerdem auf einen konkreten Anlass für die Erörterung hingewiesen, das Interview mit Armin Himmelrath. Die lineare Erörterung erwähnt, dass Hausaufgaben „seit jeher umstritten" sind. Das wird dargestellt, als sei es völlig normal und nicht weiter verwunderlich. Die Pro-Contra-Erörterung räumt dagegen ein, dass Hausaufgaben „kaum aus der Schule wegzudenken sind". Hier wird eigentlich schon ein Zweifel gesät. Es ist „kaum" vorstellbar, dass es keine Hausaufgaben gibt. Das heißt: Mit etwas Mühe wäre das eben schon denkbar, sie sind nämlich „nicht unumstritten". Im Unterschied zur linearen Erörterung stellt der Verfasser es so dar, als könne man durchaus erwarten, dass sie unumstritten sind. Da sie das nicht sind, stellt sich „die Frage, was letztlich für und was gegen Hausaufgaben spricht". Die Einleitung der Pro-Contra-Erörterung stellt also eine Frage, während die Einleitung der linearen Erörterung eine Behauptung aufstellt: Es sei „festzuhalten, dass sehr viel für Hausaufgaben spricht".

2.5.3 Musteraufsatz und Übung: „Für und Wider von Hausaufgaben"

Versuche nun selbst, deine einfache Erörterung zu einer Pro-Contra-Erörterung umzuarbeiten und auszubauen.

ÜBUNG

Immer wieder wird der Sinn von Hausaufgaben in Zweifel gezogen, wie das auch in dem Interview „Hausaufgaben sind pädagogischer Unsinn" mit dem Autor Armin Himmelrath geschieht (vgl. S. 175). Erörtere vor diesem Hintergrund Für und Wider von Hausaufgaben! Nutze die angegebenen Materialien für deine Argumentation! Vergleiche deine Notizen nach jedem Schritt mit der Beispiellösung!

MUSTER

Lösung für Schritt 1 (Aufgabenstellung):

- Schreibform: Pro-Contra-Erörterung
- Thema und Position: Für und Wider von Hausaufgaben
- Definition des Schlüsselbegriffs: Hausaufgaben
  Aufgaben für die Schule bzw. einzelne Fächer, die zu Hause erledigt werden sollen
- Materialien: Materialien, die genutzt werden müssen (!)

Lösung für Schritt 2 (Materialien):
Schlag auf Seite 178 ff. nach.

Lösung für Schritt 6 (Schreibplan)[51]:

Schreibplan: Für und Wider von Hausaufgaben
1 Einleitung Anlass der Erörterung: Interview „Hausaufgaben sind pädagogischer Unsinn" mit dem Journalisten Armin Himmelrath, erschienen am 04.12.2015 – Position Himmelraths: Ablehnung von Hausaufgaben (Bezug auf M1) → Dauerstreit um Sinn von Hausaufgaben – Pro und Contra
2 Ausgangsbehauptung: Für und Wider von Hausaufgaben *2.1 Probleme von Hausaufgaben* *Behauptung 1: Geringer Lerneffekt von Hausaufgaben* Begründung zu Behauptung 1: ohne Verständnis des Stoffes keine Hausaufgaben möglich, bei Verständnis aber keine Verbesserung Beispiel: Latein-Übersetzung – Übersetzung ohne Grammatikkenntnisse nicht möglich Beleg: fehlende wissenschaftliche Belege (vgl. M1) *Behauptung 2: Vergrößerung der Leistungsunterschiede unter den Schülern* Begründung zu Behauptung 2: unterschiedliches Maß an Hilfe durch die Eltern Beispiel 1: eigene Erfahrung Beispiel 2: Verweis auf die Erfahrungen einer Wissenschaftlerin (vgl. M1)

51 Die Schritte 3–5 (vgl. S. 161) sind hier nicht separat aufgeführt. Du kannst sie an den nächsten Schritten ableiten.

Schreibplan: Für und Wider von Hausaufgaben

Behauptung 3: Zeitaufwand durch Hausaufgaben im Unterricht
Begründung 1 zu Behauptung 3: Zeitaufwand für Organisatorisches
Beispiel 1: Erklärung der anstehenden Hausaufgaben
Beispiel 2: Aufschreiben der Hausaufgaben
Beispiel 3: Eintreiben vergessener Hausaufgaben

Begründung 2 zu Behauptung 3: Besprechung der Hausaufgaben
Beispiel 1: Besprechung nicht standardisierbarer Aufgaben in Deutsch und in den Fremdsprachen
Beispiel 2: Besprechung verschiedener Lösungswege in Mathematik

2.2 Chancen von Hausaufgaben
Behauptung 1: Förderung der Selbstständigkeit durch Hausaufgaben
Begründung 1 zu Behauptung 1: Zeiteinteilung bei Hausaufgaben
Beispiel für Begründung 1: Hausaufgaben über mehrere Tage

Begründung 2 zu Behauptung 1: Eigenständige Beschäftigung mit dem Unterrichtsstoff
Beispiel für Begründung 2: Entwicklung von Lösungsideen in Mathematik
Beleg für Begründung 2: Zweck von Hausaufgaben laut GSO (vgl. M3)

Behauptung 2: Notwendigkeit zur Förderung des Pflichtbewusstseins
Begründung: Heranführung an Pflichten ohne Überforderung
Beispiel: Pflichtbewusstsein in allen Bereichen nötig (Schule, Hobby, Beruf)
Aufgreifen eines Gegenarguments: Himmelraths Position: mehr Erfolg bei Freiwilligkeit
Begründung: Widerlegen des Gegenarguments: Verhindern einer vorschnellen Entscheidung
Beispiel: Unklarheit in der Schulzeit, welcher Schulabschluss und welche Kenntnisse tatsächlich im späteren Leben wichtig sind

Behauptung 3: Rückmeldung des Leistungsstands
Begründung 1 zu Behauptung 3: Beurteilung der Fähigkeiten und Kenntnisse durch die Schüler selbst bei Aufgaben mit eindeutiger Lösung
Beispiel: Hausaufgaben mit eindeutiger Lösung

Begründung 2 zu Behauptung 3: Rückmeldung durch Lehrer bei Aufgaben mit unterschiedlichen Lösungsmöglichkeiten
Beispiel: Übungsaufsätze in Deutsch

Behauptung 4: Nutzen von Hausaufgaben; zusätzliche Lernzeit zur Verbesserung der Fähigkeiten
Begründung: Wiederholung und Übung wichtig zur Entwicklung von Routine und zur Beherrschung eines Themas
Beleg: Zweck der Hausaufgaben laut GSO (vgl. M3)
Beispiel 1: Vergleich mit dem Erlernen eines Instruments (Übung nötig)
Beispiel 2: Übungsaufsätze in Deutsch (Suche nach Formulierungen fällt leichter, je mehr Übungsaufsätze schon geschrieben wurden)

Schreibplan: Für und Wider von Hausaufgaben
Beispiel 3: Lateinübersetzungen (Lateinübersetzungen kaum möglich, wenn viele Vokabeln nachzuschlagen sind, weil man sie nicht gelernt hat und keine Sicherheit beim Vorgehen vorhanden ist.)
2.3 Fazit: Wichtigkeit sinnvoller und maßvoller Hausaufgaben
3 Dauerstreit um den Sinn von Hausaufgaben

ÜBUNG

- Lies nun den folgenden Musteraufsatz und denke ihn durch. Auch in diesem Fall ist der Aufsatz sehr ausführlich, damit du möglichst viele Spielarten des Argumentierens kennenlernen kannst.
- Achte beim Lesen genau auf die markierten Behauptungen, Begründungen und Beispiele bzw. Belege und Überleitungen.
- Erstelle dann eine Gliederung für diese Erörterung mit Hilfe der Markierungen!

MUSTER

Musteraufsatz	Erläuterungen
Pro-Contra-Erörterung: Für und Wider von Hausaufgaben	Schreibform und Thema
Hausaufgaben gehören zum Alltag eines Schülers. Kaum ein Schultag vergeht, ohne dass Hausaufgaben anzufertigen sind. Obwohl sie kaum aus der Schule wegzudenken sind, sind Hausaufgaben nicht unumstritten. Erst jüngst wurde in der Zeitung „Der Tagesspiegel“ ein Interview mit dem Journalisten Armin Himmelrath anlässlich der Veröffentlichung seines Buches abgedruckt, das den Sinn von Hausaufgaben in Zweifel zieht. Während Himmelrath Hausaufgaben für völlig sinnlos hält, ist aus meiner Sicht als Betroffener doch die Frage, was letztlich für und gegen Hausaufgaben spricht.	1 Einleitung: Hinführung zum Thema – Aufgreifen des Zeitungsartikels als Anlass für die Erörterung des Themas eigene Betroffenheit, die in gewisser Weise zum Experten macht; Nennung des Themas

Musteraufsatz	Erläuterungen
Nach Auffassung der Kritiker liegen die Probleme, die mit Hausaufgaben verbunden sind, auf der Hand. In erster Linie seien sie weitgehend nutzlos, sie brächten kaum einen Lerneffekt mit sich (vgl. M1). So gelingt es Schülern, die den Unterrichtsstoff verstanden haben, in der Regel die Hausaufgaben zu erledigen. Aber die Hausaufgaben verbessern ihr Verständnis nicht wesentlich und sorgen letztlich kaum für einen Lerneffekt. Wenn Schüler dagegen den im Unterricht eingeführten Stoff nicht verstanden haben, sind sie auch nicht in der Lage, ihre Hausaufgaben zu erledigen. Wer beispielsweise eine komplizierte grammatikalische Konstruktion wie den lateinischen Accusativus cum Infinitivo, kurz AcI, trotz der Erklärungen des Lehrers nicht verstanden hat, der wird sich in diesen Stoff in den meisten Fällen nicht selbst nur mit Hilfe des Schulbuchs einarbeiten können. Ohne Kenntnis der Regeln aber wird es ihm nicht möglich sein, eine Textstelle zu übersetzen, in der er vorkommt. Auch Armin Himmelrath, der sich für sein Buch „Hausaufgaben, Nein danke!" mit dem Thema beschäftigte, verweist auf die fehlenden wissenschaftlichen Belege für die Lerneffekte von Hausaufgaben, obwohl ihr Nutzen seit dem Ende des 19. Jahrhunderts immer wieder untersucht worden sei (vgl. M1).	2 Für und Wider von Hausaufgaben Ausgangsbehauptung zu Block 1: Probleme von Hausaufgaben *Behauptung 1: kaum Lerneffekt* Begründung zu Behauptung 1: ohne Verständnis des Stoffes keine Hausaufgaben möglich, bei Verständnis aber keine Verbesserung Beispiel: Latein-Übersetzung Beleg: fehlende wissenschaftliche Belege (vgl. M1)
Dazu kommt, dass Hausaufgaben dazu beitragen, die Leistungsunterschiede zwischen den Schülern zu vergrößern. Schüler, deren Eltern sich gut mit dem Schulstoff auskennen, weil sie die betreffende Schulart selbst besucht haben und die notwendige Zeit haben, um ihren Kindern zu helfen, verfügen über Vorteile. Wenn diese Schüler den Unterrichtsstoff nicht ausreichend verstanden haben, können ihnen ihre Eltern helfen. Dagegen sind die Schüler, die ihre Hausaufgaben völlig eigenständig erledigen müssen, benachteiligt. Aus eigener Erfahrung weiß wohl jeder, wie hilfreich es ist, wenn Eltern oder auch Geschwister Nachfragen zu den Hausaufgaben beantworten können. Auch die Soziologin Jutta Allmendinger wies auf die Ungerechtigkeit hin, die Hausaufgaben mit sich bringen, weil Hilfe der Familie in unterschiedlichem Ausmaß vorhanden ist (vgl. M1).	Überleitung *Behauptung 2: Vergrößerung der Leistungsunterschiede unter den Schülern* Begründung zu Behauptung 2: Hilfe der Eltern unterschiedlich Beispiel 1: eigene Erfahrung Beispiel 2: Verweis auf die Erfahrungen einer Wissenschaftlerin (vgl. M1)

Musteraufsatz	Erläuterungen
Problematisch ist auch, wie viel Zeitaufwand im Unterricht mit den Hausaufgaben verbunden ist, wie auch Armin Himmelrath bemängelt (vgl. M1). Viel Zeit geht schon für Organisatorisches im Zusammenhang mit der Hausaufgabe verloren. Die Hausaufgaben müssen nicht nur jeweils am Ende der Stunde erklärt und notiert werden, wodurch schon Zeit verloren geht. Nicht unterschätzt werden darf zudem der Aufwand, der entsteht, wenn vergessene Hausaufgaben eingetrieben werden müssen. Außerdem müssen die Hausaufgaben im Unterricht besprochen werden. Wenn die Besprechung nützlich sein soll und den Schülern helfen soll, denen es nicht gelang, die Hausaufgaben richtig anzufertigen, dann braucht sie Zeit. Das ist gerade in Fächern wie den Fremdsprachen und Deutsch der Fall, in denen die Lösungen nicht standardisierbar sind und durch eine bloße Zahl oder eine klare Angabe abgehandelt werden können. Doch selbst in Fächern wie Mathematik, in denen die Lösung relativ eindeutig ist, bedarf es bei schwierigen Hausaufgaben weiterer Zeit, um den Lösungsweg zu erklären. Wird diese Zeit nicht aufgewandt, ist der Lerneffekt sehr gering, weil der Schüler, dem es nicht gelang, die Hausaufgabe zu lösen, keine Ahnung haben dürfte, wie er zum richtigen Ergebnis gelangt wäre. Das reine Ergebnis verrät ihm das nicht.	Überleitung *Behauptung 3: Zeitaufwand durch Hausaufgaben im Unterricht;* Überleitung Beleg: Himmelrath Begründung 1 zu Behauptung 3: Zeitaufwand für Organisatorisches Beispiel: Erklärung der anstehenden Hausaufgaben, Aufschreiben, Eintreiben vergessener Hausaufgaben Begründung 2 zu Behauptung 3: Besprechung der Hausaufgaben Beispiel 1: nicht standardisierbare Aufgaben in Deutsch und in den Fremdsprachen; Beispiel 2: verschiedene Lösungswege in Mathematik
Trotz der vielen Probleme, die mit Hausaufgaben verbunden sind, spricht auch viel für Hausaufgaben. Dazu gehört es auch, dass Hausaufgaben auf lange Sicht die Selbstständigkeit der Schülerinnen und Schüler fördern. Jeder Schüler ist nämlich dazu gezwungen, sich seine Hausaufgaben selbst einzuteilen und daran zu denken, wann welche Hausaufgabe zu erledigen ist. Häufig werden Hausaufgaben nicht von einem Tag auf den anderen aufgegeben. In den höheren Jahrgangsstufen fallen oft Hausaufgaben an, die umfangreich sind und für deren Erledigung deshalb mehrere Tage Zeit sind. Dazu kommt, dass ohnehin nicht jeden Tag alle Fächer unterrichtet werden, zum Beispiel hat man in der 8. Jahrgangsstufe nur drei Stunden regulären Mathematikunterricht und meist zusätzlich eine verpflichtende Mathematik-Intensivierung, sodass auto-	Überleitung Ausgangsbehauptung zu Block 2: Chancen von Hausaufgaben *Behauptung 1: Förderung der Selbstständigkeit* Begründung 1 zu Behauptung 1: Förderung der Selbstständigkeit durch die Einteilung der Hausaufgaben Beispiel 1: Hausaufgaben über mehrere Tage Überleitung

Musteraufsatz	Erläuterungen
matisch mindestens ein Tag zwischen manchen Unterrichtsstunden liegt. Schüler müssen sich deshalb daran gewöhnen, ihre Hausaufgaben zu planen und jeden Tag einen Teil einer umfangreichen Hausaufgabe erledigen, um nicht am letzten Tag die ganze Hausaufgabe in Eile machen zu müssen. Werden sie erst in letzter Sekunde erledigt, dann ist es aufgrund ihres Umfangs schwer, sie fertigzustellen. Die Schüler müssen also lernen, rechtzeitig an die Hausaufgaben zu denken und den Umfang der insgesamt aufgegebenen Hausaufgaben zu beurteilen und langfristig zu planen. Das gelingt vielleicht nicht immer, aber muss geübt werden, denn es ist wichtig für das Leben, diese Selbstständigkeit zu entwickeln.	nochmaliges Aufgreifen der Begründung 1 zu Behauptung 1 Einräumen eines Gegenarguments und Entkräftung
Während Übungen im Unterricht immer durch den Lehrer beaufsichtigt werden und er unterstützend eingreifen kann, ermöglichen es Hausaufgaben, sich selbstständig mit einem Problem zu beschäftigen. Dadurch merken Schüler manchmal erst, wo noch Wissenslücken sind. Im Unterricht fällt gar nicht immer auf, dass man selbst nicht in der Lage gewesen wäre, eine Aufgabe zu lösen, weil ein anderer schneller war und die Lösung einleuchtend wirkt. Gerade in Mathematik kommen einem die Lösungswege manchmal ganz logisch vor, wenn jemand die zündende Idee hatte. Aber es ist auch wichtig, dass man sich selbst in eine Aufgabe vertieft und nach einer Lösung sucht, obwohl sie am Anfang nicht lösbar erscheint. Wenn sie letztlich unlösbar bleibt, dann kann das auch ein Warnschuss sein, der deutlich macht, dass es nötig ist, sich intensiver mit dem Stoff zu beschäftigen, um nicht ins Hintertreffen zu geraten. Auch dies dient letztlich der Selbstständigkeit, wenn Schüler sich dessen bewusst werden und Konsequenzen ziehen. Dies ist auch der eigentliche Zweck von Hausaufgaben laut der Schulordnung der Gymnasien: Hausaufgaben werden erteilt, um „die Schülerinnen und Schüler zu eigener Tätigkeit anzuregen“ (§52, Absatz 1 GSO).	Begründung 2 zu Behauptung 1: eigenständige Beschäftigung mit dem Unterrichtsstoff Beispiel 1: Mathematik – Lösungsidee selbst entwickeln nochmaliges Aufgreifen der Begründung 2 Rückführung zur Behauptung 1 Beleg 2: Zweck der Hausaufgaben laut GSO (M3)

Musteraufsatz	Erläuterungen
Darüber hinaus fördert die Notwendigkeit zur Erledigung von Hausaufgaben das Pflichtbewusstsein der Schülerinnen und Schüler. Das gelingt, weil ihre Erledigung kontrolliert wird und die Beschäftigung mit dem Unterrichtsstoff nicht der Lust der Schüler überlassen wird. Es wäre eine Überforderung, von Schülern zu verlangen, dass sie von Anfang an selbst entscheiden können, wie mit Pflichten umzugehen ist. Pflichtbewusstsein, also die Fähigkeit, sich auch mit Aufgaben zu beschäftigen, auf die man keine Lust hat, ist für jedes Studium, jeden Beruf und auch jedes Hobby wichtig. Überall wird man gelegentlich auch mit Aufgaben oder Themen zu tun haben, auf die man keine Lust hat. Selbstverständlich könnte es sich die Schule leicht machen und es den Schülern selbst überlassen, mit welchen Inhalten sie sich über den Unterricht hinaus beschäftigen möchten. So weist der Autor Armin Himmelrath darauf hin, dass man leichter lernt, wenn einen etwas „brennend interessiert" (M1). Das klingt zunächst einleuchtend, aber die Schule hat die Verpflichtung, dafür zu sorgen, dass niemand abgehängt wird, weil er aus Unlust, Unwissenheit oder wegen seines noch fehlenden Pflichtbewusstseins die falschen Entscheidungen trifft. Kaum jemand wird in der achten Klasse wissen, welchen Beruf er ergreifen wird und welcher Schulabschluss und welche Schulfächer bzw. Kenntnisse dafür letztlich wichtig sind. Die Schule muss an die Einstellung heranführen, auch gegenwärtig ungeliebte, aber notwendige Aufgaben zu erfüllen.	Überleitung *Behauptung 2: Förderung des Pflichtbewusstseins* Begründung 1 zu Behauptung 2: langsame Heranführung an Pflichten Beispiel: Pflichtbewusstsein überall wichtig Aufgreifen eines Gegenarguments und Entkräftung: Verhindern einer vorschnellen Entscheidung Beispiel: Unklarheit von Schülern über beruflichen Werdegang und wichtige Kenntnisse Rückführung zur Behauptung
Ein weiterer Vorteil von Hausaufgaben ist es, dass sie in der Regel alleine angefertigt werden. Dadurch haben Schüler die Chance, eine individuelle Rückmeldung zu ihren Kenntnissen und Fähigkeiten zu erhalten. Entgegen der Kritik, die häufig geäußert wird, ist es nicht so, dass in der Regel nur die Hausaufgaben weniger Schüler vorgelesen werden und deshalb nur ein kleiner Teil der Schüler eine Rückmeldung erhält (vgl. M1). Man muss zwischen verschiedenen Arten von Hausaufgaben unterscheiden. Es gibt Hausaufgaben, bei denen nur eine einzige Lösung oder maximal zwei Lösungen korrekt sind wie zum Beispiel bei	Überleitung *Behauptung 3: Rückmeldung* Aufgreifen eines Gegenarguments Erklärung: Unterscheidung zwischen verschiedenen Typen von Hausaufgaben Beispiel 1: Hausaufgaben mit eindeutiger Lösung

Musteraufsatz	Erläuterungen
Übungen zur Rechtschreibung oder auch bei vielen Mathematikaufgaben. Bei diesen Aufgaben ist es für die Schüler leicht, aus der Zahl der richtigen Lösungen Schlüsse zu ziehen. Wer kaum eine richtige Lösung hat, der wird sich schlecht vormachen können, dass er alles verstanden hat. In diesem Fall reicht es völlig aus, wenn wenige Schüler ihre Lösung vorstellen, weil die vorgestellten Lösungen die einzig richtigen sind. Davon sind die Aufgaben zu unterscheiden, bei denen es unterschiedliche Lösungsmöglichkeiten gibt. In diesen Fällen ermöglichen die Hausaufgaben aber, dass Lehrer jedem Schüler eine individuelle Rückmeldung geben. Vor jeder Schulaufgabe im Fach Deutsch schreiben die Schüler Übungsaufsätze, die der Deutschlehrer korrigiert. Am Rand und unter dem Aufsatz notiert er ganz individuelle Tipps, was bereits gut gelingt und woran der jeweilige Schüler weiter arbeiten müsste. Jeder Schüler erhält also eine ganz persönliche Rückmeldung, die sich auf die Stärken und Schwächen seines Aufsatzes bezieht und die Weiterarbeit ermöglicht.	Begründung 1 zu Behauptung 3: Beurteilung der Fähigkeiten und Kenntnisse durch die Schüler selbst bei Aufgaben mit eindeutiger Lösung Beispiel 2: Hausaufgaben mit unterschiedlichen Lösungsmöglichkeiten Begründung 2 zu Behauptung 3: individuelle Rückmeldung zu nicht standardisierbaren Aufgaben Konkretisierung von Beispiel 2: Deutschaufsätze
Sicher wäre es auch möglich, Übungsaufsätze im Unterricht schreiben zu lassen und dort auch andere Übungen anfertigen zu lassen. Häufig wird dies auch gemacht, aber gerade das Schreiben von Übungsaufsätzen bedarf einiger Zeit und auch Ruhe, so dass die reine Unterrichtszeit nicht ausreicht. Hausaufgaben sind dringend nötig, weil sie zusätzliche Lernzeit mit sich bringen. Nur durch das Wiederholen des im Unterricht Erlernten und durch dessen Übung entsteht Routine. Sie aber ist die Voraussetzung, um Themengebiete wirklich zu beherrschen und auch schwierigere Aufgaben lösen zu können. Auch die Schulordnung weist auf diesen Zweck von Hausaufgaben hin: Hausaufgaben werden erteilt, um „den Lehrstoff einzuüben“ (§52, Absatz 1 GSO). Niemand käme auf die Idee, ein Instrument zu erlernen, ohne das Spielen darauf auch immer wieder zu üben. Genauso verhält es sich auch mit den Hausaufgaben: Gerade bei neuen Aufsatzarten ist es anfangs oft schwierig, die richtigen Formulierungen zu finden. Das Verfassen	Überleitung und gleichzeitig Einräumen eines Gegenarguments sowie dessen Entkräftung. Aufgreifen der Ausgangsbehauptung von Block 2 *Behauptung 4: Entwicklung von Routine* Begründung zu Behauptung 4: Wiederholung und Übung dafür wichtig Beleg: Zweck der Hausaufgaben laut GSO (M3) Beispiel 1: Vergleich mit dem Erlernen eines Instruments Beispiel 2: Übungsaufsätze in Deutsch

Musteraufsatz	Erläuterungen
des Aufsatzes dauert lange und ist mühsam. Doch je häufiger man Aufsätze schreibt, desto leichter wird es, weil man nicht mehr angestrengt um jedes Wort ringen muss. Auch in Latein ist es ähnlich: Wer bei einer Übersetzung jedes zweite Wort nachschlagen muss, dem wird es schwerfallen, einen schlüssigen Text als Übersetzung zu formulieren. Wer dagegen die Vokabeln, die als Hausaufgabe zu lernen sind, beherrscht, dem wird die Übersetzung relativ leichtfallen. Doch auch das reicht nicht, sondern es ist auch immer wieder zu üben, wie bei der Übersetzung eines Satzes grundsätzlich vorzugehen ist. Nur wer routinemäßig immer zunächst das Prädikat sucht, dann das Subjekt, bevor die anderen Satzglieder aufgelöst werden, wird eine korrekte Übersetzung zustande bringen. Die Übung in der Hausaufgabe ist also ganz wichtig, um eine Routine zu entwickeln.	Beispiel 3: Lateinübersetzungen Rückführung zur Behauptung
Es dürfte deutlich geworden sein, wie groß trotz aller – berechtigten – Kritik an Hausaufgaben ihr Wert für die Weiterentwicklung der Kenntnisse, Fähigkeiten und der Persönlichkeit der Schülerinnen und Schüler ist. Es versteht sich von selbst, dass dazu Hausaufgaben nötig sind, die sinnvoll und maßvoll sind, weil es wenig Erfolg bringen dürfte, wenn Schüler durch die Hausaufgaben so sehr beansprucht werden würden, dass sie keine Freizeit mehr hätten.	Fazit: Wichtigkeit sinnvoller und maßvoller Hausaufgaben Überleitung Fazit: Erwähnung der Gegenargumente und Betonung der Pro-Argumente Mahnung als Versöhnung mit der Gegenposition: sinnvolle und maßvolle Hausaufgaben nötig
Wahrscheinlich werden Hausaufgaben jedoch so lange umstritten bleiben, wie es sie gibt. Denn auch wenn Schüler und Eltern ihren Sinn grundsätzlich einsehen, so ärgert sich jeder Betroffene doch oft über Hausaufgaben, weil es trotz der grundsätzlichen Einsicht einfacher und erfreulicher wäre, sich nicht mit den Hausaufgaben abgeben zu müssen, sondern die eigene Zeit nach Lust und Laune zu verbringen.	3 Schluss: Sinn von Hausaufgaben als bleibendes Thema Überleitung Schluss: Aufgreifen des Einleitungsgedankens Abrundung durch eine Erklärung dafür, dass Hausaufgaben so umstritten sind

MUSTER

Lösung Schritt 8 (Gliederung):

Gliederung

1 Dauerstreit um den Sinn von Hausaufgaben

2 Für und Wider von Hausaufgaben
- 2.1 Probleme von Hausaufgaben
  - 2.1.1 Geringer Lerneffekt
  - 2.1.2 Vergrößerung der Leistungsunterschiede unter den Schülern
  - 2.1.3 Zeitaufwand durch Hausaufgaben im Unterricht
- 2.2 Chancen von Hausaufgaben
  - 2.2.1 Förderung der Selbstständigkeit
    - 2.2.1.1 Einteilung der Hausaufgaben
    - 2.2.1.2 Eigenständige Beschäftigung mit dem Unterrichtsstoff
  - 2.2.2 Vermittlung von Pflichtbewusstsein
  - 2.2.3 Rückmeldung des Leistungsstands
    - 2.2.3.1 Beurteilung der Fähigkeiten und Kenntnisse durch die Schüler selbst bei Aufgaben mit eindeutiger Lösung
    - 2.2.3.2 Rückmeldung durch Lehrer bei Aufgaben mit unterschiedlichen Lösungsmöglichkeiten
  - 2.2.4 Zusätzliche Lernzeit zur Entwicklung von Routine
- 2.3 Fazit: Wichtigkeit sinnvoller und maßvoller Hausaufgaben

3 Sinn von Hausaufgaben als bleibendes Thema

Du siehst, dass du einen großen Teil der linearen Erörterung für die Pro-Contra-Erörterung verwenden konntest. Wichtig bei der Pro-Contra-Erörterung ist es, dass du die beiden Blöcke **sinnvoll** miteinander verbindest. In dem Musteraufsatz ist das durch die folgende Formulierung gelungen: „Trotz der vielen Probleme, die mit Hausaufgaben verbunden sind, spricht auch viel für Hausaufgaben." Der Satz verknüpft beide Teile der Erörterung miteinander. Die Probleme, die Hausaufgaben verursachen, sind bereits thematisiert worden. Auf die Chancen geht der Aufsatz nach dieser Textstelle genauer ein.

Wenn du dir die einzelnen Argumentationsblöcke genau angesehen hast, dann hast du sicherlich bemerkt, dass sich der Verfasser dieses Aufsatzes nicht immer an die Reihenfolge von Behauptung, Begründung und Beispiel bzw. Beleg gehalten hat. Das ist auch gar nicht nötig. Diese Reihenfolge ist eine wichtige Hilfe, um überzeugend zu argumentieren, aber wenn du sie beherrschst, darfst du auch damit spielen und davon abweichen, wenn es deiner Argumentation dienlich ist.

3 GESTALTERISCHES SCHREIBEN – SCHILDERN

3.1 Begriffsklärung und Grundsätzliches

Schildern bedeutet, dass du Personen, Gegenstände, Vorgänge und Wege nicht nüchtern und knapp, sondern stimmungsvoll und ausführlich beschreibst. Eine Schilderung ist also eine besondere Form der Beschreibung. Du lernst in diesem Kapitel, wie du nüchterne Informationen zu Schilderungen ausgestaltest.

ÜBUNG

Vergleiche die beiden folgenden Textbeispiele!

Beschreibung	Schilderung
Der Galgenberg ist ein kleiner, mit Bäumen und Sträuchern bewachsener Hügel zwischen den Dörfern Kleinmutz und Großmutz. Er diente den Kindern als Spielplatz.	Auf dem Galgenberg standen riesige dunkle Bäume, Buchen und Kiefern, die nachts unheimlich aussahen. Am Tage jedoch konnte man wunderbar auf dem Berg spielen. Es gab dort tiefe Sandgruben, in denen ich manchmal einen Hasen traf. Es gab alte, umgestürzte Bäume, mit merkwürdigen Löchern, in denen es geheimnisvoll summte. Es gab Fuchshöhlen und wilde Himbeeren dort, die überhaupt nicht wild waren, sondern nur so hießen. Wenn man den Galgenberg schnell hinaufrannte, kam man ganz schön aus der Puste – wie bei einem richtigen Berg. Und wenn man auf einen der Bäume kletterte, hatte man von dort eine gute Aussicht. Rechts lag das Dorf Kleinmutz und links sah man das Dorf Großmutz. Die beiden Dörfer konnte man nicht verwechseln, denn Kleinmutz war viel größer als Großmutz.

In der Beschreibung (links) erhältst du nur sachliche und knappe Informationen, nämlich über die Lage, die Beschaffenheit und den Bewuchs des Berges. Die schildernde Beschreibung (rechte Spalte) dagegen liefert dir sehr viel mehr Eindrücke, die mit dem

Empfinden des Erzählers zu tun haben. So wirkt der Berg nachts unheimlich. Tagsüber ist er mit seinen alten Bäumen, den Hasen, den Fuchshöhlen und den Himbeeren ein wunderbarer Abenteuerspielplatz für Kinder. Der Blick von einem der großen Bäume verdeutlicht die Lage. Die schildernde Beschreibung ist übrigens ein Auszug aus einer Gespenstergeschichte von Christoph Hein.[52]

Du kennst das schildernde Schreiben bereits aus der Erzählung, wie du sie in der 5. und 6. Jahrgangsstufe erlernt hast. Dort hast du zwischen den Erzählschritten, der äußeren Handlung und der inneren Handlung unterschieden (vgl. nachfolgende Grafik):

SPANNUNGSBOGEN DER ÄUSSEREN HANDLUNG

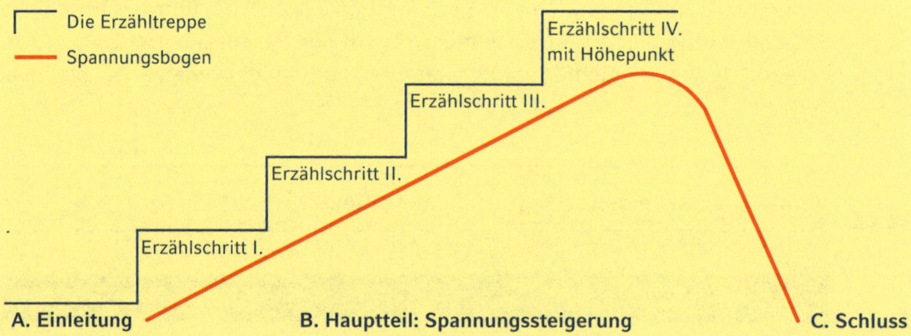

Die Erzähltreppe beschreibt deinen geplanten Handlungsverlauf, also die einzelnen Erzählschritte, von der Einleitung über die Spannungssteigerung zum Höhepunkt und Schluss. Der Spannungsbogen verdeutlicht Wege der Ausgestaltung. Schildernde Elemente helfen dir bei der Ausgestaltung: Du beschreibst Stimmungen, verzögerst damit die Handlungsschritte und baust Spannung auf.

Jede gute Erzählung enthält Schilderungen. Doch die Schilderung wird nicht nur in Erzählungen eingesetzt, sie ist Teil ganz vieler Schreibformen: Sie ist auch Bestandteil journalistischer Schreibformen, die du vielleicht aus der Zeitung oder aus Zeitschriften kennst, wie der Reportage. Schildernde Passagen kommen auch in literarischen Texten wie Romanen vor.

Eine Schilderung kann aber nicht nur im Rahmen anderer Schreibformen vorkommen, sondern sie kann auch zu einer eigenen Schreibform werden, wenn schildernde Elemente überwiegen und die äußere Handlung nur eine geringe Rolle spielt. Es handelt sich dann häufig um **stark emotionale Erlebnisse**: Die Rückgabe der Deutscharbeit. Heimweg im Nebel. Am Meer.

---

52 Christoph Hein: *Das Wildpferd unterm Kachelofen.* Ostdeutsche Zeitungsverlage 2006, S.121.

3.2 Sprache und Stil

Für eine gute Schilderung ist die Kenntnis zentraler Wortarten und ihrer Aufgaben unerlässlich. Dazu gehören Nomen, Verben, Partizipien, Adjektive und Adverbien. Wie du sie einsetzt, lernst du in diesem Kapitel. Es vermittelt auch Grundkenntnisse bei der Verwendung von sprachlich-stilistischen Mitteln: Durch die geschickte Verdoppelung von Worten oder Satzteilen, durch den Einbau von Vergleichen und bildhaften Ausdrücken (Metaphern) sowie die Personifizierung kannst du deine Schilderung ausbauen.

Lies die folgenden Erklärungen in der Tabelle genau durch und präge sie dir ein. Vieles davon hast du schon in den letzten Jahren gelernt. Die Wortarten, die sprachlichen und die erzählerischen Mittel musst du beherrschen, wenn du die schildernden literarischen Passagen verstehen und später auch schildernd schreiben möchtest.

Wortart	Erklärung
Nomen (Substantive) • Konkrete Nomen • Abstrakte Nomen	Als Nomen bezeichnen wir Gegenstände und Lebewesen um uns herum. Viele Nomen kannst du anfassen. Man nennt sie dann auch **konkrete Nomen** (Beispiele: Stift, Stuhl, Baum, Stein). Nomen können aber auch Gedachtes oder Vorgestelltes bezeichnen. Dann nennst du sie **abstrakte Nomen** (Beispiele: Glaube, Liebe, Hoffnung).
• Fachbegriffe • Sammelbegriffe	Wenn du dich genau ausdrücken willst, sind **Fachbegriffe** sehr nützlich. Fachbegriffe sind die genauen technischen Bezeichnungen für Gegenstände. Je besser du dich in einem Bereich auskennst, desto mehr Fachbegriffe kennst und brauchst du. (Vielleicht ist das bei deinem Hobby so.) Wenn du dich weniger gut auskennst, musst du die Fachbegriffe nachschlagen. Beispiele für Fachbegriffe: Karren, Scharnier, Verputz, Wölbung. **Sammelbegriffe** fassen mehrere Einzelbegriffe zusammen. Dadurch lassen sich Sachverhalte knapper formulieren. Beispiele für Sammelbegriffe: Getränke, Gemüse, Möbel. In einer Schilderung wirkt es meist anschaulicher und stimmungsvoller, keine Sammelbegriffe zu verwenden, sondern die Einzelteile aufzuzählen. Anders ist es in der Textzusammenfassung: Dort sind Sammelbegriffe sehr nützlich, um den Text zu verknappen.

Wortart	Erklärung
Verb • **regelmäßige (schwache) Verben** • **unregelmäßige (starke) Verben** **Formen des Verbs (Konjugation):**	Die direkte Übersetzung von lat. „verbum" heißt „Wort". Das Verb ist im Deutschen das wichtigste Wort eines Satzes, nämlich das **Zeitwort**. Mit den verschiedenen Formen des Verbs und mit den Hilfsverben bildest du alle Zeiten. Ein zweiter deutscher Begriff für das Verb heißt **„Tätigkeitswort"**. Sehr viele Verben beschreiben nämlich Tätigkeiten. Merke dir vor allem, wie du Verben lernst. Es gibt nämlich im Deutschen, wie in vielen anderen Sprachen auch, **regelmäßige und unregelmäßige Verben**. Man nennt sie auch **schwache bzw. starke Verben**. Um alle Formen richtig bilden zu können, musst du diese drei Verbformen sicher beherrschen: • die **Infinitivform** des Verbs, • die **Form des Präteritums**, • das **Partizip II**.
Infinitiv (Grundform)	Der Begriff **„Infinitiv"** kommt vom lateinischen Wort „infinitus" und bedeutet „unbestimmt". Der deutsche Begriff heißt „Grundform des Verbs". Beispiel für die Grundform, also den Infinitiv: laufen. Aus der Grundform kannst du weder die Zeit (Tempus) entnehmen noch die Person (ob ich etwas tue oder du). Du kannst auch nicht den Numerus (Zahl) erkennen, somit gibt dir die Grundform keine Information über Singular (Einzahl) und Plural (Mehrzahl).
• **Präteritum (1. Vergangenheit)**	Der Begriff **„Präteritum"** kommt von dem lat. Adjektiv „praeter" und bedeutet „vorbei". Das Präteritum ist die erste Vergangenheit. Du musst dir die Vergangenheitsform des Verbs einprägen. Leicht ist die Bildung des Präteritums bei regelmäßigen oder schwachen Verben (z. B. lachen oder arbeiten). Die Vergangenheit wird durch die Endung „-te" gebildet: **Schwache Bildung:** • Infinitivform: lachen, arbeiten • Präteritumform: ich lach*te*, ich arbeite*te* **Starke Bildung:** Etwas schwieriger ist die Bildung des Präteritums bei den starken oder unregelmäßigen Verben. Die Präteritumform von „laufen" heißt in der ersten

Wortart	Erklärung
	Person „ich lief“. „Laufen“ bildet das Präteritum durch die Veränderung des Stammvokals (von „au“ zu „ie“). Unregelmäßige Formen musst du dir merken, weil es sehr viele Möglichkeiten für Lautveränderungen gibt.
• **Partizip II (Partizip Perfekt)**	Für die Bildung vieler Zeiten brauchst du das **Partizip II**. Manchmal wird es auch „Partizip Perfekt“ oder „Mittelwort der Vergangenheit“ genannt. Es ist Baustein vieler Zeiten (Perfekt, Plusquamperfekt, Futur II), kann aber auch als Adjektiv verwendet werden. **Beispiele:** Partizip II von „laufen“: gelaufen Partizip II von „lachen“: gelacht Partizip II von „erzählen“: erzählt Du siehst: Häufig findet sich die Vorsilbe „ge-“, aber leider nicht immer. Die anderen Formen musst du dir einprägen. Du brauchst sie auch, um verschiedene Zeiten zu bilden. Perfekt: ich bin gelaufen, ich habe gelacht, ich habe erzählt Plusquamperfekt: ich war gelaufen, ich hatte gelacht, ich hatte erzählt Futur II: ich werde gelaufen sein, ich werde gelacht haben, ich werde erzählt haben Das Partizip II kannst du auch als Adjektiv einsetzen: **Beispiel:** Der verzweifelte Schrei war laut. Sie schrie mir verzweifelt zu.
Partizip I oder Partizip Präsens (abgeleitete Form mit -d)	„Participium“ (lat.) bedeutet „entlehnt“. Es handelt sich um eine vom Verb entlehnte oder **abgeleitete Form**. Das Partizip I leitest du vom Infinitiv ab. Du bildest es, indem du an die Infinitivform die Endung d anhängst. • laufen – laufend • spielen – spielend • lachen – lachend Das Partizip I, das auch Partizip Präsens genannt wird, verwendest du wie ein Adjektiv. Es ist (ebenso wie das Partizip II) besonders ausdrucksstark, weil es vom Verb abstammt und noch die Kraft und Dynamik des Verbs in sich trägt.

Wortart	Erklärung
	Verwendung als Adjektiv: Die spielenden Kinder tollen auf dem Hof herum. Er beantwortete die Frage spielend.
Partizip II oder Partizip Perfekt	Betrachte hierzu nochmals den Eintrag zum Verb! Es handelt sich um die dritte Form des Verbs, die du dir einprägen musst. Das Partizip II ist Baustein vieler Zeiten, kann aber auch als Adjektiv vorkommen.
Adjektiv (Eigenschaftswort)	Adjektive werden im Deutschen „Wiewort“ oder „Eigenschaftswort“ genannt. Der Begriff kommt vom Lateinischen „adjectivum“ und bedeutet, dass es sich um ein hinzugefügtes Wort handelt, denn das lateinische Verb „adicere“ bedeutet „etwas hinzutun“. Nomen gewinnen durch die Hinzufügung eines Adjektivs an Klarheit und Genauigkeit. **Beispiele:** eine geräumige Büchertasche; eine rasante Fahrradfahrt; Ein Adjektiv kannst du auch als **adverbiale Bestimmung** einsetzen. Es beschreibt dann z. B. eine Handlung genau. **Beispiel:** Er fährt mit seinem Fahrrad rasant.
Adverb (Umstandswort) • zeitlich • örtlich • Art und Weise • gedankliche Verknüpfung	Der Begriff stammt aus dem Lateinischen: „ad verbum“ bedeutet **„zum Verb gehörig“**. Der etwas undeutliche deutsche Begriff heißt **„Umstandswort“**. Adverbien machen Angaben zu den zeitlichen oder örtlichen Umständen, zu ihrer Art und Weise oder zur gedanklichen Verknüpfung. Adverbien sind nicht veränderbare Wörter. **Beispiele für Adverbien:** zeitlich: heute, gestern, morgen, bald örtlich: hier, dort, drüben Art und Weise: genauso, einigermaßen gedankliche Verknüpfung: deshalb, daher, trotzdem, dennoch

Sprachliche Mittel (du kannst auch „sprachliche Figuren“ oder „Stilmittel“ sagen) helfen dir bei der Ausgestaltung eines Aufsatzes. Du kennst schon viele sprachliche Mittel: Wenn du zum Beispiel besonders treffende und aussagekräftige Verben oder auch Adjektive verwendest, nutzt du ganz wichtige sprachliche Mittel.

Sprachliche Mittel (Auswahl)	Erklärung
Verdoppelung	Die Verdoppelung (z. B. von Adjektiven) trägt dazu bei, dass ein einprägsames und genaues Bild entsteht. **Beispiel:** Sie hat steife hölzerne Gesichtszüge. Die Besonderheit dieses Ausdrucks liegt darin, dass „steif" das Adjektiv „hölzern" nochmals verstärkt.
Personifizierung	Mit diesem Mittel gelingt es, Unbelebtes lebendig wirken zu lassen. **Beispiel:** Die Zeit rennt. Die Zeit kann natürlich weder rennen noch stillstehen. Dennoch entsteht im Kopf des Lesers sofort ein Bild, wenn du diese Formulierung verwendest. Die Zeit wird lebendig und der Leser mag eine Uhr vor Augen haben, deren Zeiger sich sehr schnell bewegen. Er kann sich dann viel besser in die Situation einfühlen.
Vergleich	Vergleiche helfen dem Leser dabei, sich etwas besonders gut vorzustellen. **Beispiel:** Seine Haare stehen wie Spieße ab. Wenn die Haare einer Person „wie Spieße" abstehen, dann hat jeder eine klare Vorstellung von seiner lustigen Igel-Frisur.
Metapher	Versteckte Vergleiche heißen Metaphern. Metaphern sind bildliche Ausdrücke. Hier ein **Beispiel** für eine Metapher aus dem Text, den wir später noch genauer untersuchen werden: Von einer Hauptfigur heißt es, „ihre schwarzen Augen könnten einen See ausbrennen". Die Augen sind also so lebendig und glühend, dass sie das Wasser eines Sees verdampfen lassen könnten. Du verwendest sicher viele Metaphern, ohne es zu bemerken: bildschön, blitzsauber, saugut oder rabenschwarz.

Erzählerische Mittel sind Erzähltricks, die dir bei der Ausgestaltung eines Aufsatzes helfen. Zu den erzählerischen Mitteln gehört es zum Beispiel, wenn du bestimmte Stellen ganz ausführlich schilderst, damit der Leser das Geschehen wie in Zeitlupe oder Slow Motion erleben kann. Die beiden wichtigsten erzählerischen Mittel kennst du bereits:

Erzählerische Mittel	Erklärung
Direkte Rede	Die direkte Rede gehört zum lebendigen Erzählen. Sie gibt wieder, was eine Person wirklich sagt. Deshalb hat der Leser sofort einen eigenen Eindruck von der Person. Ein gutes Beispiel für direkte Rede in ihrem eigentlichen Sinn findest du im Lesetext auf Seite 233.
Gedankenrede	Die Gedankenrede kannst du so verwenden wie die wörtliche Rede. Sie muss aber nicht in Anführungs- und Schlusszeichen stehen. Du benötigst auf jeden Fall eine Redeeinführung, die verdeutlicht, dass es sich um Gedanken handelt. Danach kannst du die Gedanken auch einfach beschreiben. Ein gutes Bespiel findest du auf Seite 236. Beispiele zur Einführung der Gedankenrede: Er dachte sich ... Vieles fiel ihm gleichzeitig ein ...

ÜBUNG

Markiere die schildernden Elemente im folgenden Bericht mit Farbe und bezeichne die *kursiv* gedruckten sprachlichen Mittel richtig.

In der Leine selbst gefangen	Erläuterungen
GEROLDSGRÜN – Seine Ausführleine wurde einem schwarzen Terrier am Samstagabend zur *tückischen* Falle. Der Hund war seinem Herrchen aus Dürrenwaid *ausgebüchst*. Der Terrier *streifte* durch das *Unterholz* des *angrenzenden* Waldes. Seine lange *Ausführleine*, die ihm sein Herrchen vorher umgelegt hatte, *verfing* sich in der Nähe von Untersteinach in den *starken* Ästen eines Baumes, woraufhin der Ausflug plötzlich beendet war. Es ging nun weder *vorwärts* noch *rückwärts*, der Jagdhund hatte sich in der Leine selbst gefangen. Da half nur noch *lautes Jaulen* und *Bellen*. Der Hund gab sein Bestes und strapazierte seine *Stimmbänder*. Und er hatte Glück im Unglück: Ein in der Nähe wohnender Untersteinacher hörte das Gebell. In der Annahme, dass jemandem etwas passiert sein müsse, alarmierte der Mann die Polizei.	

In der Leine selbst gefangen	Erläuterungen
Die anschließende Suche im Schein der Taschenlampe durch den *finsteren* Wald gestaltete sich anfangs nicht ganz *einfach*, denn es war für die vier Polizeibeamten schwierig, die Stelle zu orten, woher das Hundegebell kam. Doch es klappte dann doch. „Fiffi" konnte aus seiner *misslichen* Lage befreit werden. Die Suche nach seinem Herrchen war ebenfalls nicht ganz einfach, und erst durch einen Anruf beim Bürgermeister konnte auch dieses Problem gelöst werden. Nachdem der Hundeeigentümer ermittelt und angerufen worden war, holte der Mann seinen Ausreißer ab. Die Freude bei beiden war dann sichtlich groß und es war am Ende schwierig zu sagen, bei wem die Augen mehr *leuchteten*, beim Hund oder bei seinem Herrn.	

→ **Die Lösung findest du auf Seite 253.**

3.3 Schildern in der Literatur – Theodor Storm: *Pole Poppenspäler*

Viele Schriftsteller des 19. Jahrhunderts waren wirkliche Meister des Schilderns: Gottfried Keller, Conrad Ferdinand Meyer, Theodor Storm, Wilhelm Raabe oder Theodor Fontane. In einer Zeit ohne Rundfunk und Fernsehen erfreuten sich die Leser an Bildern, die mit Worten gemalten wurden. Deshalb entwickelten die Schriftsteller dieser Zeit eine besondere Meisterschaft im Schildern.

An guten Modellen kannst du deine Ausdrucksfähigkeit üben. Deshalb haben wir die folgenden Textauszüge Theodor Storms Novelle *Pole Poppenspäler*[53] entnommen. Es handelt sich um eine wunderbare Liebesgeschichte, die Theodor Storm 1874 für jugendliche Leser schrieb.

Eine **Novelle** ist eine Erzählung mit einem strengen Aufbau, der an den Aufbau einer Erlebniserzählung erinnert. Nebenhandlungen sind nicht vorgesehen. Eine Novelle geht fast immer von einem ungewöhnlichen Ereignis aus, das sich auch tatsächlich ereignet haben mag. In Theodor Storms Novelle geht es um eine Kinderliebe, die im Erwachsenenalter unerwartet wieder auflebt.

---

53 http://gutenberg.spiegel.de/buch/-3483/1. Rechtschreibung angepasst.

Storms Novelle *Pole Poppenspäler* hat eine **Rahmenhandlung**. Der Erzähler, ein Maschinenbauingenieur, erzählt die Geschichte des Kunstdrechslers Paulsen, bei dem er selbst viel gelernt hat. Er berichtet, dass er den Kunstdrechsler gefragt habe, warum er „Pole Poppenspäler" genannt werde. Etwas unwillig habe Meister Paulsen daraufhin seine Lebensgeschichte erzählt. In seiner Erzählung hebt er zwei Schwerpunkte seines Lebens hervor: seine Kindheit und seine ungewöhnliche Begegnung mit der Tochter eines Puppenspielers. Mit Lisei, einem Mädchen aus Bayern, verbindet ihn eine tiefe Jugendfreundschaft. Lisei weiht ihn in die Geheimnisse des Marionettenspiels ein. Dabei zerstört der Junge aus Versehen einen Teil der Mechanik einer Kasperle-Puppe. Dem Vater von Meister Paulsen gelingt es aber, die Technik der Puppe zu reparieren. Beide Familien freunden sich sogar miteinander an. Nach etwa acht Wochen ziehen die Puppenspieler aber weiter. Paul erlebt den ersten schmerzhaften Abschied in seinem Leben, als Lisei mit ihren Eltern nach einem wunderbaren Sommer weiterzieht.
Der zweite Schwerpunkt der Erzählung beschreibt das Wiedersehen mit Lisei nach zwölf Jahren. Nach dreijähriger Wanderschaft steht er kurz vor seiner Heimkehr, um als Kunstdrechsler den Betrieb seines Vaters fortzuführen. Aus dem Fenster der Meisterin, bei der er wohnt, sieht er, wie eine junge Frau von dem Aufseher des örtlichen Gefängnisses zurückgewiesen wird. Ohne lange zu überlegen kümmert er sich um die junge Frau. Sie weiß offenkundig nicht, wohin sie gehen soll. Zu seiner Überraschung handelt es sich um Lisei, seine Jugendfreundin. Ihr Schicksal ist schnell erzählt. Die Mutter ist gestorben. Mit dem Vater ist sie weiterhin durch die Städte gezogen, um Puppenspiele aufzuführen. Auf der letzten Station ist der Vater in den Verdacht geraten, etwas gestohlen zu haben. Er ist deshalb ins Gefängnis geworfen worden. Es stellt sich aber heraus, dass Liseis Vater Unrecht getan worden ist, weil ein anderer der Täter war. Liseis Vater kommt frei. Paulsen macht Lisei einen Heiratsantrag und bietet auch dem Vater an, bei ihnen zu wohnen. Nach der Hochzeit gibt Liseis Vater zunächst das Puppenspiel auf, entschließt sich dann jedoch nach einiger Zeit, nochmals ein Puppenspiel aufzuführen. Die Inszenierung misslingt aber, weil einige Konkurrenten das Spiel sabotieren. Schließlich versuchen dieselben Leute, Paulsen mit dem Namen „Pole Poppenspäler" zu verspotten. Dies nimmt Paulsen aber gelassen hin. Liseis Vater stirbt jedoch bald nach der Schmach.
Damit endet die Erzählung, der Erzählrahmen schließt sich, und der Erzähler erkennt die liebevoll beschriebenen Charakterzüge Liseis in Paulsens Frau wieder.

3.4 Formen des Schilderns

Schilderungen in einer Erzählung sind, das weißt du bereits, ausführliche Beschreibungen. Jede Schilderung enthält sachliche und genaue Angaben, darf aber auch die Gefühle hervorheben, die sich aus der Beschreibung ergeben. In den folgenden Kapiteln vertiefen wir dein Wissen über die Schilderungen von Gegenständen, Personen und Vorgängen und führen dich in weitere Formen des Schilderns ein; nämlich in die Schilderung von Gebäuden, Wegen, jahreszeitlichen Stimmungen, Gefühlen und eines Geschehens.

Du weißt nun schon, welche Formen von Schilderungen es gibt. Alle Formen kommen auch in Theodor Storms Novelle vor:

- Personenschilderung,
- Gegenstandsschilderung,
- Schilderung von Gebäuden,
- Wegschilderung,
- Vorgangsschilderung,
- Schilderung einer jahreszeitlichen Stimmung,
- Schilderung von Gefühlen und die
- Schilderung eines Geschehens.

Von Theodor Storm können wir lernen, wie wir selbst Schilderungen dieser Art angehen können.

TIPP

Alle vom Autor vorgeführten Rezepte kannst du selbst anwenden. Als Grundprinzip aller Schilderungen gilt die Regel, dass du vom allgemeinen Eindruck zu den Einzelheiten übergehst.

Lies zunächst die Grundprinzipien der genannten Formen von Schilderungen und dann die Textauszüge mit den entsprechenden Erläuterungen. Wenn du im Fachvokabular unsicher bist, dann präge dir nochmals die sprachlichen und erzählerischen Mittel auf Seite 217 ff. ein.

3.4.1 Personenschilderung

Erinnere dich an das Grundprinzip des Schilderns, vom Allgemeinen zu den Einzelheiten zu kommen: Schildere zunächst

- den allgemeinen Eindruck,
- dann Details und anschließend die
- Wirkung auf dich als Erzähler.

MUSTER

Der **Arbeitsplan einer Personenschilderung** sieht dann so aus:

1 Schilderung der Gestalt,
2 Schilderung der Hautfarbe,
3 Schilderung der Sprache,
4 Schilderung typischer Bewegungen,
5 Schilderung des Gesichts: Augen, Haare, besondere Merkmale.
6 Wirkung auf den Betrachter – in diesem Falle auf dich als Erzähler.

TIPP

In einer Erzählung mit schildernden Elementen beschreibst du deine Hauptfigur ausführlich: Schilderung der Gestalt, der Hautfarbe, der Sprache, typischer Bewegungen, des Gesichts, der Wirkung auf den Betrachter. Nicht immer sind alle Punkte sinnvoll, aber sie bieten einen Anhaltspunkt.

Nebenfiguren oder die Hauptfigur in einer neuen Situation beschreibst du mit mindestens zwei, besser drei Merkmalen, die aber klar und hervorstechend sein müssen.

Als **Kurzbeschreibung** innerhalb einer Erzählung genügt die Schilderung eines markanten Merkmals. Liseis Mutter schildert Theodor Storm als groß und blond mit harten Gesichtszügen, Lisei selbst als schwarzhaarig und lebhaft, den Vater als klein und lustig.

ÜBUNG

Lies zunächst in der linken Spalte der folgenden Tabelle Auszüge aus der Novelle! Nimm dir Zeit, lies langsam!
Die rechte Spalte erläutert dann den Text. Sie zeigt die Methode auf, wie Theodor Storm schildert. Die methodischen Wege sind rot markiert.

Die Auszüge helfen dir auch dabei, dein Wissen der **sprachlichen und erzählerischen Mittel** zu vertiefen. Die zentralen Wortarten sind im Lesetext (in der linken Spalte) *kursiv* gesetzt und dann im „Fazit" mit dem entsprechenden Fachbegriff benannt. Sprachliche Mittel sind grün hervorgehoben. Die Gedankenrede als weiteres Mittel der Ausgestaltung ist rosafarben markiert, die direkte/wörtliche Rede gelb.

Personenschilderung (1): Lisei Paulsen

Lesetext: *Pole Poppenspäler*	Erläuterungen
In der Rahmenhandlung schildert der Erzähler die Frau des Drechslermeisters Paulsen. Lisei ist zu diesem Zeitpunkt schon eine ältere Frau.	
Die Frau dieses nordischen Mannes war *braun* und von *zartem* Gliederbau, ihre Sprache von unverkennbar *süddeutschem* Klange. Meine Mutter pflegte von ihr zu sagen, ihre schwarzen Augen könnten einen See ausbrennen, in ihrer Jugend aber sei sie von seltener Anmut gewesen. – Trotz der *silbernen* Fädchen, die schon ihr Haar durchzogen, war auch jetzt die Lieblichkeit dieser Züge noch nicht verschwunden, und das der Jugend angeborene Gefühl für Schönheit veranlasste mich bald, ihr, wo ich immer konnte, mit kleinen Diensten und Gefälligkeiten an die Hand zu gehen.	Schilderung von Lisei Paulsen (Personenschilderung): 1 Hautfarbe Gestalt Sprache Augen Haare Gesichtszüge 2 Wirkung auf den Erzähler
Fazit: Grundprinzip der Schilderung: vom allgemeinen Eindruck zu kennzeichnenden Einzelheiten. Am Ende steht die Wirkung bzw. die Ausstrahlung von Lisei auf den Erzähler. Sprachlich fallen die genauen *Adjektive* auf, die dem Leser ein konkretes Bild vermitteln. Eine Metapher umschreibt den Ausdruck der Augen Liseis. Eine Personifizierung veranschaulicht die Wirkung Liseis auf den Betrachter.	

Gegenstands- und Personenschilderung: Puppenspielerwagen und -familie

Lesetext: *Pole Poppenspäler*	Erläuterungen
Meister Paulsen schildert die Ankunft der Puppenspieler. Dabei geht er auf den Karren und die Puppenspielerfamilie ein.	
So saß ich auch eines Nachmittags – ich weiß noch gar wohl, es war im September, eben nach unserem Michaelis-Jahrmarkte – und schrieb für den Rechenmeister meine Algebra-Exempel auf die Tafel, als ich unten von der Straße ein seltsames Gefährt heraufkommen sah.	1 Zeitlicher Rahmen – Ausgangslage des Erzählers

Lesetext: *Pole Poppenspäler*	Erläuterungen
Es war ein *zweirädriger Karren*, der von einem *kleinen rauen Pferde* gezogen wurde. Zwischen zwei ziemlich *hohen* Kisten, mit denen er beladen war, saß eine *große blonde* Frau mit *steifen hölzernen* Gesichtszügen und ein etwa *neunjähriges* Mädchen, das sein *schwarzhaariges* Köpfchen *lebhaft* von einer Seite nach der andern drehte; nebenher ging, den Zügel in der Hand, ein *kleiner, lustig* blickender Mann, dem unter seiner *grünen* Schirmmütze die kurzen schwarzen Haare wie Spieße vom Kopfe abstanden.	2 Gegenstandsschilderung und Personenschilderung 2.1 Gesamtbild: Karren – Pferd – Kisten 2.2 Personen auf dem Wagen: Frau und Kind 2.3 Der Wagenlenker
Fazit: Sprachlich fallen wieder die vielen *Adjektive* auf, die zum Teil sachlich und genau beschreiben, zum Teil aber auch bewerten oder die Wirkung auf den Beobachter andeuten wie „*steif*", „*hölzern*" oder „*lebhaft*". Die Doppelung von Adjektiven trägt dazu bei, beim Leser ein genaues und lebendiges Bild entstehen zu lassen. Am Ende findet sich noch die sprachliche Figur des Vergleichs, wenn die Haare „wie Spieße" geschildert werden, die „vom Kopfe abstanden". Der Vergleich erleichtert es dem Leser, sich den Mann vorzustellen.	

3.4.2 Gegenstandsschilderung

Deine Erzählung wirkt überzeugend, wenn du Gegenstände, die für den Fortgang der Handlung wichtig sind, genau schilderst. Für Gegenstände gilt – wie auch für Personen – das Prinzip, dass du **vom Allgemeinen zum Detail** gehst. Wichtig ist ferner, dass du Aufgaben und Funktion der Teile erfasst und dem Leser darlegst. Um Gegenstände sinnvoll schildern zu können, benötigst du immer eine genaue **Fachsprache**. Du musst einfach wissen, ob es sich beispielsweise um ein Kästchen, eine Kiste oder einen Koffer handelt. Auch das genaue Material, aus dem der Gegenstand besteht, solltest du kennen, die Farbe und vieles mehr.
Wenn du keine reine Schilderung schreibst, sondern einen Gegenstand im Rahmen einer Erzählung schilderst, gilt wiederum, dass du nur die **wirklich kennzeichnenden Merkmale** nennst. Diese Merkmale müssen aber glaubhaft sein.

MUSTER

Folgender **Arbeitsplan** funktioniert bei der **Schilderung von Gegenständen** ganz häufig:

1 Erscheinungsbild – Größe – Material – Funktion
2 Kennzeichnende Details
3 Dein Eindruck oder Verwendungsweise des Gegenstands

Bei manchen Gegenständen wirst du die Gliederung aber auch abwandeln müssen.

Gegenstandsschilderung (1): Aussichtsbank vor der Haustüre

Lesetext: ***Pole Poppenspäler***	**Erläuterungen**
Beginn der eigentlichen Erzählung: Paulsen beschreibt eine Bank, von der aus er die Geschehnisse des Dorfes gut beobachten konnte.	
Neben unserer Haustür stand damals eine *kleine weiße* Bank mit *grünen* Stäben in den Rück- und Seitenlehnen, von der man nach der einen Seite die lange Straße hinab bis an die Kirche, nach der andern aus der Stadt hinaus bis in die Felder sehen konnte. An Sommerabenden saßen meine Eltern hier, der Ruhe nach der Arbeit *pflegend*; in den Stunden vorher aber pflegte ich sie in Beschlag zu nehmen und hier in der freien Luft und unter *erquickendem* Ausblick nach Ost und West meine Schularbeiten anzufertigen.	Gegenstandsschilderung I. Die weiße Bank vor der Haustüre 1. Aussehen der Bank 2. Blickwinkel von der Bank II. Verwendung der Bank 1. Eltern 2. Kind
Fazit: Neben genauen *Adjektiven* und *Partizipien* („*pflegend*“, „unter *erquickendem* Ausblick“) verwendet der Autor Fachbegriffe zur genauen Bezeichnung der Bankteile.	

Gegenstandsschilderung (2): Kasperlemarionette

Lesetext: ***Pole Poppenspäler***	**Erläuterungen**
Meister Paulsen beschreibt die Figur des Kasperle:	
Im zweiten Aufzuge aber sollte es noch besser kommen. – Da war unter den Dienern auf der Burg einer im gelben Nankinganzug[54], der hieß Kasperl. Wenn dieser Bursche nicht lebendig war, so war noch niemals etwas lebendig gewesen; er machte die ungeheuersten Witze, so dass der ganze Saal vor Lachen *bebte*; in seiner Nase, die so groß wie eine Wurst war, musste er jedenfalls ein Gelenk haben; denn wenn er so sein dumm-pfiffiges Lachen *herausschüttelte*, so *schlenkerte* der Nasenzipfel hin und her, als wenn auch er sich vor Lustigkeit nicht zu lassen wüsste; dabei *riss* der Kerl seinen großen Mund *auf* und *knackte*, wie eine alte Eule, mit den Kinnbacksknochen. „Pardauz!“, schrie es; so kam er immer auf die Bühne gesprungen; dann stellte er sich hin und sprach erst bloß mit seinem großen Daumen; den konnte er so ausdrucksvoll hin und wider drehen, dass es ordentlich ging wie „Hier	Gegenstandsschilderung einer Marionette 1 Erscheinungsbild 2 Wirkung auf das Publikum 3 Nase 4 Mund 5 Daumen

54 Nanking ist eine alte deutschsprachige Bezeichnung für die chinesische Stadt Nanjing, nach der ein besonders auffälliger Gelbton benannt ist. Der Kasper trägt also einen grellgelben Anzug.

Lesetext: *Pole Poppenspäler*	Erläuterungen
nix und da nix! Kriegst du nix, so hast du nix!“ Und dann sein Schielen; – das war so verführerisch, dass im Augenblick dem ganzen Publikum die Augen *verquer* im Kopfe *standen*. Ich war ganz *vernarrt* in den lieben Kerl!	6 Augen 7 Wirkung auf den Erzähler

Fazit: Die Schilderung folgt wiederum dem Prinzip, das du schon kennengelernt hast, sie wandert vom allgemeinen Erscheinungsbild zu kennzeichnenden Details. Die Details sind in sich steigernd angeordnet.
Die beiden Vergleiche fallen auf, weil sie dafür sorgen, dass der Leser sofort ein lebendiges Bild vor Augen hat. Ferner sind die sehr lebendigen und treffenden *Verben* hervorzuheben: Der Saal *„bebte“*; wenn der Kasperl das Lachen *„herausschüttelte“*, dann *„schlenkerte“* der Nasenzipfel „hin und her“, er *„riss“* den Mund *„auf“* und *„knackte* [...] mit den Kinnbacksknochen“.
Außerdem wird die direkte bzw. wörtliche Rede eingesetzt: Sie illustriert die Sprechweise des Kasperl und wirkt lebendig.

3.4.3 Schilderung von Gebäuden

Im folgenden Auszug wird das alte Schützenhaus geschildert, in dem sich auch der Saal für die Vorführung des Marionettenspiels befindet. Die Vorgehensweise kannst du ohne Probleme übernehmen.

MUSTER

Arbeitsplan zur **Schilderung von Gebäuden**:

1 Besondere Kennzeichen und Lage
2 Gesamtzustand
3 Information zum Besitzer oder auch ehemaligen Besitzer
4 Unmittelbare Umgebung
5 Nutzung
6 Besonderheiten

Die Reihenfolge der Punkte spielt im Grund keine Rolle. Gut ist aber die Idee, von einem markanten Merkmal auszugehen (in Storms Novelle war es die Bemalung der Tür), um dann zur Besonderheit des Gebäudes hinzuführen. Im Beispiel ist es der große Saal. Die Besonderheit könnte aber genauso gut die Lage oder die Umgebung sein.

Wenn du ein Gebäude beschreibst, dann muss es in deiner Erzählung eine wichtige Rolle spielen. Ist das Gebäude nicht so wichtig, dann darfst du die Beschreibung auf zwei bis drei kennzeichnende Merkmale reduzieren.

Schilderung von Gebäuden: Spielort der Puppenspieler

Lesetext: *Pole Poppenspäler*	Erläuterungen
Meister Paulsen schildert den Spielort der Puppenspieler:	
– – Du kennst unsern Schützenhof in der Süderstraße; auf der Haustür sah man damals noch einen *schön gemalten* Schützen in Lebensgröße, mit Federhut und Büchse;	Schilderung eines Gebäudes: Schützenhof 1 Kennzeichen und Lage
im Übrigen war aber der alte Kasten damals noch *baufälliger*, als er heute ist.	2 Gesamtzustand
Die Gesellschaft war bis auf drei Mitglieder herabgesunken; die vor Jahrhunderten von den alten Landesherzögen *geschenkten silbernen* Pokale, Pulverhörner und Ehrenketten waren nach und nach verschleudert;	3 Zustand des Vereins bzw. Merkmale der Besitzer
den großen Garten, der, wie du weißt, auf den Bürgersteig hinausläuft, hatte man zur Schaf- und Ziegengräsung verpachtet.	4 Unmittelbare Umgebung
Das *alte zweistöckige* Haus wurde von niemandem weder bewohnt noch gebraucht; *windrissig* und *verfallen* stand es da zwischen den *munteren* Nachbarhäusern;	5 Nutzung
nur in dem *öden weißgekalkten* Saale, der fast das *ganze obere* Stockwerk einnahm, produzierten mitunter *starke* Männer oder *durchreisende* Taschenspieler ihre Künste. Dann wurde unten die *große* Haustür mit dem *gemalten* Schützenbruder *knarrend* aufgeschlossen.	6 Besonderheit – der Saal und dessen Nutzung
Fazit: Die Schilderung eines Gebäudes bewegt sich von einem hervorstechenden Merkmal des Gebäudes von außen nach innen zur eigentlichen Besonderheit, dem großen Saal, der für Aufführungen genutzt wird. Auffällig ist die Personifizierung des Gartens und die Verwendung genau beschreibender *Adjektive* und *Partizipien I und II* (einen „*geschenkten* […] Pokale“, „*windrissig* und *verfallen*“, „in dem *öden weißgekalkten* Saale“, …). Die Partizipien II sind hier mehrmals als Adjektive verwendet und drücken aus, was mit den beschriebenen Gegenständen geschehen ist.	

3.4.4 Wegschilderung

Storm schildert an späterer Stelle der Novelle den Weg durch den Garten zum alten Schützenhof. Storms Rezept ist wunderbar und du kannst es leicht nachahmen. In der Schilderung geht es nicht darum, Wege so zu beschreiben, dass ein anderer sie finden kann: Derartige Wegbeschreibungen produziert ein Navigationsgerät. In der Schilderung beschreibst du die Wege so, dass sie **vorstellbar und erlebbar** werden.

MUSTER

Arbeitsplan einer **Wegschilderung**:

1 **Weg** mit beobachtbaren Details
Wege können von der **Beschaffenheit** her ganz unterschiedlich sein: Pfade, Wege, Straßen. Auch der Bewuchs ist wichtig, die Enge, die Weite, vor allem aber dein Blickwinkel.

2 **Blick auf** ein Gebäude, ein Stück Landschaft ...
Du blickst in eine Richtung, du siehst ein Gebäude, einen auffälligen Baum, ein Stück Landschaft, einen Berg. Die Möglichkeiten sind fast unendlich. Die Schilderung des Blicks trägt dazu bei, dass sich der Betrachter den Weg vorstellen kann.

3 **Wirkung** des Weges und der jahreszeitlichen Stimmung auf den Betrachter
Jeder Blick in die Ferne oder auch ein begrenzter Blickwinkel lösen ein Gefühl aus. Es ist ein Unterschied, ob ein Weg fast unendlich geradeaus geht, ob er sich zu einem Panorama hin öffnet, also einen Rundblick über die Gegend ermöglicht, oder ob er im Nebel oder Dunkel versinkt. Die Gefühle, die das auslöst, solltest du ebenso wie den Blick selbst beschreiben.

Wegschilderung: Herbststimmung und ein Gartenweg

Lesetext: *Pole Poppenspäler*	Erläuterungen
Meister Paulsen schildert, wie er an einem Herbsttag den Weg durch den Garten zum alten Schützenhof entlanggeht.	
Ein Herbsttag Es war ein trüber Herbsttag; einzelne gelbe Blätter sanken schon zur Erde; über mir in der Luft schrien ein paar Strandvögel, die ans Haff hinausflogen; kein Mensch war zu sehen noch zu hören.	Schilderung einer jahreszeitlichen Stimmung: ein trüber Herbsttag 1 Benennung der Stimmung 2 Auflösung der Stimmung in beobachtbare Einzelheiten: Blätter, Vögel, Geräusche
Schilderung des Weges Langsam schritt ich durch das Unkraut, das auf den Steigen wucherte, bis ich einen schmalen Steinhof erreicht hatte, der den Garten von dem Hause trennte. – Richtig! Dort von oben schauten zwei große Fenster in den Hof herab; aber hinter den kleinen in Blei gefassten Scheiben war es schwarz und leer, keine Puppe war zu sehen. Ich stand eine Weile, mir wurde ganz unheimlich in der mich rings umgebenden Stille.	Schilderung des Weges 1 Weg mit beobachtbaren Details 2 Blick auf das Gebäude 3 Wirkung des Gebäudes und der jahreszeitlichen Stimmung auf den Betrachter
Fazit: Sowohl für die Schilderung der jahreszeitlichen Stimmung als auch für die des Weges setzt der Autor das sprachliche Mittel der Aufzählung ein. Es werden viele beobachtbare Einzelheiten aufgezählt. In diesem Falle sind vorwiegend kurze Sätze gereiht.	

3.4.5 Vorgangsschilderung

Die Vorgangsbeschreibung gehört wie die Personen-, die Gegenstands- oder die Wegbeschreibung zu den Schreibformen der Unterstufe. Vielleicht hast du schon Vorgangsbeschreibungen für Spiele, Rezepte oder Bastelanleitungen verfasst. In der Schilderung benötigst du nur Teile des grundsätzlichen Arbeitsplans, den du schon kennst. Du musst die **Materialien**, die du für den Vorgang benötigst, genau beschreiben. Hierbei spielen **Fachbegriffe** eine zentrale Rolle. Kläre, wie viele **Handlungsschritte** der Vorgang umfasst. Anders als in der Vorgangsbeschreibung, die du kennst, geht es aber bei der Schilderung eines Vorgangs nicht nur darum, ihn sachlich präzise zu beschreiben, sondern es geht auch um **Gefühle und die Wirkung** auf den Beobachter.

Theodor Storm schildert einen anspruchsvollen Vorgang, die Bewegung einer Marionette und das Scheitern dieser Bewegung. Der Kasper kann nämlich wegen eines mechanischen Schadens seine Arme nicht heben.

Vorgangsschilderung: Bewegung der Marionette auf der Bühne

Lesetext: *Pole Poppenspäler*	Erläuterungen
Meister Paulsen schildert die Aufführung, die er als Kind verfolgt hat:	
– – „Gott sei gelobt!“, dachte ich; „er ist noch ganz gesund; er springt noch ebenso wie vorigen Sonntag in der Burg der schönen Genoveva!“ Und seltsam, sosehr ich ihn am Vormittage in meinen Gedanken nur für eine schmähliche Holzpuppe erklärt hatte, mit seinem ersten Worte war der ganze Zauber wieder da.	Wirkung des Kasperles auf Paulsen
Emsig spazierte er im Zimmer auf und ab. „Wenn mich jetzt mein Vater Papa sehen tät“, rief er, „der würd sich was Rechts freuen. Immer pflegt er zu sagen: ‚Kasperl, mach, dass du dein Sach in Schwung bringst!‘ – Oh, jetzund hab ich‘s in Schwung; denn ich kann mein Sach haushoch werfen!“ – Damit machte er Miene, sein Felleisen[55] in die Höhe zu schleudern; und es flog auch wirklich, da es am Draht gezogen wurde, bis an die Deckenwölbung hinauf;	Vorgangsschilderung: Kasperlefigur im Spiel 1 Bewegung der Puppe innerhalb des Bühnenraums und Selbstgespräch des Kaspers
aber – Kasperls Arme waren an seinem Leibe klebengeblieben; es ruckte und ruckte, aber sie kamen um keine Handbreit in die Höhe. Kasperl sprach und tat nichts weiter. – Hinter der Bühne entstand eine Unruhe, man hörte leise, aber heftig sprechen, der Fortgang des Stückes war augenscheinlich unterbrochen.	2 Folgen des Spielfehlers: 2.1 Ausbleiben der Armbewegungen Natürlich müsste Kasperl die Hände nach der Tasche strecken. Das misslingt aber aufgrund des mechanischen Fehlers, den der Junge verursacht hat.

55 Ein „Felleisen“ ist ein Rucksack oder eine Tasche.

Lesetext: *Pole Poppenspäler*	Erläuterungen
Mir stand das Herz still; da hatten wir die Bescherung! Ich wäre gern fortgelaufen, aber ich schämte mich. Und wenn gar dem Lisei meinetwegen etwas geschähe!	2.2 Wirkung auf den Betrachter

3.4.6 Schilderung einer jahreszeitlichen Stimmung

Wenn du eine jahreszeitliche Stimmung schildern möchtest, dann kannst du wie ein Journalist in einem Feature[56] vorgehen. Bei der Schilderung einer jahreszeitlichen Stimmung benennst du diese und reihst dann Beobachtungen aneinander, die zu der Stimmung passen oder auch einen Kontrast zu ihr bilden. In den Beispielen siehst du, wie das geht.
Eine persönliche Note bringst du ein, wenn du eine kleine Geschichte andeutest, die zur Stimmung passt, so wie Lisei in der Mondnacht von ihrer alten Tante erzählt. Wenn du außerdem Gedanken formulierst, die zur beschriebenen Stimmung passen, kann sich der Leser noch besser in die Situation hineinversetzen. Der junge Paulsen stellt sich in einem der folgenden Ausschnitte vor, wie es wäre, wenn Lisei seine Schwester wäre.
Jahreszeitliche Stimmungen werden besonders dann geschildert, wenn sie eigentlich **Gefühle widerspiegeln** sollen. Kälte steht zum Beispiel oft für Einsamkeit und Verzweiflung, ein Unwetter für Ungewissheit und Angst. Gleichzeitig kann ein Unwetter aber, wenn die Hauptfigur zum Beispiel in Sicherheit vor dem Sturm ist, auch für Geborgenheit und Sicherheit stehen, weil das Wetter dann einen Kontrast dazu bildet.

Stimmungsvolle Schilderung (1): Marionetten im Mondschein und ein Unwetter

Lesetext: *Pole Poppenspäler*	Erläuterungen
Nach dem Unglück mit dem Kasperl verstecken sich die Kinder vor den Eltern hinter der Bühne. Draußen bricht ein Unwetter los.	
Als wir hinter der Verkleidung in den Bühnenraum geschlüpft waren, schien dort vom Garten her das helle Mondlicht in die Fenster.	Mondlicht als Erklärung dafür, warum die im Folgenden geschilderten Marionetten bei Nacht überhaupt zu sehen waren

56 Ein Feature ist ein Text, der ähnlich wie eine Reportage bildhaft schildert und gleichzeitig immer wieder Fakten nennt.

Lesetext: *Pole Poppenspäler*	Erläuterungen
An dem Drahtseil, an dem am Vormittage nur die beiden Puppen gehangen hatten, sah ich jetzt alle, die vorhin im Stück aufgetreten waren. Da hing der Doktor Faust mit seinem *scharfen blassen* Gesicht, der *gehörnte* Mephistopheles, die drei *kleinen schwarzhaarigen* Teufelchen, und dort neben der *geflügelten* Kröte waren auch die beiden Kasperls. Ganz *stille* hingen sie da in der *bleichen* Mondscheinbeleuchtung; fast wie Verstorbene kamen sie mir vor. Der Hauptkasperl hatte zum Glück wieder seinen *breiten* Nasenschnabel auf der Brust liegen, sonst hätte ich geglaubt, dass seine Blicke mich verfolgen müssten.	1 Schilderung der Puppen: Aufzählung mit vielen *Adjektiven* und *Partizipien* 2 Schilderung der Wirkung der Marionetten und auch der Stimmung durch den Vergleich „wie Verstorbene"
Nachdem Lisei und ich eine Weile, nicht wissend, was wir beginnen sollten, an dem Theatergerüste umhergestanden und -geklettert waren, lehnten wir uns nebeneinander auf die Fensterbank. – Es war Unwetter geworden; am Himmel, gegen den Mond, stieg eine Wolkenbank empor; drunten im Garten konnte man die Blätter zu Haufen von den Bäumen wehen sehen. „Guck", sagte Lisei nachdenklich, „wie's da aufi g'schwomma kimmt! Da kann mei alte gute Bas'[57] nit mehr vom Himm'l abi schaun." „Was für eine alte Bas', Lisei?", fragte ich. – „Nu, wo i g'west bin, bis sie halt g'storb'n ist." Dann blickten wir wieder in die Nacht hinaus. – Als der Wind gegen das Haus und auf die kleinen undichten Fensterscheiben stieß, fing hinter mir an dem Drahtseil die stille Gesellschaft mit ihren hölzernen Gliedern an zu klappern. Ich drehte mich unwillkürlich um und sah nun, wie sie, vom Zugwind bewegt, mit den Köpfen wackelten und die steifen Arm' und Beine durcheinanderregten. Als aber plötzlich der kranke Kasperl seinen Kopf zurückschlug und mich mit seinen weißen Augen anstierte, da dachte ich, es sei doch besser, ein wenig an die Seite zu gehen.	Unwetterstimmung – indirektes Aufgreifen der Gefühlslage der Kinder wegen deren Angst vor Strafe 1 Auflösung des Unwetters in beobachtbare Einzelheiten, die geschildert werden 2 Äußerungen Liseis, die das Beängstigende des Unwetters unterstreichen (direkte Rede) 3 Bewegungen, ausgelöst durch das Unwetter: Die Auswirkungen des Windes sind steigernd aufgezählt bis zum Höhepunkt, den Bewegungen der Marionetten und dem lebendig wirkenden Blick des kaputten Kasperls.[58]

57 Als Base wurde früher die Tante bezeichnet, die die Schwester des eigenen Vaters war.
58 Erklärung: Marionettenfiguren sind so bemalt, dass sie bestrahlt vom Licht lebendig wirken. Die Bemalung ist somit grell und plakativ. Deshalb haben die Figuren auch bei geringem Licht eine starke Wirkung.

Stimmungsvolle Schilderung (2): Mondnacht

Lesetext: *Pole Poppenspäler*	Erläuterungen
Paulsen schildert die Mondnacht nach dem Unwetter:	
Ich konnte von meinem Platze aus durch die oberen Scheiben des einen Fensters sehen. Der Mond war aus seiner Wolkenhülle wieder hervorgeschwommen, in der er eine Zeitlang verborgen gewesen war; die alte Bas' konnte jetzt wieder vom Himmel herunterschauen, und ich denke wohl, sie hat's recht gern getan. Ein Streifen Mondlicht fiel auf das Gesichtchen, das nahe an dem meinen ruhte; die schwarzen Augenwimpern lagen wie seidene Fransen auf den Wangen, der kleine rote Mund atmete leise, nur mitunter zuckte noch ein kurzes Schluchzen aus der Brust herauf; aber auch das verschwand; die alte Bas' schaute gar so mild vom Himmel. – Ich wagte mich nicht zu rühren. „Wie schön müsste es sein", dachte ich, „wenn das Lisei deine Schwester wäre, wenn sie dann immer bei dir bleiben könnte!" Denn ich hatte keine Geschwister, und wenn ich auch nach Brüdern kein Verlangen trug, so hatte ich mir doch oft das Leben mit einer Schwester in meinen Gedanken ausgemalt und konnte es nie begreifen, wenn meine Kameraden mit denen, die sie wirklich besaßen, in Zank und Schlägerei gerieten.	Blick durch das Fenster nach draußen: Mondnacht 1 Bewegung des Mondes in den Wolken – bildhaft ausgedrückt durch das Verb „schwimmen" 2 Verknüpfung der Bewegung des Mondes mit Liseis Geschichte, wodurch die enge Beziehung der beiden bzw. die Aufmerksamkeit Paulsens betont wird 3 Ruhe der Nacht, widergespiegelt in Liseis schlafenden Gesichtszügen 4 Wirkung auf Paulsen 5 Gedankenrede Die Gedankenrede steht hier (wie normalerweise die direkte Rede) in Anführungszeichen, obwohl sie das nicht unbedingt müsste. Der Hintergrund der Gedanken des jungen Paulsen wird vom Erzähler erklärt.

Stimmungsvolle Schilderung (3): Eiseskälte

Lesetext: *Pole Poppenspäler*	Erläuterungen
Der junge Meister Paulsen sitzt an einem bitterkalten Wintertag bei seiner Meisterin und beobachtet die Straße.	
– – Nun, damals saß ich eines Sonntagnachmittags mit meiner Frau Meisterin in der Wohnstube, deren Fenster der Tür des großen Gefangenenhauses gegenüberlagen. Es war im Januar; das Thermometer stand zwanzig Grad unter Null; draußen auf der Gasse war kein Mensch zu sehen; mitunter kam der Wind pfeifend von den nahen Bergen herunter und jagte kleine Eisstücke klingend über das Straßenpflaster. „Da behagt 'n warmes Stübchen und 'n heißes Schälchen Kaffee", sagte die Meisterin, indem sie mir die Tasse zum dritten Male vollschenkte.	Schildern der Situation und des Ausblicks Schilderung der Kälte: Der Autor verwendet drei Merkmale, um die Kälte darzustellen: • die Temperaturangabe, • die Schilderung der Gasse und • die Schilderung der Wirkung des eisigen Windes. Außerdem setzt er hier das sprachliche Mittel des Kontrastes ein: Dem eiskalten Wetter draußen steht die warme Stube innen gegenüber.

3.4.7 Schilderung von Gefühlen

Wie man Gefühle schildert, weißt du schon, denn in jeder guten Erlebniserzählung spielt die **Darstellung von Gefühlen** eine wichtige Rolle. Erinnerst du dich? Wenn du Gefühle schilderst, solltest du dem Leser Beobachtungen mitteilen, aus denen er die Gefühle einer Person erschließen kann:
Du kannst den Gesichtsausdruck, also die **Mimik** einer Person, schildern, den Augenausdruck, Bewegungen der Augen, die Gesichtsfarbe, den Mund, die Haare …
Du kannst die **Gestik** schildern, also die Bewegungen des Kopfes, der Hände, der Füße, aber auch Bewegungsabläufe wie den Gang einer Person oder ihre Körperhaltung.
Genauso wichtig ist es, wörtliche Rede oder Gedankenrede einzusetzen, um die **Gefühle** zu verdeutlichen. Um die Gefühle und die mit ihnen verbundene Mimik und Gestik zu schildern, musst du dich in die Situation hineinversetzen: Hast du schon mal etwas Ähnliches erlebt? Wie ging es dir damals? Wie haben sich deine Gefühle auf deinen Körper ausgewirkt? Es gibt hier keine Rezepte, sondern du musst **Einfühlungsvermögen** beweisen. Ähnlich wie bei der Schilderung einer jahreszeitlichen Stimmung reihst du die **Beobachtungen** aneinander, die zu der Gefühlslage passen. Die Reihenfolge, in der das geschieht, bleibt dir überlassen.

Schilderung von Gefühlen: Oktobertag/Blick in die Landschaft – Abschiedsszene

Lesetext: *Pole Poppenspäler*	Erläuterungen
Ein stürmischer Oktobertag: Paulsen muss von Lisei und ihren Eltern Abschied nehmen. Hier endet auch der erste Erzählabschnitt.	
Und so stand ich denn an einem stürmischen Oktobernachmittage draußen vor unserer Stadt auf dem hohen Heiderücken, sah bald traurig auf den breiten Sandweg, der nach Osten in die kahle Gegend hinausläuft, bald sehnsuchtig nach der Stadt zurück, die in Dunst und Nebel in der Niederung lag. Und da kam es herangetrabt, das kleine Wägelchen mit den zwei hohen Kisten darauf und dem munteren braunen Pferdchen in der Gabeldeichsel. Herr Tendler saß jetzt vorn auf einem Brettchen, hinter ihm Lisei in dem neuen warmen Mäntelchen neben ihrer Mutter. – Ich hatte schon vor der Herberge von ihnen Abschied genommen; dann aber war ich vorausgelaufen, um sie alle noch einmal zu sehen und um Lisei, wozu ich von meinem Vater die Erlaubnis erhalten hatte, den Band von Weißens „Kinderfreunde“[59] als Angedenken mitzugeben; auch eine Düte[60] mit Kuchen hatte ich	Blick auf die Landschaft von einem erhöhten Punkt: Die Landschaft wird hier genau beschrieben, damit der Leser ein Bild vor Augen hat. Gleichzeitig werden auch das Wetter und die jahreszeitliche Stimmung geschildert. Sie dienen auch als Spiegel der Gefühle Paulsens (Trauer über den Abschied von Lisei, der den lieb gewordenen Alltag, den Paulsen mit ihr verbracht hat, wie ein Sturm wegfegt; die Stadt erscheint ohne Lisei „in Dunst und Nebel“, also trostlos). Fortgang der Erzählung: Das Gefährt mit den Puppenspielern kommt Paulsen entgegen. Rückblick auf den eigentlich schon erfolgten Abschied

59 Der *Kinderfreund* war die erste für Kinder gedachte Zeitschrift. Sie wurde von Christian Felix Weiße herausgegeben.
60 Die Schreibung „Düte“ statt „Tüte“ orientiert sich am Dialekt des Erzählers.

Lesetext: *Pole Poppenspäler*	Erläuterungen
um einige ersparte Sonntagssechslinge[61] für sie eingehandelt. „Halt! Halt!“, rief ich jetzt und stürzte von meinem Heidehügel auf das Fuhrwerk zu. – Herr Tendler zog die Zügel an, der Braune stand, und ich reichte Lisei meine kleinen Geschenke in den Wagen, die sie neben sich auf den Stuhl legte.	Schilderung der Übergabe kleiner Geschenke als weitere Abschiedsgeste
Als wir uns aber, ohne ein Wort zu sagen, an beiden Händen griffen, da brachen wir armen Kinder in ein lautes Weinen aus. Doch in demselben Augenblicke peitschte auch schon Herr Tendler auf sein Pferdchen. „Ade, mein Bub! Bleib brav und dank aa no schön dei'm Vaterl und dei'm Mutterl!“ „Ade! Ade!“, rief das Lisei; das Pferdchen zog an, das Glöckchen an seinem Halse bimmelte; ich fühlte die kleinen Hände aus den meinen gleiten, und fort fuhren sie, in die weite Welt hinaus.	Schilderung des eigentlichen Abschieds: Gestik: letzter Händedruck, Weinen und Trennung, letzte Worte und Gesten
Ich war wieder am Rande des Weges emporgestiegen und blickte unverwandt dem Wägelchen nach, wie es durch den staubenden Sand dahinzog. Immer schwächer hörte ich das Gebimmel des Glöckchens; einmal noch sah ich ein weißes Tüchelchen um die Kisten flattern; dann allmählich verlor es sich mehr und mehr in den grauen Herbstnebeln.	Schilderung des sich entfernenden Wagens: leiser werdende Geräusche, zunehmend kleiner und undeutlich werdende Konturen
– Da fiel es plötzlich wie eine Todesangst mir auf das Herz: du siehst sie nimmer, nimmer wieder! – „Lisei!“, schrie ich, „Lisei!“ – Als aber dessen ungeachtet, vielleicht wegen einer Biegung der Landstraße, der nur noch im Nebel schwimmende Punkt jetzt völlig meinen Augen entschwand, da rannte ich wie unsinnig auf dem Wege hintendrein. Der Sturm riss mir die Mütze vom Kopf, meine Stiefel füllten sich mit Sand; aber so weit ich laufen mochte, ich sah nichts anderes als die öde baumlose Gegend und den kalten grauen Himmel, der darüberstand. – Als ich endlich bei einbrechender Dunkelheit zu Hause wieder angelangt war, hatte ich ein Gefühl, als sei die ganze Stadt indessen ausgestorben. Es war eben der erste Abschied meines Lebens.	Schilderung der Wirkung: Schilderung des Trennungsschmerzes: Gedankenrede, Aufschrei als wörtliche Rede (Steigerung gegenüber der Gedankenrede) körperliche Reaktion: Paulsen rennt dem Wagen hinterher, obwohl der Versuch, ihn einzuholen, offensichtlich zum Scheitern verurteilt ist Parallele zwischen Paulsens Gefühlen und dem Wetter, der Landschaft, der Farben

Fazit: Den Trennungsschmerz erfasst der Erzähler mit Gedankenrede, wörtlicher Rede und besonderen Bewegungen.
Die Landschaft und das Wetter sind so geschildert, dass sie die Trostlosigkeit der Situation und der Gefühle Paulsens unterstreichen.

61 Sechslinge sind Münzen.

3.4.8 Schilderung eines Geschehens

Wenn du von einem etwas erhöhten Punkt in den Schulhof zur Zeit der Pause blickst, siehst du viele Szenerien. Szenerien sind kurze dramatische Ereignisse: Die Fünftklässler spielen Fangen. Es gibt eine Schlägerei, dann bildet sich ein Kreis um die Prügelnden. Der Lehrer, der Aufsicht führt, bewegt sich auf den Kreis zu. Mittelstufenschüler lehnen sehr gelassen an der Schulwand.

Für eine Szenerie verwendest du am besten die **Methode des Standbildes**: Du frierst den dramatischen Moment ein und schilderst ihn. Wie Theodor Storm kannst du dabei auch Kontraste einsetzen. Theodor Storm zeigt dir, wie dir das gelingt.

Schilderung eines Geschehens mit handelnden Personen:

Lesetext: *Pole Poppenspäler*	Erläuterungen
Paulsen beobachtet eine ungewöhnliche Szene vor dem gegenüberliegenden Gefängnis.	
In diesen Gedanken unterbrach mich eine scharfe, scheltende Stimme drüben von der Straße her. Als ich aufblickte, sah ich das schwindsüchtige Gesicht des Gefängnisinspektors sich aus der halbgeöffneten Tür des Gefangenenhauses hervorrecken; seine erhobene Faust drohte einem jungen Weibe, das, wie es schien, fast mit Gewalt in diese sonst gefürchteten Räume einzudringen strebte.	Schilderung eines Geschehens aus einem entfernten Blickwinkel Diese Beschreibung ist mit einem Standbild zu vergleichen: Die in das Gefängnis hineindrängende Frau wird von der drohenden Faust des Inspektors aufgehalten. Der Autor verwendet hier das Mittel des Kontrastes, um die Entschlossenheit der jungen Frau, aber auch ihre Unterlegenheit, deutlich zu machen.

ÜBUNG

Lies den folgenden Textauszug, dessen Anfang du schon kennst, sorgfältig durch. Markiere darin die schildernden Passagen farbig und bestimme die Art der Schilderung.

Lesetext: *Pole Poppenspäler*	Schilderungen
Paulsen beobachtet eine ungewöhnliche Szene vor dem gegenüberliegenden Gefängnis und kümmert sich anschließend um die junge Frau. Sie erweist sich als seine Kindheitsfreundin Lisei.	
In diesen Gedanken unterbrach mich eine scharfe, scheltende Stimme drüben von der Straße her. Als ich aufblickte, sah ich das schwindsüchtige Gesicht des Gefängnisinspektors sich aus der halbgeöffneten Tür des Gefangenenhauses hervorrecken; seine erhobene	

Lesetext: *Pole Poppenspäler*	Schilderungen
Faust drohte einem jungen Weibe, das, wie es schien, fast mit Gewalt in diese sonst gefürchteten Räume einzudringen strebte. „Wird wohl was Liebes drinnen haben“, sagte die Meisterin, die von ihrem Lehnstuhle aus ebenfalls dem Vorgange zugesehen hatte, „aber der alte Sünder da drüben hat kein Herz für die Menschheit.“ „Der Mann tut wohl nur seine Pflicht, Frau Meisterin“, sagte ich, noch immer in meinen eigenen Gedanken. „Ich möcht nicht solche Pflicht zu tun haben“, erwiderte sie und lehnte sich fast zornig in ihren Stuhl zurück. Drüben war indes die Tür des Gefangenenhauses zugeschlagen, und das junge Weib, nur mit einem kurzen wehenden Mäntelchen um die Schultern und einem schwarzen Tüchelchen um den Kopf geknotet, ging langsam die übereiste Straße hinab. – Die Meisterin und ich waren schweigend auf unserem Platz geblieben; ich glaube – denn auch meine Teilnahme war jetzt geweckt –, es war uns beiden, als ob wir helfen müssten und nur nicht wüssten wie. Als ich eben vom Fenster zurücktreten wollte, kam das Weib wieder die Straße herauf. Vor der Tür des Gefangenenhauses blieb sie stehen und setzte zögernd einen Fuß auf den zur Schwelle führenden Treppenstein; dann aber wandte sie den Kopf zurück, und ich sah ein junges Antlitz, dessen dunkle Augen mit dem Ausdruck ratlosester Verlassenheit über die leere Gasse streiften; sie schien doch nicht den Mut zu haben, noch einmal der drohenden Beamtenfaust entgegenzutreten. Langsam und immer wieder nach der geschlossenen Tür zurückblickend, setzte sie ihren Weg fort; man sah es deutlich, sie wusste selbst nicht wohin. Als sie jetzt aber an der Ecke der Gefangenanstalt in das nach der Kirche hinaufführende Gässchen einbog, riss ich unwillkürlich meine Mütze vom Türhaken, um ihr nachzugehen. „Ja, ja, Paulsen, das ist das Rechte!“, sagte die gute Meisterin; „geht nur, ich werde derweil den Kaffee wieder heiß setzen!“	

Lesetext: *Pole Poppenspäler*	Schilderungen
Es war grimmig kalt, als ich aus dem Hause trat; alles schien wie ausgestorben; von dem Berge, der am Ende der Straße die Stadt überragt, sah fast drohend der schwarze Tannenwald herab; vor den Fensterscheiben der meisten Häuser saßen die weißen Eisgardinen; denn nicht jeder hatte, wie meine Meisterin, die Gerechtigkeit von fünf Klaftern Holz auf seinem Hause. – Ich ging durch das Gässchen nach dem Kirchenplatz; und dort vor dem großen hölzernen Kruzifixe auf der gefrorenen Erde lag das junge Weib, den Kopf gesenkt, die Hände in den Schoß gefaltet. Ich trat schweigend näher; als sie aber jetzt zu dem blutigen Antlitz des Gekreuzigten aufblickte, sagte ich: „Verzeiht mir, wenn ich Eure Andacht unterbreche, aber Ihr seid wohl fremd in dieser Stadt?" Sie nickte nur, ohne ihre Stellung zu verändern. „Ich möchte Euch helfen!", begann ich wieder, „sagt mir nur, wohin Ihr wollt!" „I weiß nit mehr wohin", sagte sie tonlos und ließ das Haupt wieder auf ihre Brust sinken. „Aber in einer Stunde ist es Nacht; in diesem Totenwetter könnt Ihr nicht länger auf der offenen Straße bleiben!" „Der liebi Gott wird helfen", hörte ich sie leise sagen. „Ja, ja", rief ich, „und ich glaube fast, er hat mich selbst zu Euch geschickt!" Es war, als habe der stärkere Klang meiner Stimme sie erweckt; denn sie erhob sich und trat zögernd auf mich zu; mit vorgestrecktem Halse näherte sie ihr Gesicht mehr und mehr dem meinen, und ihre Blicke drangen auf mich ein, als ob sie mich damit erfassen wolle. „Paul!", rief sie plötzlich, und wie ein Jubelruf flog das Wort aus ihrer Brust – „Paul! Ja di schickt mir der liebe Gott!" Wo hatte ich meine Augen gehabt! Da hatte ich es ja wieder, mein Kindsgespiel, das kleine Puppenspieler-Lisei! Freilich, eine schöne schlanke Jungfrau war es geworden, und auf dem sonst so lachenden Kindergesicht lag jetzt, nachdem der erste Freudenstrahl darüberhin geflogen, der Ausdruck eines tiefen Kummers.	

MUSTER

Lösung:

Lesetext: *Pole Poppenspäler*	Schilderungen
In diesen Gedanken unterbrach mich eine scharfe, scheltende Stimme drüben von der Straße her. Als ich aufblickte, sah ich das schwindsüchtige Gesicht des Gefängnisinspektors sich aus der halbgeöffneten Tür des Gefangenenhauses hervorrecken; seine erhobene Faust drohte einem jungen Weibe, das, wie es schien, fast mit Gewalt in diese sonst gefürchteten Räume einzudringen strebte.	Schilderung eines Geschehens aus einem entfernten Blickwinkel Diese Schilderung ist mit einem Standbild zu vergleichen: Die in das Gefängnis hineindrängende Frau wird von der drohenden Faust des Inspektors aufgehalten. Der Autor verwendet hier das Mittel des Kontrastes, um die Entschlossenheit der jungen Frau, aber auch ihre Unterlegenheit, deutlich zu machen.
„Wird wohl was Liebes drinnen haben“, sagte die Meisterin, die von ihrem Lehnstuhle aus ebenfalls dem Vorgange zugesehen hatte, „aber der alte Sünder da drüben hat kein Herz für die Menschheit.“ „Der Mann tut wohl nur seine Pflicht, Frau Meisterin“, sagte ich, noch immer in meinen eigenen Gedanken. „Ich möcht nicht solche Pflicht zu tun haben“, erwiderte sie und lehnte sich fast zornig in ihren Stuhl zurück.	Fortgang der Erzählung: Der junge Paulsen und die Meisterin unterhalten sich über die Szenerie, die sie beobachtet haben.
Drüben war indes die Tür des Gefangenenhauses zugeschlagen, und das junge Weib, nur mit einem kurzen wehenden Mäntelchen um die Schultern und einem schwarzen Tüchelchen um den Kopf geknotet, ging langsam die übereiste Straße hinab.	Schilderung des Geschehens Kurze Schilderung der jungen Frau Schilderung der Kleidung Schilderung der Gehweise
– Die Meisterin und ich waren schweigend auf unserem Platz geblieben; ich glaube – denn auch meine Teilnahme war jetzt geweckt –, es war uns beiden, als ob wir helfen müssten und nur nicht wüssten wie.	Fortgang der Erzählung: Wirkung auf den jungen Paulsen und die Meisterin
Als ich eben vom Fenster zurücktreten wollte, kam das Weib wieder die Straße herauf. Vor der Tür des Gefangenenhauses blieb sie stehen und setzte zögernd einen Fuß auf den zur Schwelle führenden Treppenstein; dann aber wandte sie den Kopf zurück, und ich sah ein junges Antlitz, dessen dunkle Augen mit dem Ausdruck ratlosester Verlassenheit über die leere Gasse streiften; sie schien doch nicht den Mut zu haben, noch einmal der drohenden Beamtenfaust entgegenzutreten.	Schilderung des Verhaltens der jungen Frau, also ihrer Bewegungen knappe Schilderung ihres Gesichtes und seiner Wirkung
Langsam und immer wieder nach der geschlossenen Tür zurückblickend, setzte sie ihren Weg fort; man sah es deutlich, sie wusste selbst nicht wohin.	erneute Schilderung ihrer Gehweise

Lesetext: *Pole Poppenspäler*	Schilderungen
Als sie jetzt aber an der Ecke der Gefangenanstalt in das nach der Kirche hinaufführende Gässchen einbog, riss ich unwillkürlich meine Mütze vom Türhaken, um ihr nachzugehen. „Ja, ja, Paulsen, das ist das Rechte!“, sagte die gute Meisterin; „geht nur, ich werde derweil den Kaffee wieder heiß setzen!“	weiterer Erzählschritt: Der Erzähler entschließt sich, der jungen Frau zu helfen. Die Meisterin heißt das gut.
Es war grimmig kalt, als ich aus dem Hause trat; alles schien wie ausgestorben; von dem Berge, der am Ende der Straße die Stadt überragt, sah fast drohend der schwarze Tannenwald herab; vor den Fensterscheiben der meisten Häuser saßen die weißen Eisgardinen; denn nicht jeder hatte, wie meine Meisterin, die Gerechtigkeit von fünf Klaftern Holz auf seinem Hause. – Ich ging durch das Gässchen nach dem Kirchenplatz;	Benennung der Kälte und Schilderung ihrer Folgen Methode: Die Auswirkungen der Kälte auf die Straße, die Landschaft und die Fensterscheiben werden aufgezählt.
und dort vor dem großen hölzernen Kruzifixe auf der gefrorenen Erde lag das junge Weib, den Kopf gesenkt, die Hände in den Schoß gefaltet. Ich trat schweigend näher; als sie aber jetzt zu dem blutigen Antlitz des Gekreuzigten aufblickte, sagte ich: „Verzeiht mir, wenn ich Eure Andacht unterbreche, aber Ihr seid wohl fremd in dieser Stadt?“ Sie nickte nur, ohne ihre Stellung zu verändern. „Ich möchte Euch helfen!“, begann ich wieder, „sagt mir nur, wohin Ihr wollt!“	Schilderung der Haltung der betenden Frau
„I weiß nit mehr wohin“, sagte sie tonlos und ließ das Haupt wieder auf ihre Brust sinken. „Aber in einer Stunde ist es Nacht; in diesem Totenwetter könnt Ihr nicht länger auf der offenen Straße bleiben!“	Verzweiflung – (fast) tonloses, also sehr leises Sprechen, gesenkter Kopf
„Der liebi Gott wird helfen“, hörte ich sie leise sagen. „Ja, ja“, rief ich, „und ich glaube fast, er hat mich selbst zu Euch geschickt!“	Verzweiflung – leise
Es war, als habe der stärkere Klang meiner Stimme sie erweckt; denn sie erhob sich und trat zögernd auf mich zu; mit vorgestrecktem Halse näherte sie ihr Gesicht mehr und mehr dem meinen, und ihre Blicke drangen auf mich ein, als ob sie mich damit erfassen wolle. „Paul!“, rief sie plötzlich, und wie ein Jubelruf flog das Wort aus ihrer Brust – „Paul! Ja di schickt mir der liebe Gott!“	Kontrast: positive Stimmung: laute Stimme, wohlwollende Ansprache Bewegung, Annäherung in mehreren Phasen – Erheben, Zutreten auf Paulsen, Annäherung des Gesichts, Wiedererkennen – unerwartete Wendung Kontrast der Stimmung: Jubelruf

Lesetext: *Pole Poppenspäler*	Schilderungen
Wo hatte ich meine Augen gehabt! Da hatte ich es ja wieder, mein Kindsgespiel, das kleine Puppenspieler-Lisei! Freilich, eine schöne schlanke Jungfrau war es geworden, und auf dem sonst so lachenden Kindergesicht lag jetzt, nachdem der erste Freudenstrahl darüberhin geflogen, der Ausdruck eines tiefen Kummers.	Ausstrahlung Liseis: Kontrast zwischen dem früheren Lachen und dem heutigen Kummer

3.5 Musteraufsatz: Erzählung mit schildernden Elementen – *Susi Schön am Atlantikstrand*

In einer seiner Vorlesungen hat sich Günter Grass, ein bedeutender deutscher Schriftsteller, an seinen Deutschlehrer erinnert. Er war für ein ganz schwieriges Aufsatzthema dankbar. Er sollte schildern, wie ein Regentropfen langsam die Fensterscheibe herunterläuft.

Du kannst dir vorstellen, dass diese Schilderung sprachlich herausforderte, vor allem wenn der Autor den Weg des Tropfens mit seinen Gefühlen und seiner Stimmung verbindet. Leider ist dieser Aufsatz nicht mehr erhalten. Doch wenn du dieses Kapitel durchgearbeitet hast, müsstest auch du in der Lage sein, eine solche Schilderung zu schreiben. Allerdings sind die wenigsten Aufsätze, die du in der Schule schreibst, reine Schilderungen. Der folgende Musteraufsatz (vgl. S. 246) gibt dir noch einmal ein Beispiel für eine Erzählung mit schildernden Elementen.

Erinnere dich nochmals an die Grundsätze des Erzählens (vgl. nachfolgende Grafik): Die äußere Handlung ist bei einer Erzählung mit schildernden Elementen nicht so zentral. Genau musst du überlegen, welche Handlungsschritte du schildernd ausgestaltest. Dies bedeutet, dass du besonderen Wert auf den Spannungsbogen legst und darin schildernde Beschreibungen deutlich einbringst.

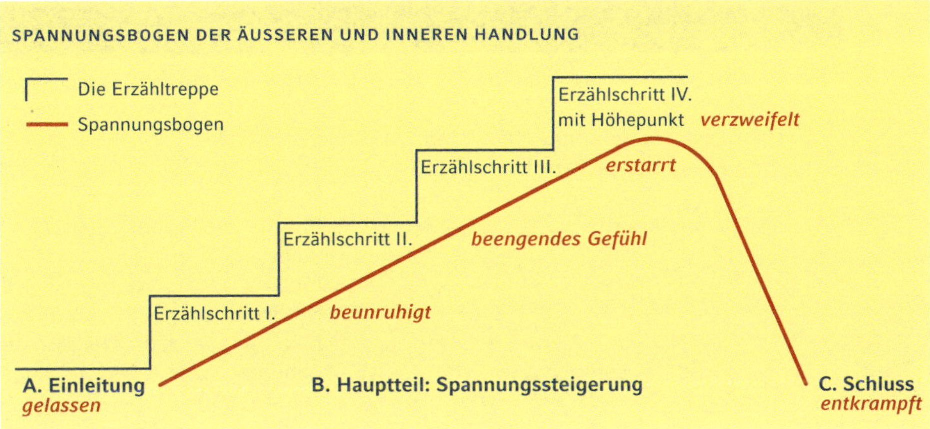

Der folgende Musteraufsatz folgt einem Erzählkern.

ÜBUNG

Aufgabenstellung:
Frau Susi Schön – am Atlantikstrand in Südfrankreich – im Strandkleid – Sonnenschirm und Strandtasche – mit ihrem schwarzen Hund – Hochsommer – Spiel mit dem Hund – Hund schläft – Susi liest Kriminalroman – Hund langweilt sich, nimmt ein Bad – Susi bemerkt es nicht – nach dem Bad schüttelt sich der Hund neben ihr aus

MUSTER

Betrachte zunächst denkbare **Erzählschritte der äußeren Handlung:**
A. Einleitung – Vorbereitung des Strandausflugs
B. Hauptteil – in deinem Arbeitsplan sollte hier die Überschrift stehen.
I. Weg zum Strand
II. Ruhe und Liegestuhl
III. Spiel mit dem Hund
IV. Ruhepause am Liegestuhl
V. Lesende Susi, gelangweilter Strolchi
VI. Höhepunkt: Duschbad
C. Schluss – Versöhnung

Schritte der Spannungssteigerung mit deutlich schildernden Elementen
Die Schritte der Spannungssteigerung sind für die Schilderung entscheidend. Je mehr du sie ausgestaltest, desto stärker tritt die äußere Handlung zurück.

TIPP

Die folgende Tabelle (vgl. S. 246) kannst du dir ohne Probleme anlegen, indem du einen DIN-A4-Bogen in der Mitte faltest.

Erzählschritte	Schildernde Elemente
A. Einleitung – Vorbereitung des Strandausflugs	Schilderung von Susi Schön
B. Hauptteil – in deinem Arbeitsplan sollte hier die Überschrift stehen.	*Mord auf hoher See*
I. Weg zum Strand	Schilderung einer Stimmung: Freude des Hundes Schilderung eines Wegs: Pfad zwischen den Dünen Schilderung der Jahreszeit: Hochsommer
II. Ruhe und Liegestuhl	Schilderung von Wetter und Ruhe
III. Spiel mit dem Hund	Schilderung einer Szenerie
IV. Ruhepause am Liegestuhl	Schilderung eines Gefühls: Ruhe – Müdigkeit
V. Lesende Susi, gelangweilter Strolchi	Schilderung der Situation – Person und Tier: die vom Buch faszinierte Susi, der sich langweilende Hund
VI. Höhepunkt: Duschbad	Kurzschilderung des sich badenden Hundes zwei Szenen im Kontrast: Susi, vom Buch gefangen – Strolchi, der sie mit einer kalten Dusche aus der Vertiefung holt
C. Schluss – Versöhnung	Friedvolles Stimmungsbild: Bewegung und Ruhe

MUSTER

Muster-Erzählung: *Mord auf hoher See*	Schildernde Elemente
Ihren gelben Lieblingsbikini hatte Susi bereits an, darüber trug sie ihr knallrotes Strandkleid. Sie setzte sich noch ihren Strohhut mit den Blümchen auf den Kopf und ihre coole Sonnenbrille auf die Nase. Sie band sich ein feines gelbes Seidentuch um den Hals, schnappte sich ihre bunte Strandtasche, packte Decken und Getränke ein, ein paar Zeitungen und den Krimi *Mord auf hoher See*, den sie unbedingt weiterlesen wollte. Gerade hatte eine spannende Verfolgungsjagd begonnen, und sie war gespannt, ob die Hauptperson den Verbrechern entwischen kann.	A. Einleitung: Vorbereitung des Strandausflugs Schilderung von Susi Schön

Muster-Erzählung: *Mord auf hoher See*	Schildernde Elemente
Sie nahm ihren gelben Sonnenschirm unter den Arm und rief dann ihren kleinen schwarzen Mittelschnauzer: „Strolchi, komm, wir gehen an den Stand!“ Von ihrem Ferienhaus aus brauchte sie nur fünf Minuten zu Fuß. Strolchi wedelte mit dem Schwanz, hüpfte aufgeregt an ihr empor und lief freudig bellend vor ihr her. Er flitzte die Düne vor dem Strand hinauf und hinterließ eine kleine Staubwolke im Sand. Bald war er schnüffelnd im Strandhafer verschwunden.	B. Hauptteil: Mord auf hoher See I. Weg zum Stand Schilderung einer Stimmung: Freude des Hundes
Susi lief barfuß den kleinen Pfad zur Düne hinauf. Der heiße, weiße Sand wärmte ihr wohlig die Füße. Als sie den Dünenkamm erreicht hatte, blickte sie auf die tiefblauen Wogen des Atlantiks, die im milden Winde als kleine Wellen mit zierlichen Schaumkronen auf den schneeweißen Sandstrand ausliefen und sich gemächlich wieder zurückzogen.	Schilderung eines Wegs: Pfad zwischen den Dünen Schilderung der Jahreszeit: Hochsommer
Strolchi umkreiste bereits Susis Liegestuhl, der seit Ferienbeginn für sie reserviert war. Sie genoss die frische, würzige Meeresluft. Die Sonne brannte vom wolkenlosen Himmel erbarmungslos herunter. Die sanfte Brise ließ die Hitze etwas erträglicher erscheinen. So richtig gemütlich wurde es aber erst, als sie ihren gelben Sonnenschirm aufspannte und sich gelassen in ihren Liegestuhl setzte. Erst mal ein Viertelstündchen schlafen und die Augen schließen, dachte sie.	II. Ruhe am Liegestuhl Schilderung von Wetter und Stimmung
Strolchi gab jedoch keine Ruhe und umkreiste unruhig den Liegestuhl, setzte sich auf seine Hinterbeine, bellte sie an, vergrub seine Schnauze in ihrer Strandtasche und fand glücklich seinen Lieblingsball, den er mit einem auffordernden „Wuff“ Susi vor die Füße warf. „Na gut, überredet, ich spiele ein bisschen mit dir“, sagte Susi, während sie sich aus ihrem bequemen Liegestuhl erhob. Strolchi bellte und jaulte glücklich. Er ließ sich den Ball wegnehmen. Susi warf ihn Richtung Meer und Strolchi tobte los. Am Wasserrand überschlug er sich fast, brachte aber den Ball schnell wieder zurück. So spielten sie eine Weile wie kleine Kinder, bis Strolchi die Zunge heraushing und Susi vor lauter Anstrengung einen knallroten Kopf hatte.	III. Spiel mit dem Hund Schilderung einer Szenerie

Muster-Erzählung: *Mord auf hoher See*	Schildernde Elemente
Sie ging langsam wieder auf den Liegestuhl zu. Strolchi bellte nicht mehr, sondern trottete ihr erschöpft hinterher. Susi goss ihm etwas Wasser in ein Schälchen, nahm selbst einen kräftigen Schluck Limonade, ließ sich müde in den Stuhl fallen. Ihr Hund schlabberte gierig das Wasser und rollte sich dann zufrieden unter dem Liegestuhl zusammen. Susi beobachtete, wie Strolchi sein Köpfchen auf seine Vorderpfoten legte und die Ohren müde hängen ließ. Schließlich fielen ihm die Augen zu. Sie machte es sich bequem und vertiefte sich in ihren Krimi.	IV. Ruhepause Schilderung eines Gefühls: Ruhe – Müdigkeit
Es dauerte aber nicht lange, da wachte Strolchi wieder auf. Er bellte ein paar Mal, aber Susi stierte gebannt in ihr Buch. Dem Hund war es jetzt nicht nur langweilig, sondern auch zu heiß. Er streckte sich ausgiebig und blickte zu seinem Frauchen. Ein kleines Bad kann bei der Hitze nicht schaden. Frauchen merkt sowieso nichts, ging es ihm durch den Kopf. Er flitze zum Strand, stürzte sich in die Wellen, ließ sich zurück an Land tragen, schüttelte sich und wiederholte das Spiel ein paar Mal. Susi stierte währenddessen immer noch fasziniert in ihren Krimi: Ein Boot kam von hinten immer näher. Die Männer auf dem Boot trugen schwarze Masken. Zielte der eine nicht auf Georg? Er drückte ab. Johny warf sich blitzschnell auf Georg, um ihn zu retten. Sie landeten im Wasser, und die Wellen verschlangen sie.	V. Lesende Susi, gelangweilter Hund Schilderung der Situation – Person und Tier: die vom Buch faszinierte Susi, der sich langweilende Hund. Zwei Szenen im Kontrast: Susi vom Buch gefangen – Kurzschilderung des sich badenden Hundes
Susis Herz klopfte. Als sie umblättern wollte, ergoss sich ein eiskalter Schauer über sie. Sie springt entsetzt aus ihrem Liegestuhl hoch, und ihr Buch landet im Sand. Ihr Herz pocht. Sie schreit wie am Spieß: „Nein, Hilfe, nein!“ Erst jetzt sieht sie den verdutzt dreinschauenden Strolchi, der sich genau vor ihren Füßen trocken schüttelt. Sie atmet tief durch. Ärgerlich schimpft Susi: „Wo warst du denn? Bist du ganz verrückt geworden?“	VI. Höhepunkt: Duschbad Strolchi, der sie aus der Vertiefung mit einer kalten Dusche holt.

Muster-Erzählung: *Mord auf hoher See*	Schildernde Elemente
Doch als sie Strolchis traurige Augen sah, lachte sie wieder: „Gehen wir zusammen schwimmen?“ Sie rannten um die Wette ins Wasser. Danach gab es noch einen Leckerbissen für Strolchi, der sich satt und zufrieden vollkommen erschöpft zusammenrollte und die Augen schloss. Susi klaubte ihren Roman aus dem Sand und las nach der angenehmen Abkühlung in Ruhe weiter.	C. Schluss: Versöhnung Friedvolles Stimmungsbild: Bewegung und Ruhe
Fazit: Eine Erzählung mit schildernden Elementen wird deutlich länger als eine Erzählung, in der du nur knapp die Gefühle beschreibst. Auch die Einleitung wird ausführlich. Die Schilderung der Grundstimmungen nimmt einen breiten Platz ein. Im Grunde bist du auf dem Weg zum literarischen Schreiben.	

3.6 Übung: Teste dich selbst – *Eine Horde Wildschweine im Nürnberger Reichswald*

Auch eine Zeitungsmeldung kannst du zur schildernden Erzählung ausgestalten. Zunächst setzt du die Zeitungsmeldung in eine Handlungskurve um. Denke dabei vom Höhepunkt aus. Denke dir dann die Schritte der Spannungssteigerung sowie Einleitung und Schluss aus. Wichtiger als die äußere Struktur sind aber die schildernden Elemente. Erfasse die Stimmungen der Erzählschritte. Denke an die vielfältigen Möglichkeiten der schildernden Ausgestaltung: Personenschilderung, Wegschilderung, Schilderung eines Tieres, die Wirkung des Tieres. Vergiss auch nicht, sprachliche Mittel, insbesondere Adjektive und Vergleiche, bewusst einzusetzen.

ÜBUNG

Lies die folgende Nachricht! Deine Aufgabe wird es sein, den Bericht zu einer Erzählung mit schildernden Elementen auszugestalten.

Bericht:
Vor einer Horde Wildschweine, die aus dem Lorenzer Reichswald ins Nürnberger Stadtgebiet, nämlich in den Stadtteil Zerzabelshof, eingedrungen waren, musste sich am Mittwoch, dem 04.11.2015, der dreizehnjährige Tim R. retten, der in den Herbstferien aushilfsweise als Zeitungsausträger jobbte.

Wie die Polizei mitteilte, war Tim R. in den frühen Morgenstunden des 04.11.2015 beim Zeitungsaustragen in Zerzabelshof unterwegs, als ihn verdächtige Geräusche aufschreckten. Völlig unverhofft stand ihm ein Rudel von etwa 15 ausgewachsenen Wildschweinen gegenüber, die vermutlich aus dem benachbarten Lorenzer Reichswald stammten. Durch einen vorbeifahrenden LKW wurden die Tiere aufgeschreckt, sodass sie in die Richtung des Jungen rannten. Er lief geistesgegenwärtig weg und rettete sich nach einer Strecke von einigen hundert Metern in ein Bürogebäude, dessen Türen wenige Minuten vorher aufgesperrt worden waren. Die vom Pförtner des Gebäudes alarmierte Polizei trieb die Tiere mit Hilfe des Oberförsters zusammen und verfrachtete sie wieder in den Reichswald. Die Tiere waren nach Auskunft des Oberförsters Raimund Wagner in das Stadtgebiet eingedrungen, weil sie auf der Suche nach Nahrung waren. Um ähnliche Situationen zu vermeiden, wird nun überlegt, ob im Reichswald Futterstationen aufgestellt werden, wenn der Bedarf der Tiere nicht anderweitig gestillt werden kann.

ÜBUNG

Entwirf nun, wie du das bereits gelernt hast, eine Übersicht über die Schritte der äußeren Handlung und die schildernden Elemente, die du jeweils einbauen kannst! Viele der notwendigen Grundinformationen zur äußeren Handlung findest du in dem Bericht. Gehe ihn nochmals genau durch!

MUSTER

Beispiellösung: Vergiss nicht, dass es viele Möglichkeiten gibt, diese Erzählung auszugestalten!

Erzählschritte	Schildernde Elemente
A. Einleitung – Abholen der auszuliefernden Zeitungen	Schilderung der eigenen Gefühle und Stimmung: Müdigkeit, …
B. Hauptteil – in deinem Arbeitsplan sollte hier die Überschrift stehen. I. Austragen der ersten Zeitungen	Schilderung der Stimmung in der noch ruhigen und verschlafenen herbstlichen Stadt in den frühen Morgenstunden
II. Routinemäßiges Abarbeiten des gewaltigen Zeitungsstapels	Schilderung des Weges in der Großstadt; Gefühle: Langeweile angesichts der Routine
III. Wildschweine und vorbeifahrender LKW	Schilderung der Stimmung und der eigenen Gefühle: verdächtige Geräusche, die eigentlich nicht in die städtische Umgebung passen; Schilderung eines Standbilds: erstarrte Wildschweine und eigene Ohnmacht, bis der LKW vorbeifährt und die Schweine aufschreckt

Erzählschritte	Schildernde Elemente
IV. Höhepunkt: Flucht vor den Wildschweinen	Schilderung eines Geschehens: Erkennen der Gefahr, Flucht vor aufgebrachten Wildschweinen
C. Schluss – Rettung	Schilderung der eigenen Gefühle angesichts der Rettung, Blick auf die Wildschweine, die weniger aggressiv als verwirrt wirken

ÜBUNG

Formuliere nun den Aufsatz aus!
Die Möglichkeiten einer Lösung sind so vielfältig, dass wir hier keine Musterlösung anbieten. Aber zeige deinen Aufsatz doch deinem Lehrer oder deiner Lehrerin. Er wird bestimmt gerne gelesen.

LÖSUNGEN

→ Lösungsbeispiel zu S. 24:
Nachdem der Richter die Warnung des Teufels in den Wind geschlagen hat, ist der Teufel damit einverstanden, dass der Richter ihn begleitet. Daraufhin begeben sich beide in die Stadt.

→ Lösung zu S. 30:
Viel einfacher klingt: Der Richter befiehlt dem Fremden, seinen Namen und seine Herkunft zu nennen, und droht ihm großes Leid an. Daraufhin gibt sich der Fremde als Teufel zu erkennen.

→ Lösungen zu S. 110/111:

Übung 1:
- Alaska, Grönland, Sibirien, Spitzbergen: Polarregion um den Nordpol
- Indien, China, Indonesien: asiatische Staaten
- Hörfunk, Fernsehen, Zeitungen und Zeitschriften: Medien
- saure Milch, ranzige Butter, verschrumpelte Gurken: verdorbene Lebensmittel

Übung 2:
- Die Dickerchen bringen es bei einem Sprint leicht auf 30 bis 40 Stundenkilometer.
  → Eisbären können eine Geschwindigkeit von bis zu 40 Stundenkilometer erreichen.

- Ins Schwitzen kommen die Sportskanonen trotzdem nicht. Sie haben keine Schweißdrüsen.
  → Eisbären schwitzen nicht, weil sie keine Schweißdrüsen haben.

- Dank der guten Durchblutung funktioniert der „lange Lappen" wie ein Wärmetauscher: Wird es den Eisbären unter ihrem dichten Fell und der rund zehn Zentimeter dicken Fettschicht zu heiß, müssen sie also nur ordentlich das Maul aufreißen!
  → Eisbären regeln ihre Körpertemperatur mit Hilfe ihrer Zunge, die sie, um ihre Körpertemperatur zu verringern, der Kälte ihrer Umgebung aussetzen.

Übung 3:
- Eisbären sind darauf angewiesen, im Winter zuzunehmen. Im Sommer können sie von ihren Fettreserven zehren.
  → Eisbären sind darauf angewiesen, im Winter zuzunehmen, damit sie im Sommer von den Fettreserven zehren können. (Finalsatz)

- Durch den Klimawandel ist weniger Packeis vorhanden. Das Packeis ist aber der Lebensraum der Eisbären. Er geht verloren.
  → Weil aufgrund des Klimawandels weniger Packeis vorhanden ist, geht der Lebensraum der Eisbären verloren. (Kausalsatz)
- Gegenwärtig gibt es nur noch 20.000 bis 25.000 Eisbären. Der Eisbär ist vom Aussterben bedroht.
  → Gegenwärtig gibt es nur noch 20.000 bis 25.000 Tiere, sodass der Eisbär vom Aussterben bedroht ist. (Konsekutivsatz)

→ Lösung zu S. 112:
(Überschrift =) Eisbären – eine bedrohte Tierart

(informierende Einleitung =) Der Eisbär zählt als Folge der Klimaerwärmung zu den bedrohten Tierarten. Im Folgenden soll darüber informiert werden, wie diese Tierart entstanden ist, was den Eisbären auszeichnet, wo und wie er lebt und wodurch er bedroht ist, um seine Überlebenschancen einschätzen zu können.

→ Lösung zu S. 222:

In der Leine selbst gefangen	Erläuterungen
GEROLDSGRÜN – Seine Ausführleine wurde einem schwarzen Terrier am Samstagabend zur *tückischen* Falle. Der Hund war seinem Herrchen aus Dürrenwaid *ausgebüchst*. Der Terrier *streifte* durch das *Unterholz* des *angrenzenden* Waldes. Seine lange *Ausführleine*, die ihm sein Herrchen vorher umgelegt hatte, *verfing* sich in der Nähe von Untersteinach in den *starken* Ästen eines Baumes, woraufhin der Ausflug plötzlich beendet war. Es ging nun weder *vorwärts* noch *rückwärts*, der Jagdhund hatte sich in der Leine selbst gefangen. Da half nur noch *lautes Jaulen* und *Bellen*. Der Hund gab sein Bestes und strapazierte seine *Stimmbänder*. Und er hatte Glück im Unglück: Ein in der Nähe wohnender Untersteinacher hörte das Gebell. In der Annahme, dass jemandem etwas passiert sein müsse, alarmierte der Mann die Polizei.	Adjektiv Verb, Verb Fachbegriff, Partizip Präsens, Fachbegriff Verb Adjektiv Adverbien Adjektiv, Fachbegriff, Verdoppelung Fachbegriff

In der Leine selbst gefangen	Erläuterungen
Die anschließende Suche im Schein der Taschenlampe durch den *finsteren* Wald gestaltete sich anfangs nicht ganz *einfach*, denn es war für die vier Polizeibeamten schwierig, die Stelle zu orten, woher das Hundegebell kam. Doch es klappte dann doch. „Fiffi" konnte aus seiner *misslichen* Lage befreit werden.	Adjektiv Adjektiv Adjektiv
Die Suche nach seinem Herrchen war ebenfalls nicht ganz einfach, und erst durch einen Anruf beim Bürgermeister konnte auch dieses Problem gelöst werden. Nachdem der Hundeeigentümer ermittelt und angerufen worden war, holte der Mann seinen Ausreißer ab. Die Freude bei beiden war dann sichtlich groß und es war am Ende schwierig zu sagen, bei wem die Augen mehr *leuchteten*, beim Hund oder bei seinem Herrn.	Verb

BIBLIOGRAFIE

Alexander, Caroline: *Der Ruf des Tigers.* In: *National Geographic*, Heft 12/2011. Der Artikel wurde gekürzt. www.nationalgeographic.de/reportagen/der-ruf-des-tigers (abgerufen am 18.02.2016).

Der Stricker: *Der Richter und der Teufel.* Aus: Greiner, Leo (Hrsg.): *Altdeutsche Novellen*. 1912. http://gutenberg.spiegel.de/buch/altdeutsche-novellen-5205/8 (abgerufen: 01.06.2016).

Fährmann, Willi: *Bella gegen den Rest der Stadt*. In: derselbe: *Als Oma das Papier noch bügelte*. 10. Auflage. Kevelaer: Butzon & Bercker, 2015, S. 50–59.

Hein, Christoph: *Das Wildpferd unterm Kachelofen*. Leipzig: Ostdeutsche Zeitungsverlage, 2006, S. 121.

Himmelrath, Armin, im Interview mit Vogt, Sylvia: *„Hausaufgaben sind pädagogischer Unsinn."* In: *Der Tagesspiegel*. Artikel vom 04.12.2015. http://www.tagesspiegel.de/berlin/schule/lernen-nach-dem-unterricht-hausaufgaben-sind-paedagogischer-unsinn/12659376-all.html? (abgerufen am 05.03.2016).

Lich, Barbara: *Eisbären: Räuber auf vier Pranken*. In: *Geolino*, Heft 11/2012. http://www.geo.de/GEOlino/natur/tiere/eisbaeren-raeuber-auf-vier-pranken-73363.html (abgerufen am 12.02.2016).

Roch, Herbert: *Tausend Gramm*. In: Weyrauch, Wolfgang (Hrsg.): *Tausend Gramm. Sammlung neuer deutscher Geschichten*. Hamburg: Rowohlt, 1949, S. 77–80.

Schami, Rafik: *Mehmet*. In: derselbe: *Die Sehnsucht fährt schwarz. Geschichten aus der Fremde*. München: dtv, 1988, S.47–48.

Smolka, Peter: *Der Affenfelsen*. In: derselbe: *Westafrika*, Stuttgart: Pietsch Verlag, 1991, S. 20–25.

Smolka, Peter: *Angst*. In: derselbe: *Rad ab!: 71.000 km mit dem Fahrrad um die Welt*. Markgröningen: Reise-Know-How Verlag Hermann, 2005, S. 99–103.

Storm, Theodor: *Pole Poppenspäler*. http://gutenberg.spiegel.de/buch/pole-poppenspaler-3483/1 (abgerufen am 01.06.2016).